現代日本の労働経済

現代日本の
分析・理論・政策
労働経済

石水喜夫
Ishimizu Yoshio

岩波書店

序論　労働経済の意味するもの

働く人達のための経済学

　今日，労働経済学をはじめとして「労働経済」と銘打たれた学術書は数多く，大学では，経済学の専門的研究科目としてのみならず，初学者の教育的科目としての取り込みも試みられている．バブル崩壊以降，若い人達に失業や不安定就業の問題が広がり，労働問題への関心がかき立てられたことから，既に経済学研究の一分野として確立していた労働経済学は大いに活用されてきた．また，近年では，若者の就職支援として「キャリア教育」が大学にも浸透し始め，その学術的根拠を提供するものとして，労働経済学はもう一段の普及，拡大の兆候をみせている．

　ところが，一般化している労働経済学は，いわゆる「労働市場論」であり，市場経済学の応用的研究分野に過ぎない．人が働くということを労働者による「労働力」商品の供給とみなせば，市場経済学の方法を労働問題研究に応用することが可能となる．労働市場論は，労働者が労働力という商品を販売し，企業がその商品を購入するという観察方法によって，労働力の需要と供給を定式化する．そして，労働力需給が調整される仮想空間として労働市場というフィクションをつくり出し，雇用，賃金，労働時間などについての市場経済学的な叙述を行っている．

　科学の力によって拡大を続ける現代の社会は，人々の分業と専門的技術の応用によって高い生産力を獲得し，商品の市場流通によって莫大な価値を実現している．そして，そこにおける価値とは貨幣によって表される市場価値であり，市場経済学はまさに，この高度物質文明を支える理論的，思想的支柱として存在している．しかし，現代社会において，こうした文明のあり方に漠然とした不安を感じる人は少なくない．技術の進歩は社会を日々変化させ，新たに生まれる市場価値は激しい社会変化を正当化し，不可避的な変化として人々にその受容を迫っている．それでも，人々の心の奥底に生まれた不安は払拭できないのではないだろうか．

日常生活の中に生じる心の渇きに，人々は改めて社会を見つめ直し，もう一度，自分の人生について真剣に考えたいという欲求を持つ．そして，改めて「働くこと」の意味を問い直し，仕事と人生について思索を深めたいと願った時，そのための書物を手に取る．この時，多くの人が書店で目にする学術書は，「労働経済」の書物であることは間違いない．ところが，そのような願いを持つ人々が手にするテキストが，仮に労働市場論によるものばかりだとしたら，それは余りにも皮肉なことではないだろうか．近代的な合理主義を問い直し，新しい文明の形を模索する人々の思いや行動に，今日の専門的学術研究は，適切な対応を果たしていると言えるだろうか．

　「労働力商品」という観察方法は，働くということを人間の様々な営みから切り出し，切り離し，客体化させることで分析の対象としている．この方法は，言うまでもなく，近代的な科学の方法に強く縛りつけられている．これに対し，人が働くということを，どこまでも，どこまでも自らの主体的行為として学び問い続けていくことはできないだろうか．また，そのような学問を創設する意義は，今日，大いに高まっていると言うことはできないだろうか．本書は，労働経済の研究を労働力商品の市場経済学的分析としてではなく，働く者自らが学び問い続けるための，「働く人達のための政治経済学」としてとらえ直すことによって，もう一つの「労働経済」を試みる取組である．

市場経済学か政治経済学か

　経済学には，市場経済学と政治経済学とがある．産業革命を経験した18世紀のイギリス社会は，機械とエネルギーの力によって，大量生産システムを築き上げつつあった．見込み生産によって大量に供給される製品が，商品として次々と市場に流通し，価格調整メカニズムによって商品の需要と供給が調整され，莫大な価値が市場の中で実現された．この市場経済の新しい仕組みを発見し，普遍性をもった理論として表現することに成功した経済学が，市場経済学である．市場経済学は時代の要請を踏まえたものとして普及し，そのことによって市場メカニズムを押し広げ，また，そうした市場経済の拡張が，より大きな市場価値を実現することで，市場経済学の権威は一層高まっていった．

　「豊かさ」は，市場価値の大きさによって測られるという社会通念が成立し，

商品化，市場化の動きはますます広がっていった．商品として生産されるものが増え，市場で実現される価値が増えれば増えるほど，人々の貨幣所得は増大し，商品化，市場化の動きは誰にも止められないように見えた．

しかし，それぞれの国と社会には，産業革命や市場化を経験する以前から脈々と続く長い歴史と，その中で培われた文化や社会慣行が存在している．そうした歴史性や社会性に根ざした制度や政治の仕組みも，人々の価値観を支え，市場価値とは異なる価値を創造してきた．こうした文化的，社会的価値体系は，現実の経済活動の中に組み込まれており，この側面から経済の分析と政策対応を提言するものが政治経済学にほかならない．市場経済学が広がる中にあっても，政治経済学は厳然として存在し続け，市場経済学とさらなる市場化の動きに対する強い牽制力を働かせてきたのである．

多元的な経済学理解のもとに，市場経済学に対し，それぞれの国や地域の持つ歴史性，社会性を基本に置いて，政治的に価値を創造する政治経済学は，正当な地位を与えられてきた．ところが，1970年代以降，西側先進国で福祉国家批判が強まり，さらにはソビエト型社会主義の失敗が明らかになると，経済学の重心は，市場での価値実現を訴える市場経済学へと大きく傾斜していった．1990年代に，アメリカの勝利のもとに米ソ冷戦構造が終結すると，自由主義市場経済体制の歴史的勝利ととらえられ，多くの人々が，市場経済学が地球規模で貫徹されるグローバリゼーションの時代が到来すると理解した．

こうして現代では，市場経済学が政治経済学を凌駕する力を持ち，価値は市場によって実現されるという通念が人々を支配している．こうしたもとで，人々が共有できる価値は，もはや市場価値以外に見つけがたく，政治的に価値を語り，政治的に価値形成を行うことは，権威あることでも，ましてや名誉あることだとも見なされていない．市場経済学の興隆と政治経済学の敗北によって，現代世界はニヒリズムに支配される時代を迎えている．

分析と理論と政策と

社会認識のための学問は，社会の現実を生みだし，また，その社会のありさまが，その学問の権威を高めていく．今日の主流派経済学たる市場経済学は，固有の理論と分析を持ち，現代の経済政策に計り知れないほど巨大な影響力を

行使している．

　国民経済の体系が崩れ，資金や資源ばかりか人までもが国境を越えて動き回るグローバルな市場経済のもとで，経済エリートはそれぞれの国の社会制度や政治機構と関わりなく莫大な富を手にしている．市場経済学は，労働，土地，貨幣，信用などの生産要素までをも市場化させ，社会制度や政治機構の手の及ばない領域を拡張させている．この現実を生き抜くための知識として，市場経済学は必須のものとなり，若い人達は，必死になって，この経済学を学んでいる．そして，実際にそれを習得し，うまく使いこなした知的エリートは，経済的成功を手に入れることが可能となる．

　こうして市場経済学は，とてつもない市場価値を生み出しながら激しい市場競争と個人主義を徹底して押し広げていくのである．市場経済学は，まさに現代におけるパラダイムを強固に築き上げるに至った．パラダイムシフトの実現とは，政治選択である以上に，この分析，理論，政策の強固な体系に代わる，もう一つの体系を生み出す知的闘争の成否にかかっている．

　本書は，三部構成によって，「労働経済」を，分析，理論，政策の三側面から論じていく．

　まず，第Ⅰ部「労働経済の分析〜働く人達の現状認識を助けるために〜」では，現代の切実な労働問題である失業と所得分配の問題を取り上げ，経済統計を用いて現状の分析を行う．失業問題は，景気後退過程において解雇などの雇用調整によって引き起こされるが，その現代的背景に有効需要の減退がある．特に，人口，資源，環境などの面から経済の成長制約が強まると，自由主義的な市場システムのもとで，企業の設備投資を持続的に推進していくことは，ほぼ不可能となる．市場経済学の分析に基づいて，企業活動の活発化と設備投資推進のため，資金面から後押しするよう労使関係の面からも，また，国家運営の面からも大いに配慮がなされてきたが，そのことがかえって，実体経済から遊離した貨幣，金融資産を増殖させ，経済の停滞と経済不安定性を招き寄せているのである．

　次に，第Ⅱ部「理論研究の課題〜働く人達の主体性と思索のために〜」では，現代経済の支配的な認識を提供する新古典派の市場経済学と労働市場論を検討する．市場経済学の中心的存在である新古典派経済学は，自由競争のもと

で価格調整メカニズムを柔軟に働かせることで，市場における資源配分によって経済運営を行うことを要請している．現代の失業問題についても，労働市場の賃金調整メカニズムを用いることで，賃金抑制によって失業を解消することを求めている．労使関係者や政策担当者は，基本的に，この思考の道筋によって経済運営を行っているが，この20年ほどの間，名目賃金と消費者物価の相互連関的な低下に喘ぐ日本社会にあって，賃金の抑制によって企業活動を活発化させるというシナリオの非現実性は，経済学の知識を持たない人々の方が，かえって正しく見抜いているように思われる．経済運営の抜本的な転換に向け，経済理論研究の課題を詳述する．

　最後に，第III部「雇用政策の構想～働く人達の政策を創り出すために～」では，ケインズ理論を人口減少社会の経済学として読み直すことによって，新たな，分析，理論，政策の研究構想を提示する．自由な市場経済は，それが成長局面にあるとき，不安定性を伴いながらもダイナミズムを持ち，様々なフロンティアを切り開いていくことができる．ところが，人口減少に転じ，また，ポスト工業社会へと向かう大きな社会転換の中で，市場経済システムの生命力は急速に衰えてきている．ケインズの『雇用・利子および貨幣の一般理論』をそうした社会転換の歴史文脈の中で読み直すことによって，福祉国家と完全雇用政策のための基礎的理論を再構築する．

目　　次

序論　労働経済の意味するもの

第Ⅰ部　労働経済の分析

第1章　景気循環と失業問題……………………………………… 2
　　第1節　日本経済と景気循環　3
　　第2節　景気循環と雇用指標　16
　　第3節　経済見通しと経済運営の課題　32

第2章　労働条件と所得分配……………………………………… 43
　　第1節　戦後社会と賃金，物価，労働時間　44
　　第2節　就業形態と所得格差　57
　　第3節　経済循環と所得分配　70

第3章　労使関係と雇用慣行……………………………………… 90
　　第1節　雇用慣行についての見方　91
　　第2節　賃金構造と賃金・処遇制度　98
　　第3節　日本的雇用慣行の展望　109

第Ⅱ部　理論研究の課題

第1章　現代経済学の分析と提言………………………………… 130
　　第1節　戦後社会と雇用流動化論　131
　　第2節　人口減少と構造改革論　138
　　第3節　格差社会幻想論とその社会哲学　151

第2章　市場経済学と構造改革……164

第1節　OECDの雇用戦略　165

第2節　日本の構造改革論　172

第3節　労働経済学の本質　182

第3章　現代雇用理論の構築……194

第1節　新古典派の労働市場論　195

第2節　ケインズ理論の意義　209

第3節　完全雇用と社会権の確立　223

第Ⅲ部　雇用政策の構想

終章　転換期の社会と政策……232

第1節　転換期の日本社会　234

第2節　人口減少社会の理論と政策　243

第3節　労使関係と雇用政策　256

参考文献一覧……263

あとがき……269

第 I 部
労働経済の分析
～働く人達の現状認識を助けるために～

第1章　景気循環と失業問題

　日本経済は，戦後復興から高度経済成長，さらには安定成長への移行と，人々の生活水準の向上を実現しながら，長期の経済成長を続けてきた．もちろん，この過程で景気循環に伴う景気後退があり，完全失業率の上昇や有効求人倍率の低下など，雇用情勢の悪化に直面することはあったが，趨勢的な経済拡張の中にあって，経済成長率のマイナスは概ね回避され，GDP(国内総生産)や雇用の伸びの鈍化にとどまることが多かった．景気循環の波動は，長期の成長波動に吸収され，厳しい雇用情勢の悪化を経験することは少なかったと言える．

　しかし，平成3(1991)年のバブル崩壊以降は，様相が一変し，長期の経済停滞の中で雇用は削減され，失業者数も大きく増えるなど，景気後退過程の雇用への影響は，かつてに比べ，より深刻なものとなっていった．

　経済の変動や社会の変化は，人々の暮らしや働き方に大きな影響を与えている．この第1章「景気循環と失業問題」では，日本の景気循環と景気後退過程における雇用調整について，基礎的な雇用指標を用いて概説するとともに，働く人達の生活を守るための，国の経済運営について検討する．まず，第1節「日本経済と景気循環」では，戦後の14の景気循環を振り返り，日本経済の変動と雇用情勢の推移を長期的にみる．次に，第2節「景気循環と雇用指標」では，景気動向の把握にとって重要ないくつかの雇用指標を取り上げ，働く者の側から，景気認識，経済認識を深めていくための方法について論じる．そして，第3節「経済見通しと経済運営の課題」では，働く人達の生活を守るという観点から，景気後退過程における国の経済運営の態度を分析する．特に，平成13(2001)年の中央省庁再編以降にみられた国の経済運営には問題点が多く，今後の課題として検討する．

第1節　日本経済と景気循環

1)　働く人達の生活と雇用情勢

今日，会社やその他の組織に雇われて働く「雇用者」は，働く人達の8割を越え9割に近い．戦後はじめて実施された労働力調査では雇用者比率は42%(昭和28年)にすぎなかったから，戦後の復興，高度経済成長を通じて，人々の働き方は，「雇われて働く」ということへ大きく変化したと言える．

人々は，今や，会社など様々な組織に所属することによって生活を成り立たせている．自ら事業を行うという人は減り，組織的に展開される事業のある一部分を受け持ち，指揮，命令を受け職務を遂行し，そこから得られる給与によって生活している．

景気の変動に伴って，働く人達の仕事には様々な影響が及ぶ．農業を営む人や商店主，家族経営の小さな町工場などにとっては，事業量の変動は，その事業者の仕事量や収入に直結する．景気後退過程においては，仕事量の極端な減少によって，もはや事業が継続できない，廃業せざるをえない，という事態に陥るかもしれない．一方，雇用者が大多数となった社会では，雇用関係の終了によって所得獲得の道が断たれることとなる．多くの会社では解雇を回避しようとする努力がみられるが，人が働くということが，経済活動のための資源投入の一つとなった現代社会では，経済活動の停滞は，雇用関係を終了させる契機となることは避けがたい．

高度に発展した現代社会において，高い技術力によって製造される製品，あるいは，より質の高いサービスを提供するために，高価な設備や組織の中に蓄積された経営ノウハウは不可欠なものとなっている．現代の社会で働くということは，まさに組織に所属することとも言え，雇用関係の終了は，そうした社会関係を終了させ，社会における人々の結びつきを断ち切るものとなる．

人々が働くことを通じて結びつき，安心して職業生活を営んでいくために，また，その仕事に習熟し職業技能を高めていくためにも，雇用関係の継続が期待される．しかし，経済活動においては，周期性をもった景気循環があり，景気後退過程では，多くの雇用者の雇用関係が危機にさらされることとなる．

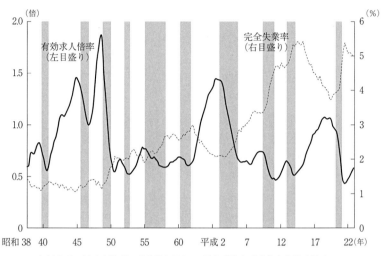

資料出所:総務省統計局「労働力調査」,厚生労働省「職業安定業務統計」
(注) 1) 数値は四半期系列の季節調整値である.
2) シャドーは景気後退過程を示している.

第I-1-1図　完全失業率と有効求人倍率

第I-1-1図は,景気循環の中での完全失業率と有効求人倍率の動きをみたものである.図中のシャドー(影)の部分は景気後退過程を示しており,景気後退過程で完全失業率が上昇し,有効求人倍率が低下することが分かる.完全失業率の上昇は失業者の増加を意味し,有効求人倍率の低下は,求職者一人当たりの雇用機会の減少を意味している.

現代日本社会においては,雇用保険制度によって,雇用保険の被保険者は離職後の求職活動において失業給付を受給することができ,雇用関係の終了がすぐさま所得の途絶とならないよう社会制度が準備されている.しかし,仕事を探し,自らの職業能力を存分に発揮することができる職場を改めて見つけ出すことは,決して容易なことではない.

2) 景気循環と雇用情勢

第I-1-1図でみた雇用指標は,景気拡張と景気後退によって指標の改善と悪化を繰り返しているが,それは決して単調な反復ではない.完全失業率は,昭和30年代後半から昭和40年代半ばにかけて低い水準にあったが,昭和48

第 I-1-2 表　景気基準日付

	谷	山	谷	期間		
				拡張	後退	全循環
第 1 循環		昭和 26 年 6 月	昭和 26 年 10 月		4カ月	
第 2 循環	昭和 26 年 10 月	昭和 29 年 1 月	昭和 29 年 11 月	27カ月	10カ月	37カ月
第 3 循環	昭和 29 年 11 月	昭和 32 年 6 月	昭和 33 年 6 月	31カ月	12カ月	43カ月
第 4 循環	昭和 33 年 6 月	昭和 36 年 12 月	昭和 37 年 10 月	42カ月	10カ月	52カ月
第 5 循環	昭和 37 年 10 月	昭和 39 年 10 月	昭和 40 年 10 月	24カ月	12カ月	36カ月
第 6 循環	昭和 40 年 10 月	昭和 45 年 7 月	昭和 46 年 12 月	57カ月	17カ月	74カ月
第 7 循環	昭和 46 年 12 月	昭和 48 年 11 月	昭和 50 年 3 月	23カ月	16カ月	39カ月
第 8 循環	昭和 50 年 3 月	昭和 52 年 1 月	昭和 52 年 10 月	22カ月	9カ月	31カ月
第 9 循環	昭和 52 年 10 月	昭和 55 年 2 月	昭和 58 年 2 月	28カ月	36カ月	64カ月
第 10 循環	昭和 58 年 2 月	昭和 60 年 6 月	昭和 61 年 11 月	28カ月	17カ月	45カ月
第 11 循環	昭和 61 年 11 月	平成 3 年 2 月	平成 5 年 10 月	51カ月	32カ月	83カ月
第 12 循環	平成 5 年 10 月	平成 9 年 5 月	平成 11 年 1 月	43カ月	20カ月	63カ月
第 13 循環	平成 11 年 1 月	平成 12 年 11 月	平成 14 年 1 月	22カ月	14カ月	36カ月
第 14 循環	平成 14 年 1 月	平成 20 年 2 月	平成 21 年 3 月	73カ月	13カ月	86カ月

資料出所：内閣府経済社会総合研究所

(1973)年の第1次石油危機を契機に上昇し，昭和50年代には景気循環による反復を伴いながら緩やかに上昇した．その後，昭和の終わりから平成のはじめにかけての，いわゆるバブル経済で低下がみられたが，平成3(1991)年にバブルが崩壊すると，長期の経済停滞に陥り，厳しい雇用情勢の悪化が続き，完全失業率は，平成14(2002)年6月には，ついに5.5％にまで上昇したのである．

有効求人倍率についても，かつて昭和40年代には極めて高い水準を示しており，高度経済成長期の低い失業率の背景には，多くの企業による旺盛な採用活動があったことが分かる．しかし，バブル崩壊後の景気後退過程では，有効求人倍率はかつてに比べても，特に低い水準にまで落ち込んでいる．

戦後の日本経済には15の景気循環が存在している．**第I-1-2表**は，そのうち第1循環から第14循環までの景気循環をまとめたものである．景気循環の日付は，その景気循環が終了した後，過去の景気指標を振り返ることで慎重に日付の確定作業が行われる．したがって，最近では，「リーマンショック」や「年越し派遣村」[1]などの記憶とともにある，第14循環の後退過程までしか日

---

1) リーマンショックとは2008年9月にアメリカ合衆国の投資銀行であったリーマン・ブ

付の確定がなされていない．日本経済は，今，平成21年3月を谷とした戦後15番目の景気循環の中にあると考えられている．

この景気循環日付の表から分かるように，一つの景気循環は，谷から山へ上る拡張期間と山から谷へ下る後退期間の2つから構成されている．拡張期間が長いものとしては，第6循環の拡張過程(いわゆる「いざなぎ景気」)の4年9カ月，第11循環の拡張過程(いわゆる「バブル経済」)の4年3カ月などがあるが，小泉政権から安倍政権にかけての第14循環の拡張過程が6年1カ月となり戦後最長となった．しかし，この拡張過程においては平均賃金の低下が続くなど，他の景気拡張過程にはみられない特異な性格があり，経済運営面の問題点も含め，次の第2章で詳しく分析する．

一方，景気後退期間の長いものについては，第2次石油危機(昭和53年)後の後退過程(第9循環の後退過程)が3年，バブル崩壊(平成3年)による後退過程(第11循環の後退過程)が2年8カ月となっており，他の景気後退過程と比べて，特に，長い後退期間となっている．

このように，一つ一つの景気循環は，その時々の歴史的事実と結びつきながら，戦後の日本経済史を構成している．

3) 戦後日本経済と景気循環

第2次世界大戦の敗戦国であった日本は，戦後世界におけるアメリカを中心とした世界市場の拡大を見通し，日本の復興，成長に必要な需要の拡大を，貿易の拡大を通じて積極的に取り込むことが経済運営の課題とされてきた．

昭和26(1951)年9月，サンフランシスコで講和会議が開かれ，日本はアメリカを中心とする自由主義市場経済のもとにある国々とサンフランシスコ講和条約を締結し，条約は，昭和27(1952)年4月28日に発効した．日本は，ここに独立を回復し，戦後の世界貿易体制であるブレトンウッズ体制[2]のもとで，経

ラザーズの破綻を契機に，世界的な金融危機が発生したことを言う．第14循環の景気拡張過程では輸出に依存した経済成長であったために，特に日本は，世界的な同時不況の影響を強く受けることとなった．「年越し派遣村」は平成20(2008)年末から年始にかけ東京日比谷公園に開設され，非正規雇用者の雇用調整の状況をアピールした社会運動．これらの過程で，日本は激しい経済収縮に見舞われたが，平成21年3月には景気後退の谷を迎えることとなった．

済復興, 経済成長を目指すこととなった.

　しかし，日本の生産力と国際競争力は，敗戦による疲弊と窮乏によって落ち込んでおり，ブレトンウッズ体制で用意された戦後の開放的な経済環境のメリットを十分に享受することは，日本にとって難しかった．生産力が弱い経済は，景気循環の中で拡張力が強まってくると，国内生産力が国内需要に追いつかず，輸入が急増して，国際収支が急速に悪化してしまう．国内需要に応えられるだけの生産力を回復させ，その上で，エネルギーなど生産活動に必要な資源を安心して購入できるように，外貨準備高を積み上げることが求められていた．

　景気回復が国際収支の悪化と外貨準備高の減少をもたらし，その都度，政府が需要を削減して成長を抑制せざるをえない事態は，戦後復興期から昭和30年代の景気循環[3]まで続き，「国際収支の天井」と呼ばれた．「国際収支の天井」とは，①景気回復による国内需要の拡大，②国内生産力を超える需要の発生，③国際収支の悪化，④金融引締めなど需要の削減，⑤景気の後退，という一連の制約的な景気循環のパターンのことである．戦後の日本経済は，この制約的な景気循環パターンを克服して，継続的な経済成長を実現するために，国内生産力を強化するという課題を抱えていたのである．

　戦後復興から高度経済成長に至る時代の経済運営は，「貿易主義」と「開発主義」という2つの考え方を軸に議論されてきた．「貿易主義」とはブレトンウッズ体制の自由貿易のもとで市場調整メカニズムを働かせ，市場競争によって経済活動，企業活動の活発化を目指す政策思想であり，一方，「開発主義」

---

2) 1944年，アメリカ合衆国のニューハンプシャー州ブレトンウッズで締結されたブレトンウッズ協定によって生み出された戦後貿易体制の総称．アメリカなど連合国は，戦前世界が世界大恐慌（1929年）によりブロック経済化し，第2次世界大戦をまねいたという認識を共有していた．このため，アメリカを中心とした自由主義市場経済の体制をとる西側諸国は，共同して，通貨価値の安定，自由貿易体制の推進に取り組むこととなった．日本のIMF（国際通貨基金）加盟は1952年，GATT（関税および貿易に関する一般協定）加盟は1955年．ただし，IMF加盟では，国際収支擁護を目的とした為替制限をしても良い「14条国」として，GATT加盟では国際収支のために貿易制限をしても良い「12条国」として加盟．こうした条件付き加盟を終了し，国際収支上の理由で輸入制限をしてはならないGATT 11条国への移行は1963年，通貨措置について一般的な義務を履行するIMF 8条国へ移行したのは1964年．

3) 戦後復興から高度経済成長にかけての景気拡張過程には，一般的な呼称があり，第2循環の拡張過程は「朝鮮特需」，第3循環の拡張過程は「神武景気」，第4循環の拡張過程は「岩戸景気」，第5循環の拡張過程は「オリンピック景気」と呼ばれている．

とは政府の長期的・計画的な政策運営により経済発展を生み出そうとする政策思想である．戦後の復興は，早期の独立回復にみられるように，アメリカを中心とした世界秩序に日本を早急に組み入れることで，復興に必要な海外市場の獲得が目指されており，貿易主義は，経済復興政策を推し進める政策思想として重きをなしてきた．しかし，国内生産力の未成熟は，ブレトンウッズ体制の利益を十分に引き出す上で大きな障害であり，「国際収支の天井」によって，せっかくの経済的ブームに，財政金融政策の面からブレーキをかけなくてはならなかったのである．戦後日本経済では「貿易主義」と「開発主義」は相補い合わなくてはならず，そのことが日本の経済政策論争のバランス感覚と論争の活力を生み出してきたと言ってよい．

昭和35(1960)年，池田勇人内閣が打ち出した「国民所得倍増計画」は，開発主義の系譜に属するものであり，人的能力の向上，科学技術の振興，計画的な社会資本の整備などが目標とされた．国内資源の限られた日本が生産力を強化するためには，働く人達を産業に適切に配置し，その意欲と能力を存分に発揮させることが重要である．職業能力開発政策や労働力の地域間再配置政策が重視されるとともに，経済活動の隘路（ボトルネック）となっている生産基盤を公共投資によって補うことが目指された．「国民所得倍増計画」に盛り込まれた地域開発政策としては「太平洋ベルト地帯構想」[4]などがある．

こうした貿易主義と開発主義の相乗的な経済運営により，日本は「国際収支の天井」を克服し，昭和40年代には，景気拡張過程が続く中でも国際収支が黒字基調で推移するようになった．第6循環の拡張過程[5]は4年9カ月続き，

---

4) 太平洋ベルト地帯構想は，太平洋岸の臨海工業地域に社会資本の集中的投下をねらったもので，既成工業地帯とバランスを保ちながら太平洋岸に帯状の工業地帯（「太平洋ベルト地域」）を形成しようというものである．この構想は，日本に本格的な国土計画の策定を促すこととなった．昭和37年には「全国総合開発計画」が策定され，以降，第5次まで全国総合開発計画が策定されることとなるが，社会資本整備の箇所付けなど具体的な運用方法は常に課題とされ続け，政策論争における開発主義の弱点となっていった．
5) 第6循環の拡張過程は「いざなぎ景気」と呼ばれ，国内需要を抑制する措置を必要としなかったことから，消費が爆発的に拡大し，一般家庭に耐久消費財の普及が進んだ．その象徴として，カラーテレビ，クーラー，自動車の3つの耐久消費財が，その頭文字をとって「3C」と呼ばれた．なお，別に「新3種の神器」という呼び方もある（昭和30年代前半の神武景気において，白黒テレビ，洗濯機，冷蔵庫が「3種の神器」と呼ばれた）．

それまでにない大型景気となった．また，こうした高度経済成長の過程で，日本製品の輸出競争力は飛躍的に向上し，アメリカとの貿易摩擦を引き起こすまでになった．このことは，西ドイツをはじめとした欧州の経済復興，経済成長とも相まって，アメリカ経済の相対的後退，国際収支の赤字，さらにはドル危機につながっていくことで，日本の高度経済成長の前提を突き崩すものともなったのである．

戦後世界の貿易・経済体制の見直しが不可避となる中で，昭和40年代後半以降の日本の景気は，世界経済からの外的なショックが景気後退の引き金となった．

昭和46(1971)年，アメリカのニクソン大統領は，ドルの金交換停止を柱としたドル防衛策を発表し，その国際的衝撃は「ニクソンショック」[6]と呼ばれた．円の対ドルレートは切り上がり，日本の輸出産業は大きな打撃を受けたが，円切り上げに対応した大型予算の編成や田中角栄内閣の「日本列島改造」などがインフレーションを高進させ，土地，株式などの資産価格の投機的で大幅な上昇も引き起こした．

こうした中で，昭和48(1973年)，第4次中東戦争を引き金として，第1次石油危機が発生し，「狂乱物価」と呼ばれる経済混乱が発生した．景気は昭和48年11月を山とした後退過程(第7循環の後退過程)に入り，昭和49年の実質経済成長率は戦後はじめてマイナスとなり，消費者物価上昇率は23.2％，春闘賃上げ率は32.9％となった．

需要の減退による失業の増大と賃金・物価スパイラルによるインフレーションは先進国共通の課題[7]となったが，日本では，それまで賃上げの仕組みとして定着していた「春闘」を日本版所得政策[8]として運営するとともに，政府は

---

6) ブレトンウッズ体制における通貨価値の安定は，ドルに対する通貨の交換比率を定める固定相場制によって維持されてきたが，自由主義経済諸国は固定相場制から離れ変動相場制へと移行することとなり，ブレトンウッズ体制は終結した．
7) 景気の停滞下で物価が上昇する状態は，スタグネーション(景気停滞)とインフレーション(物価上昇)が同時に生じていることから，「スタグフレーション」と呼ばれた．それまで，一般に失業率上昇と物価上昇は併存しないものとみられていたが，ドル価値の下落や資源価格高騰などの新たな環境のもとで，先進国の取り得る経済政策は手詰まりの状況にあった．
8) 所得政策とは，賃上げが物価騰貴をもたらすようなコストプッシュ型のインフレーショ

雇用保険法[9]を準備し，解雇抑制的雇用政策が展開された．政府は産業労働懇話会を開催するなど労使コミュニケーションを重視し，取り得る政策メニューが限られる中で，政労使の協調によって物価と雇用の安定を図るよう努めた．

昭和50年代の日本経済は，特に，第2次石油危機(昭和53年)後の景気後退過程(第9循環の後退過程)が長引くなど，総じて厳しい状態にはあったが，雇用維持施策を含む総合的な雇用政策によって解雇を抑制しつつ，物価の安定を達成するという点では成功を収め，自由主義経済諸国の中にあって良好な経済パフォーマンスを示していた．また，この過程で，日本企業の持つ長期雇用慣行を基盤としながら政労使の協調により経済運営を行う日本型雇用システムの基本的な形が整えられることにもなった．

昭和60(1985)年央から始まる景気後退(第10循環の後退過程)は「円高不況」，平成3(1991)年から始まる景気後退(第11循環の後退過程)は「バブル崩壊」と呼ばれるが，これらの背景には，昭和50年代の日米関係が関連している．

世界経済の動揺を巧みに乗り切った日本経済は，改めて，高い輸出競争力を獲得することができたが，そのことは同時にアメリカとの貿易摩擦をさらに厳しいものとした．特に，石油危機後の総需要管理政策によって大きな財政赤字を抱えることとなった日本政府は，安定成長軌道への転換を待って財政収支の均衡に向けた対応を開始した．鈴木善幸内閣は，昭和56(1981)年度を「財政再建元年」と定め，厳しい歳出抑制を行ったが，国内の総需要は大きく抑制され，日本の高い生産力は輸出へ，特に，アメリカ向け輸出へと向かう背景となった．

一方，アメリカでは，1981年にロナルド・レーガンが第40代のアメリカ大統領に就任し，「小さな政府」と「強いアメリカ」を掲げレーガノミクス[10]を

ンの局面において，賃金上昇率を労働生産性上昇率の範囲内に収め，インフレーションの終息を図る政策のことである．

9) 昭和49年に失業保険法を改正し制定．雇用保険特別会計のもとで雇用対策を総合的に推進する体制が確立された．また，昭和52年の改正では景気変動や産業構造の変化に柔軟に対応して各種の施策を効果的に行えるよう雇用安定資金制度が創設された．これらは雇用関係のもとにある労働者を対象とし，労使の協調のもとに雇用安定の諸施策を展開していく財政的基盤を確立するためのものであった．

10) レーガン政権は，「小さな政府」，「強いアメリカ」を掲げ，所得税の減税，福祉支出の削減，通貨供給量の削減，国防費の増大を推進した．政府を小さくし市場原理を働かせることで民間の活力を高め，通貨の面でも，国力の面でもアメリカを再び強くしようというのが，経

推し進めた．しかし，大幅な所得減税は消費需要を拡大させ，大規模な国防支出と相まって，アメリカの輸入を拡大させ，しかもドル高の傾向が進展した．この結果，日米貿易摩擦はますます厳しいものとなり，アメリカ側は日本に対し，内需拡大と市場開放を強く要求するに至ったのである．

1985年9月，ニューヨークのプラザホテルで先進5カ国蔵相中央銀行総裁会議(G5)がもたれ，ドル高是正を内容とする「プラザ合意」がまとめられた．また，アメリカは併せて，対日貿易赤字削減策として，為替市場への介入による円高誘導，日本の対米貿易黒字削減を検討する日米構造協議[11]の開催，さらに，日本の内需拡大策を要求した．

このプラザ合意に伴う急速な円高により，景気は後退過程(第10循環の後退過程)に入り「円高不況」と呼ばれたが，日本は，国内政策としてプラザ合意の線を忠実に守り，強力な内需拡大策をとった．そして，景気が回復し，さらに，その過熱に向かう中にあっても，かなりの期間にわたって金融緩和策を継続した．この結果，過剰な国内資金は有利な投資先として株式市場に向かい，また，「土地神話」のもとに土地の購入・転売が行われ，株価の急騰と地価の暴騰という「バブル経済」(第11循環の拡張過程)を発生させることとなった．

持続的な成長基盤を持たない経済の拡張は，決して続かないのであり，その意味でバブルは必ず崩壊する．また，バブルが長期に，また，大きく拡大すれば，その収縮の期間も長く収縮規模も大きなものとならざるをえない．平成3

済政策におけるレーガン政権のスタンスと言える．しかし，現実には，対ソ強硬路線による大規模な国防支出によって財政支出は拡大し，大幅減税は消費支出を拡大し，アメリカの国内需要の拡大と輸入の拡大を招いた．「小さな政府」を目指した経済政策は，かえって，財政赤字と貿易収支の赤字という「双子の赤字」を生みだし，通貨供給量の削減は高金利とドル高傾向を生みだして，アメリカの輸出産業に打撃を与えた．この時代の日米貿易摩擦は，日本の緊縮財政，アメリカの財政拡張というマクロ経済政策の当然の帰結なのであって，アメリカが日本の貿易収支の黒字拡大のみを批判し，対日赤字が日本市場の閉鎖性に由来していると主張したことは，必ずしも合理的な根拠を有するものではなかった．この点を踏まえれば，後のプラザ合意は，アメリカに生じた貿易赤字の拡大をドル安と日本の内需拡大，市場開放によって解消するねらいを持っていたとみることができる．

11) プラザ合意による日米政策協調は，日米間の対等な政策協調とは言えないという見方がある．たとえば，今日，「日米構造協議」と訳されているものは英語でSII(Structural Impediments Initiative)であるが，これは日本の構造的障壁を排除するためにアメリカ政府がイニシアティブ(主導権)をとることを意味しており，プラザ合意の非対等性を隠すための政治的な誤訳であった可能性もある．

(1991)年のバブル崩壊(第11循環の後退過程)以降,日本社会は3つの景気拡張過程を経験し,今,平成21(2009)年3月からの第15循環の中にあるが,未だ,バブル崩壊の影響からは抜け出し切れていないと考えられる.バブル崩壊以降,完全失業率は大きく悪化し,今日においても厳しい雇用情勢が続いている.戦後日本経済の歴史的経過を踏まえつつ,変動する経済指標をつぶさに分析しながら,現代社会の抱える問題や解決すべき課題をつかみ,今後の経済政策を構想していくことが求められている.

4) 景気循環と経済運営

景気は,その時々の歴史的な事実,事件と結びつき,大きな変動を見せてきたが,それを一つの経済指標に集約させて考えてみる場合には,「国民経済計算」のGDP(Gross Domestic Product: 国内総生産)を用いることができる.GDPは国内で生産された財やサービスを市場価値によって集計したものであり,一国の経済規模を表している.その作成にあたっては,各種統計を複合的に用いて推計作業が行われ,総産出額から中間投入額を除去するなどの措置が施され,一定期間の間に新たに生み出された価値額(付加価値額)の大きさを示す総合的,総括的な指標として提供されている.

景気の拡張過程では,財・サービスの生産が拡大するが,これはGDPの増加として表される.一方,景気の後退過程では,財・サービスの生産が停滞するが,これはGDPの伸びの鈍化,あるいは,GDPの減少として表される.GDPの増加,減少の大きさによって,景気拡張の強さ,景気後退の深刻さについて,概ねの様相をつかむことができよう.

第I-1-3図により,GDPの推移をみると,平成のはじめまでの間は,ほぼ継続的な上昇を示している.子細にみれば,第1次石油危機時(第7循環における昭和48年からの後退過程)にGDPの減少がみられ,また,第2次石油危機時(第9循環における昭和55年からの後退過程),円高不況時(第10循環における昭和60年からの後退過程)にGDPの伸びが鈍化していることが分かる.

一方,平成3(1991)年のバブル崩壊以降は,GDPの伸びはそれまでと比べ,大きく鈍化し,第12循環(平成9年からの後退過程),第13循環(平成12年からの後退過程),第14循環(平成20年からの後退過程)においてGDPの減少がみられ

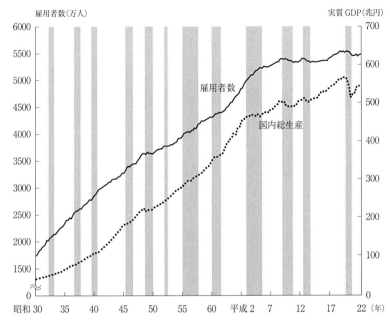

第I-1-3図　国内総生産と雇用者数の推移

資料出所：内閣府経済社会総合研究所「国民経済計算」，総務省統計局「労働力調査」

（注）　GDP（国内総生産）は平成2年基準の実質の四半期系列の季節調整値，雇用者数も四半期系列の季節調整値である．

た．

　こうした経済活動の変動の中で，雇用の動きは，基本的には，GDPの動きと連動している．現代社会では，働くことは，他の生産要素（土地，貨幣，エネルギーなど）と同様に，生産活動のために投入される資源の一つとして組み入れられており，生産活動に応じて変動する．一国の経済規模によって一国の雇用量は決定され，経済活動規模を示すGDPの変動に応じて雇用者数も変動する．

　同じく第I-1-3図により，雇用者数の変動をみると，高度経済成長期に高い伸びがみられたが，その後，伸びが鈍化し，バブル経済期に再び高い伸びがみられたあと，景気循環の振幅を伴いながら，ほぼ横ばいで推移している．また，景気後退過程についてみると，第1次石油危機時（第7循環における昭和48年からの後退過程）に雇用者数の伸びに停滞がみられたほか，円高不況時（第10循環

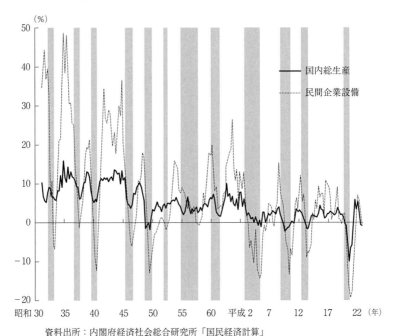

資料出所：内閣府経済社会総合研究所「国民経済計算」
(注) 数値は実質の四半期系列の原数値について対前年同期比を計算したものである．

第I-1-4図　景気循環と経済成長率の推移

における昭和60年からの後退過程)にも雇用者数の伸びは停滞しており，GDPの減少がみられた第12循環(平成9年からの後退過程)，第13循環(平成12年からの後退過程)，第14循環(平成20年からの後退過程)には，雇用者数も減少した．

　GDPの減少は，人々の雇用機会を奪い，失業の危険を高める．失業を回避し，安定した職業生活を実現するためには，景気循環に伴うGDPの変動と振幅を可能な限り小さくすることが求められる．経済安定のための経済政策は，働く人達の生活を守るために国に課せられた重要な使命である．

　第I-1-4図から分かるように，国内総生産の周期的振幅を生み出している要因は民間企業設備(設備投資)であり，経済の安定のためには，この投資循環の振幅を小さくし，安定した投資の成長を実現することが鍵となる．

　経済変動と雇用理論については，第II部第3章及び第III部終章で検討するが，経済安定のための経済政策は，ケインズによってその理論化，体系化の先

鞭がつけられた．1936年，J. M. ケインズは，『雇用・利子および貨幣の一般理論』で「有効需要の原理」を定式化し，一国の経済規模は，貨幣の支出を伴った有効需要の大きさによって決定されると結論づけた．雇用量が一国の経済規模によって規定されていることを踏まえると，一国の雇用量は一国の需要の大きさによって決定されると言っても良い．ここに，雇用の安定を通じて働く人達の生活を守るために，国による総需要管理政策の実施が，経済運営の課題としてはっきりと打ち込まれた．

後に第2章で説明するように，国内総生産の大きさは国内総支出(GDE: Gross Domestic Expenditure)の大きさと一致するが，国内総支出の主な内訳は，民間最終消費支出，民間企業設備(設備投資)，政府支出，純輸出(財・サービスの輸出から輸入を控除したもの)であり，GDEを構成する設備投資が大きく振幅することで，総需要が変動し，GDPと雇用の経済変動が発生する．国際収支の天井が成長制約となった時代には，輸入が拡大し，外貨準備の減少を阻止する必要が生じて金融引締めなどの景気調整策が取られると，設備投資が停滞し，景気後退過程へと突入した．第1次石油危機以降は，外的なショックが景気後退の原因となる場合が多いが，世界経済の動向や輸出の見通しに悲観的な見方が広がると，企業の設備投資判断は，中断，延期され，景気後退の原因となる．

設備投資は，一度，減少が始まると，総需要の収縮を伴いながら経済活動を収縮させ，そのことがさらに，設備投資判断に悪影響を与え，投資循環を増幅させる．金融緩和による投資資金の安定供給，財政出動による経済活動の下支えなどによって，企業の投資意欲を後押しし，景気循環の振幅を抑制するのが，戦後世界の経済運営における基本的な理解であったと言えよう．

ところが，経済政策による財政負担が高まる一方，経済理論においてもケインズ理論に否定的な経済学派が台頭し，今日，経済運営に関する見方は必ずしも一定していない．しかも，平成13(2001)年の中央省庁再編によって，戦後の経済運営を担ってきた組織が再編され，経済運営の知識と技術が十分に継承されていないことも加わって，日本経済の現状に関する認識にも混乱がみられる．これらの点については，後の第3節で詳述する．

第 2 節　景気循環と雇用指標

1)　景気判断のための主要指標

　戦後日本社会では，経済統計を整備し，経済の分析手法を研究，改善することで，景気の現状をできるだけ早く正確に把握することが努められてきた．働く人達の生活を守るために，景気の波動に対処し，機動的に経済政策を実施することが，国の使命と考えられてきたからである．

　このようにして深められてきた経済統計の分析や経済認識の手法は，働く人達全てにとって共通の財産である．これらは，政府内部はもちろんのこと，労働運動や経営者団体での活動においても積極的に活用され，改善，継承されていく必要があろう．

　第I-1-5表は，景気を判断するための総合的な指標（景気動向指数）を作成するために採用されている経済指標の一覧である．景気循環日付は，景気循環が終了してから事後的に定められるものであるが，機動的な経済政策の実施のためには，進行する事態を直ぐさま理解し，対処の手段を講じなくてはならない．そこで，経済指標を「一致指標」，「先行指標」，「遅行指標」に分類し，それらの動きを複合させて理解することで，進行中の事態を迅速に把握するように努められてきたのである．

　「一致指標」は，景気循環の動きとほぼ一致して動くと考えられる指標であり，鉱工業生産指数，所定外労働時間指数，有効求人倍率などが含まれている．

　一方，「先行指標」は，景気の動きに先行して動くと考えられる指標であり，在庫率指数[12]や新規求人数などがある．景気後退過程では，生産物の出荷が滞り在庫が積み上がっていくが，企業は，生産量を減らして，在庫を減らそうと努める．景気後退の特に厳しい局面では，生産を絞っても在庫が積み上がる状態をなかなか解消できないが，景気後退も谷に近づいてくると，在庫の積み上

---

　12)　在庫率指数は在庫数量を出荷数量で除して作成される指数のこと．景気動向を把握する場合，通常の指数は，その指数の上昇が景気の回復を示すものであるが，指数によっては，その低下が景気の回復を示す場合もあり，その場合には，景気動向採用指数系列の表（第I-1-5表）において「（逆）」と付記されている．在庫率指数は，この「（逆）」に当たる．

第 I-1-5 表　景気動向指数採用系列

先行指標	一致指標	遅行指標
最終需要財在庫率指数(逆)	生産指数(鉱工業)	第3次産業活動指数(対事業所サービス業)
鉱工業生産財在庫率指数(逆)	鉱工業生産財出荷指数	常用雇用指数(調査産業計)
新規求人数(除学卒)	大口電力使用量	実質法人企業設備投資(全産業)
実質機械受注(船舶・電力を除く民需)	耐久消費財出荷指数	家計消費支出(全国勤労者世帯, 名目)
新設住宅着工床面積	所定外労働時間指数(調査産業計)	法人税収入
消費者態度指数	投資財出荷指数(除輸送機械)	完全失業率(逆)
日経商品指数(42種総合)	商業販売額(小売業)	
長短金利差	商業販売額(卸売業)	
東証株価指数	営業利益(全産業)	
投資環境指数(製造業)	中小企業出荷指数(製造業)	
中小企業売上げ見通しD.I.	有効求人倍率(除学卒)	

資料出所：内閣府経済社会総合研究所景気統計部資料をもとに作成

がりが解消されていく．このため，ある特定の財の在庫率指数の減少は，景気回復に転ずるシグナルを先行的に示している可能性がある．また，新規求人についても，景気回復に伴う人員の確保を生産量の回復を待ってから始めては遅いのであり，採用自体に募集や選考のための時間を要することも踏まえ，企業の採用担当者は，景気回復を見込みながら，公共職業安定所への求人登録を早めに行う可能性があると考えられる．これらの様々な可能性から，先行指標の改善は，景気の回復を早めに示している蓋然性が高いと判断されている．

また，「遅行指標」は，景気の動きに遅行して動くと考えられる指標であり，先行指標，一致指標で示される景気認識を確認し，より確実な景気判断に役立てるものである．遅行指標としては，常用雇用指数，家計消費支出，完全失業率などが上げられている．

2) 労働力調査の体系と完全失業率

完全失業率は，遅行指標であり，景気を機動的に把握する際には必ずしも有効ではないが，働く人達の雇用情勢を総括的に示す労働統計指標の主要なものである．特に，完全失業率を把握するために実施される「労働力調査」は，就業状態を体系的に調査しており，日本に暮らす人々の就労の全体像を総合的に

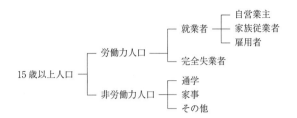

労働力人口：15歳以上人口のうち，就業者と完全失業者を合わせたもの．
就　業　者：従業者と休業者を合わせたもので，自営業主，家族従業者，雇用者に区分される．
自　営　業　主：個人経営の事業を営んでいる者．
家　族　従　業　者：自営業主の家族で，その自営業主の営む事業に従事している者．
雇　　用　　者：会社，団体，官公庁又は自営業主や個人家庭に雇われて給料，賃金を得ている者及び会社，団体の役員．
完　全　失　業　者：①〜③の3つの条件を満たすもの．①仕事がなくて調査週間中に少しも仕事をしなかった．②仕事があればすぐ就くことができる．③調査週間中に仕事を探す活動や事業を始める準備をしていた．
非労働力人口：15歳以上人口のうち，就業者と完全失業者以外の者．

第I-1-6図　労働力調査の体系

示すことができる．

　第I-1-6図は，労働力調査の体系を示しており，義務教育を終え働くことができる15歳以上の人々が，就業の面で，どのような状態にあるか統計的に分類している．この調査では，何らかの形で働いている「就業者」と一定の要件を備えた「完全失業者」を合算したものが「労働力人口」であり，それ以外の者は「非労働力人口」とされている．

　完全失業者は，単に仕事のない人ではなく，①仕事がないこと，②すぐ就労できること，③求職活動や事業開始の準備をしていること，という3つの要件を備える必要がある．このような意味で，一般に言われる「失業者」と労働力調査における「完全失業者」は区別されなくてはならない．仕事がない者のうち，完全失業者でない者もいるが，そうした者は，非労働力人口に区分される．たとえば，厳しい雇用情勢から，求職活動しても仕事がみつけられないだろうと悲観して求職意欲をなくしてしまった者は，完全失業者ではなく，「非労働力人口」に分類される．完全失業者として現れない，潜在的な失業者が非労働力人口の中に含まれることは，労働力調査の利用にあたって注意しなくてはならない．

第I-1-7表　就業状態別15歳以上人口　　（単位：万人）

	15歳以上人口				(参考)	
		労働力人口	就業者	完全失業者	総人口	生産年齢人口（15～64歳）
昭和30(1955)年	5,925	4,194	4,090	105	9,008	5,517
35(1960)	6,520	4,511	4,436	75	9,430	6,047
40(1965)	7,287	4,787	4,730	57	9,921	6,744
45(1970)	7,885	5,153	5,094	59	10,467	7,212
50(1975)	8,443	5,323	5,223	100	11,194	7,581
55(1980)	8,932	5,650	5,536	114	11,706	7,883
60(1985)	9,465	5,963	5,807	156	12,105	8,251
平成2(1990)	10,089	6,384	6,249	134	12,361	8,590
7(1995)	10,510	6,666	6,457	210	12,557	8,717
8(1996)	10,571	6,711	6,486	225	12,586	8,716
9(1997)	10,661	6,787	6,557	230	12,617	8,704
10(1998)	10,728	6,793	6,514	279	12,649	8,692
11(1999)	10,783	6,779	6,462	317	12,669	8,676
12(2000)	10,836	6,766	6,446	320	12,693	8,622
13(2001)	10,886	6,752	6,412	340	12,729	8,614
14(2002)	10,927	6,689	6,330	359	12,744	8,571
15(2003)	10,962	6,666	6,316	350	12,762	8,540
16(2004)	10,990	6,642	6,329	313	12,769	8,508
17(2005)	11,007	6,650	6,356	294	12,777	8,442
18(2006)	11,020	6,657	6,382	275	12,790	8,373
19(2007)	11,043	6,669	6,412	257	12,803	8,302
20(2008)	11,050	6,650	6,385	265	12,808	8,230
21(2009)	11,050	6,617	6,282	336	12,803	8,149
22(2010)	11,049	6,590	6,257	334	12,806	8,103

資料出所：総務省統計局「労働力調査」，「人口推計」

　第I-1-6図の体系からも明らかなように，労働力人口から就業者を減じたものが完全失業者であり，完全失業者を労働力人口で除した値の百分率が完全失業率である．

　また，就業者は，自営業主，家族従業者，雇用者に分類されるが，今日では，働く人々のほとんどが，雇用関係のもとで働く「雇用者」となっている．

　第I-1-7表は，労働力調査の体系に従って主要指標を長期的にみたものである．労働力人口は労働力の供給を表し，就業者数は労働力の需要を表している．そして，そのギャップは，完全失業者となる．失業の発生は，労働力人口が増

えることで労働力供給の超過が大きくなる場合と，就業者数が減ることで労働力需要が減り雇用機会が縮小する場合が考えられる．

　戦後復興から高度経済成長にかけての日本では人口の増加が続き，労働力人口も増加してきた．このため，特に，戦後復興期には，予測される労働力人口の増加に対し，十分な雇用機会を用意することができないのではないかと心配され，失業問題が深刻化することが懸念された．ところが，現実には，高度経済成長期の旺盛な採用活動によって，労働力人口を上回る雇用機会が出現し，失業者は急減して，昭和30年代から40年代にかけ，完全失業者は100万人を下回った．再び，完全失業者が100万人を超えたのは，第1次石油危機後の昭和50(1975)年であった．そして，バブル崩壊後の平成7(1995)年に200万人を，平成11(1999)年には300万人を超え，平成14(2002)年には359万人にまで増加した．その後は，長期の景気拡張があり完全失業者の減少がみられたが，平成20(2008)年秋以降の世界金融危機や厳しい経済収縮によって再び，完全失業者は増加した．

　このように指標の動きを振り返ってみると，十分な経済拡張があれば，人口の増加は必ずしも，失業の増加をもたらすものではなく，また，反対に，人口の伸びの鈍化や人口減少のもとで，失業問題が深刻化することも十分に起こりうる．日本の生産年齢人口は平成7(1995)年をピークに，また，労働力人口は平成10(1998)年をピークに減少しているが，それ以上の雇用機会の減少によって厳しい雇用情勢に直面している．

　景気循環の後退過程における失業発生の抑制は，働く人達の職業生活の安定にとって最重要の課題であり，このことは，人口減少過程に入った日本社会においても，何ら変わりはない．経済変動の振幅を抑制し，また，解雇を抑制する労使間の協調的取組を政策面から支援していくことが重要である．

3) 景気循環と雇用調整

　景気後退に伴う生産活動の停滞，さらには生産量の減少に対し，企業は，労働投入量の調整を行わなくてはならない．労働投入量は，働く人の人数と一人ひとりの労働時間の積であり，労働投入量の削減は，雇用者数の削減によることも，就業日数も含めた労働時間の削減によることもできる．

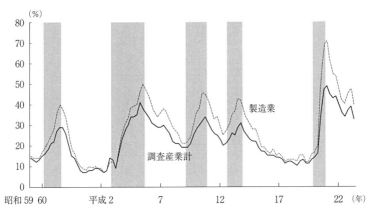

資料出所：厚生労働省「労働経済動向調査」
(注) 数値は四半期系列である.

第 I-1-8 図　雇用調整実施事業所割合の推移

　こうした景気後退に伴う労働投入量の削減は広く「雇用調整」と呼ばれる．第 I-1-8 図により雇用調整を実施した事業所の割合をみると，景気後退過程に上昇し，景気拡張過程に低下するという明瞭な振幅を示している．

　雇用調整実施事業所割合は，先にみた景気動向指数の系列には採用されていないが，その指標の性格は「一致指標」と同等であると考えられる．

　第 I-1-9 表により，雇用調整の実施方法をみると，どの景気循環においても，所定外労働時間を削減することで労働投入量を減らす「残業規制」の実施割合が高く，景気後退過程における実施割合の上昇幅(トップの値−ボトムの値)も大きい．このほか，労働時間を削減する措置としては，「休日・休暇の増加」，「一時休業」などがあるが，そうした措置を通じて，解雇など，雇用者の削減措置を回避することができる．また，「配置転換，出向」も解雇を抑制する手段の一つとなると考えられる．第 1 次石油危機の後退過程において，解雇抑制的な雇用政策が積極的に導入されたことを述べたが，それは，こうした解雇を回避しようとする協調的な労使関係を基礎として運営されている[13]．

---

13) 雇用保険法に基づき，雇用安定を図る施策に雇用調整助成金があり，景気の変動等の経済上の理由により，事業活動の縮小を余儀なくされた事業主が，解雇を避け，一時的な休業，

第I-1-9表　景気後退過程における雇用調整の実施状況　　（単位：%）

（景気後退過程）	上段：雇用調整実施事業所割合のボトム 中段：雇用調整実施事業所割合のトップ 下段：(トップの値－ボトムの値)	雇用調整実施事業所割合	雇用調整の方法（複数回答）						
			残業規制	休日・休暇の増加	臨時, パート等の再契約停止・解雇	中途採用の削減, 停止	配置転換, 出向	一時休業（一時帰休）	希望退職者の募集, 解雇
第10循環の後退過程	昭和59(1984)年第Ⅳ期	12	5	1	2	4	4	0	1
	昭和61(1986)年第Ⅳ期	29	19	3	4	9	8	2	3
	（上昇ポイント）	(17)	(14)	(2)	(2)	(5)	(4)	(2)	(2)
第11循環の後退過程	平成 2(1990)年第Ⅲ期	7	3	3	0	0	2	0	0
	平成 5(1993)年第Ⅲ期	41	31	7	5	17	11	2	1
	（上昇ポイント）	(34)	(28)	(4)	(5)	(17)	(9)	(2)	(1)
第12循環の後退過程	平成 9(1997)年第Ⅲ期	19	10	4	1	3	7	0	1
	平成11(1999)年第Ⅰ期	34	19	4	5	9	10	3	5
	（上昇ポイント）	(15)	(9)	(0)	(4)	(6)	(3)	(3)	(4)
第13循環の後退過程	平成12(2000)年第Ⅲ期	20	11	3	1	4	7	1	2
	平成14(2002)年第Ⅰ期	31	16	4	5	5	10	3	7
	（上昇ポイント）	(11)	(5)	(1)	(4)	(1)	(3)	(2)	(5)
第14循環の後退過程	平成19(2007)年第Ⅳ期	11	5	2	1	1	4	0	1
	平成21(2009)年第Ⅱ期	49	29	9	7	13	15	14	3
	（上昇ポイント）	(38)	(24)	(7)	(6)	(12)	(11)	(14)	(2)

資料出所：厚生労働省「労働経済動向調査」
（注）　数値は四半期系列である．

　このように，日本の労使関係における雇用調整の態度として，労働時間の調整によって解雇を回避する一般的傾向があることを指摘できるが，労働時間による調整と雇用者数による調整の組み合わせ方は，どの景気循環においても必ずしも同じというわけではない．たとえば，小泉政権のもとにあった，第13循環の後退過程をみると，希望退職者の募集，解雇の実施割合は高く，その上昇幅も大きかった．この後退過程においては，「残業規制」や「中途採用の削減，停止」の実施割合は相対的にみて低い．こうした雇用調整の態度が，平成14(2002)年から15年にかけての高い完全失業率の背景にあったことは疑いない．
　雇用調整の実施方法でみた通り，日本企業の労使関係においては労働投入量

教育訓練，出向などの措置を取る場合に，その休業，教育訓練，出向に係る手当や賃金の一部を雇用保険制度によって助成するものである．

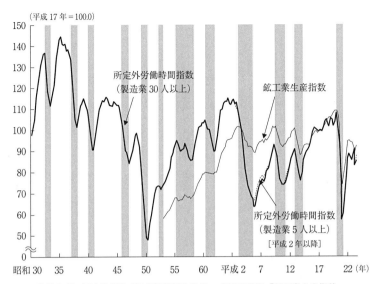

第 I-1-10 図　鉱工業生産と所定外労働時間(製造業)の推移

資料出所：厚生労働省「毎月勤労統計調査」，経済産業省「鉱工業生産指数」
（注）　数値は四半期系列の季節調整値である．

の調整は主に所定外労働時間の調整によっている．第 I-1-10 図により，鉱工業生産指数と製造業の所定外労働時間の動きをみると，特に，所定外労働時間の振幅は大きく，その変動の周期は，鉱工業生産指数の動きと同じく，景気拡張過程に上昇し，景気後退過程に低下するという動きを示している．

　鉱工業生産指数は，製造業の経済活動を代表する経済指標であり，その変動は，製造業にとっての景気循環そのものと言え，鉱工業生産指数は，景気の一致指標として主要な位置を占めている．また，所定外労働時間も景気の一致指標として有力なものであり，このことは日本の企業活動において，生産量の調整に対し，労働時間の調整が機敏に行われていることの証左でもある．

　第 I-1-9 表の雇用調整の実施方法では，人員面での調整が極力回避されていることをみてきたが，「臨時，パート等の再契約停止・解雇」については，その実施割合は，相対的にはなお低い水準にあるものの，徐々にその割合を高めていることを指摘しなくてはならない．雇用契約期間が定められている非正規雇用者は，企業にとって，雇用契約を更新しないことで人員削減の手段となる．

第 I-1-11 表　雇用形態別雇用者数の推移　　　　　　　　（単位：万人，％）

	役員を除く雇用者	正規の職員・従業員	非正規の職員・従業員	パート・アルバイト	労働者派遣事業所の派遣社員，契約社員・嘱託，その他	うち派遣社員
昭和59(1984)年	3,936	3,333 (84.7)	604 (15.3)	440 (11.2)	164 (4.2)	- (-)
60(1985)	3,999	3,343 (83.6)	655 (16.4)	499 (12.5)	156 (3.9)	- (-)
61(1986)	4,056	3,383 (83.4)	673 (16.6)	523 (12.9)	150 (3.7)	- (-)
62(1987)	4,048	3,337 (82.4)	711 (17.6)	561 (13.9)	150 (3.7)	- (-)
63(1988)	4,132	3,377 (81.7)	755 (18.3)	599 (14.5)	156 (3.8)	- (-)
平成元(1989)	4,269	3,452 (80.9)	817 (19.1)	656 (15.4)	161 (3.8)	- (-)
2(1990)	4,369	3,488 (79.8)	881 (20.2)	710 (16.3)	171 (3.9)	- (-)
3(1991)	4,536	3,639 (80.2)	897 (19.8)	734 (16.2)	163 (3.6)	- (-)
4(1992)	4,664	3,705 (79.4)	958 (20.5)	782 (16.8)	176 (3.8)	- (-)
5(1993)	4,743	3,756 (79.2)	986 (20.8)	801 (16.9)	185 (3.9)	- (-)
6(1994)	4,776	3,805 (79.7)	971 (20.3)	800 (16.8)	171 (3.6)	- (-)
7(1995)	4,780	3,779 (79.1)	1,001 (20.9)	825 (17.3)	176 (3.7)	- (-)
8(1996)	4,843	3,800 (78.5)	1,043 (21.5)	870 (18.0)	173 (3.6)	- (-)
9(1997)	4,963	3,812 (76.8)	1,152 (23.2)	945 (19.0)	207 (4.2)	- (-)
10(1998)	4,967	3,794 (76.4)	1,173 (23.6)	986 (19.9)	187 (3.8)	- (-)
11(1999)	4,913	3,688 (75.1)	1,225 (24.9)	1,024 (20.8)	201 (4.1)	- (-)
12(2000)	4,903	3,630 (74.0)	1,273 (26.0)	1,078 (22.0)	194 (4.0)	33 (0.7)
13(2001)	4,999	3,640 (72.8)	1,360 (27.2)	1,152 (23.0)	208 (4.2)	45 (0.9)
14(2002)	4,940	3,489 (70.6)	1,451 (29.4)	1,053 (21.3)	398 (8.1)	43 (0.9)
15(2003)	4,948	3,444 (69.6)	1,504 (30.4)	1,089 (22.0)	415 (8.4)	50 (1.0)
16(2004)	4,975	3,410 (68.5)	1,564 (31.4)	1,096 (22.0)	468 (9.4)	85 (1.7)
17(2005)	5,007	3,374 (67.4)	1,633 (32.6)	1,120 (22.4)	513 (10.2)	106 (2.1)
18(2006)	5,088	3,411 (67.0)	1,677 (33.0)	1,125 (22.1)	552 (10.8)	128 (2.5)
19(2007)	5,174	3,441 (66.5)	1,732 (33.5)	1,164 (22.5)	568 (11.0)	133 (2.6)
20(2008)	5,159	3,399 (65.9)	1,760 (34.1)	1,152 (22.3)	608 (11.8)	140 (2.7)
21(2009)	5,102	3,380 (66.2)	1,721 (33.7)	1,153 (22.6)	568 (11.1)	108 (2.1)
22(2010)	5,111	3,355 (65.6)	1,756 (34.4)	1,192 (23.3)	563 (11.0)	96 (1.9)

資料出所：総務省統計局「労働力調査特別調査(2月調査)」(平成13年以前)，「労働力調査(詳細集計)」(平成14年以降)

(注)　1)　( )内は役員を除く雇用者に対する割合である．
　　　2)　平成13年までは2月調査結果，平成14年以降は統計の整備に伴い暦年値で示してある．調査及び集計方法に変更があり，数値の接続には注意が必要である．

第 I-1-12 表　離職率とその要因別寄与度の推移　　(単位：%)

	離職率	会社都合				自己都合
			経営上の都合	契約期間の満了	定　年	
昭和 40 (1965) 年	20.8	2.6	1.4	0.8	0.4	18.2
45 (1970)	21.5	2.4	0.9	1.2	0.3	19.1
50 (1975)	15.8	2.9	1.7	0.9	0.4	12.9
55 (1980)	14.4	2.2	0.7	0.9	0.5	12.2
60 (1985)	14.8	2.8	1.0	1.1	0.7	12.0
平成 2 (1990)	15.3	2.4	0.9	0.9	0.6	12.8
7 (1995)	14.3	3.5	1.3	1.5	0.8	10.8
12 (2000)	16.0	4.0	1.5	1.7	0.8	12.0
17 (2005)	17.5	4.0	1.2	2.0	0.8	13.5
22 (2010)	14.5	4.1	1.4	2.1	0.6	10.4

資料出所：厚生労働省「雇用動向調査」

　第 I-1-11 表により，非正規雇用者の推移をみると，パート，アルバイト，派遣社員，契約社員，嘱託などからなる非正規雇用者は，バブル崩壊以降，雇用者全体の伸びが鈍化する中にあっても継続的に増加してきた．正規雇用者は平成 9(1997) 年にはピークを迎え，その後，減少しており，雇用者に占める非正規雇用者の割合の上昇にはずみがかかった．非正規雇用割合は，平成 2(1990) 年の 20.2% から平成 7(1995) 年の 20.9% とほぼ横ばいで推移したが，その後，上昇を続け平成 15(2003) 年に 30.4% と 3 割を超え，平成 20(2008) 年には 1760 万人，非正規雇用割合で 34.1% となった．しかし，第 14 循環の後退過程 (平成 20 年からの後退過程) では，「派遣切り」と呼ばれたように雇用調整の手段として用いられ，平成 21(2009) 年には 1721 万人と，1 年間で 39 万人の大幅な減少となった．また，その内訳をみても派遣社員は 32 万人減少し，非正規雇用者の減少の大きな部分を占めた．

　第 I-1-12 表により，離職率の長期的な推移をみると，昭和 40 年代の高度経済成長期に 20% を超える高い水準にあったが，自己都合離職の減少により，昭和 50 年代から今日まで，およそ 10% 台半ばで推移している．こうしたことから，雇用維持を重視する日本企業の労使関係における態度には大筋において変化はないと見て差し支えないが，非正規雇用者を雇用調整の手段とする傾向

26 —— 第Ⅰ部 労働経済の分析

第I-1-13表 労働組合組織率の推移(産業別) (単位:%)

	産業計	農林漁業	農林業	漁業	鉱業	建設業	製造業	卸売・小売業	金融・保険業,不動産業	サービス業	運輸・通信業	電気・ガス・熱供給・水道業	公務
昭和30(1955)年	35.6	16.6	12.1	27.1	85.9	27.9	35.1	15.2		34.5	77.3		47.6
35(1960)	32.2	12.8	9.9	28.1	79.6	29.7	31.4	14.2		26.4	69.9		62.2
45(1970)	35.4	24.3	23.0	26.9	74.8	25.0	38.0	19.2		26.2	65.0		65.6
								9.7	69.5				
55(1980)	30.8	20.8	21.2	19.5	43.2	16.2	34.7	10.4	56.8	23.0	61.5	79.7	69.1
平成 2(1990)	25.2	11.9	12.7	9.7	35.4	17.5	29.4	[10.1]	49.7	16.6	47.7	72.2	69.2
12(2000)	21.5	5.1	4.8	7.0	26.8	19.8	28.0	[9.1]	41.1	12.6	37.3	56.1	61.7
20(2008)	18.1	2.6	2.2	4.8	20.8	21.1	25.6	11.2	31.7	10.0	24.4	59.3	44.7
21(2009)	18.5	2.7	2.5	3.3	30.7	21.9	27.9	12.0	30.3	9.7	25.8	43.5	43.4
22(2010)	18.5	2.5	2.1	4.3	18.1	22.7	27.9	12.5	32.5	9.5	24.9	46.3	43.7

資料出所:厚生労働省「労働組合基礎調査」(労働省「労働組合基本調査」),総務省統計局「労働力調査」をもとに厚生労働省労働政策担当参事官室試算(平成23年版労働経済白書 p.79より転載)

(注) 1) 数値は労働組合の推定組織率である.
2) 全産業の労働組合推定組織率は,単一労働組合の労働組合員数(各年6月30日現在)を「労働力調査」の各年6月分の雇用者数で除したもの.単一労働組合とは,単位組織組合(下部組織をもたない組合)と単一組織組合(下部組織をもつ組合)の本部をそれぞれ1組合として集計したものである.
3) 産業別(全産業を除く)の労働組合推定組織率は,単位労働組合の労働組合員数(各年6月30日現在)を「労働力調査」の各年6月分の雇用者数で除したもの.単位労働組合とは,単位組織組合(下部組織をもたない組合)と単一組織組合(下部組織をもつ組合)の最下部組織である単位労働組合とをそれぞれ1組合として集計したもの.
4) [ ]内の値は卸売・小売業,飲食店.
5) 平成20年以降のサービス業は,学術研究,専門・技術サービス業,宿泊業,飲食サービス業,生活関連サービス業,娯楽業,教育,学習支援業,医療,福祉,複合サービス事業,サービス業(他に分類されないもの)を合算したものの計とした.

は次第に強まっていると考えられる.同表の会社都合による離職率のうち,「契約期間の満了」によるものをみると,平成2(1990)年の0.9%から平成22(2010)年の2.1%へと継続的に上昇している.非正規雇用者の増加によって,企業にとっては,雇用契約を更新しないことで人員削減を行う余地は,長期的にみて拡大していると言わざるをえない.

なお,**第I-1-13表**により労働組合組織率を産業別にみると,農林漁業を除けば,サービス業,卸売・小売業の組織率は低い.労働組合組織率は,昭和50年代半ば(1980年ころ)から長期的に低下してきたが,サービス業,卸売・小売業などにおいて非正規雇用が活用されてきたことも,労働組合組織率の長期的な低下傾向の要因の一つであった.ただし,この点については,近年,パートタイマーの労働組合組織率は上昇しており,また,男女別にみても,女性の労働組合組織率は上昇している.こうした中で,卸売・小売業の労働組合組織率も上昇に転じ,労働者全体としてみても,労働組合組織率の低下に歯止めが

かかってきている.

4) 職業安定行政と有効求人倍率

公共職業安定所の業務取扱件数は「職業安定業務統計」として整備され,景気や雇用情勢を判断するための重要な経済指標となっている.先に**第I-1-5表**(17頁)でみたように,有効求人倍率は一致指標として,新規求人数は先行指標として,景気動向指数の系列に採用されている.

公共職業安定所は,公的職業紹介を運営するために,企業から求人を受理し,仕事を探す人達の求職登録を受け付ける.月々に新たに受理される求人の件数が「新規求人数」であり,新たな求職登録が「新規求職者数」である.また,職業紹介は企業の求人条件と求職者の希望をすり合わせながら行われるが,その月のうちに充足できる求人ばかりではなく,また,求職者の求職活動が長期化することも少なくない.このため,求人,求職には繰越が発生するが,前月から繰り越された求人数に新規求人数を合算したものが「有効求人数」であり,前月から繰り越された求職者数に新規求職者数を合算したものが「有効求職者数」である.

また,有効求人数を有効求職者数で除した指標が「有効求人倍率」であり,一人の求職者に対し紹介することのできる求人数を示している.先に**第I-1-1図**(4頁)でみたように,有効求人倍率は完全失業率とともに雇用情勢を判断する場合に用いる代表的な指標である.

第I-1-14図により,これら求人,求職の動きをみると,景気循環により振幅を描いており,求人は景気拡張過程で増加し,景気後退過程で減少する.また,求職は景気拡張過程で減少する.新規求人数をみると,第5循環の後退過程(昭和39年からの後退過程),第8循環の後退過程(昭和52年からの後退過程),第9循環の後退過程(昭和55年からの後退過程),第10循環の後退過程(昭和60年からの後退過程),第13循環の後退過程(平成12年からの後退過程)においては,景気後退期間の後半に減少に歯止めがかかっている.景気の回復を見通し,あらかじめ新規求人を登録する動きがみられ,雇用情勢の改善に向け,求人開拓を行う職業安定行政の取組とも相まって,新規求人数の動向に景気回復に先行する動きを認めることができる.

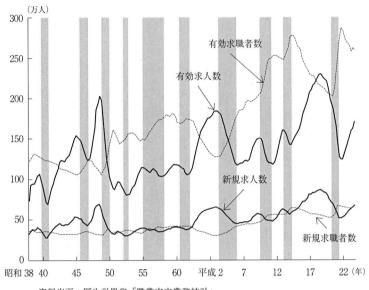

資料出所：厚生労働省「職業安定業務統計」
(注) 数値は四半期ごとにみた季節調整値である．

第 I-1-14 図　求人と求職の動き

一方，求職については，特に，有効求職者数について，景気回復に遅行する動きがみられる．第 8 循環の拡張過程(昭和 50 年からの拡張過程)，第 9 循環の拡張過程(昭和 52 年からの拡張過程)，第 10 循環の拡張過程(昭和 58 年からの拡張過程)，第 15 循環の拡張過程(平成 21 年からの拡張過程)において，拡張過程に入っても求職者数の増加が継続し，求職者が減少に転じるのは遅れがみられる．第 12 循環の拡張過程(平成 5 年からの拡張過程)では，バブル崩壊の影響の大きさもあって，拡張過程にあっても求職者の増加が続いた．雇用調整にあたって，企業は可能な限り解雇を回避し，人員削減や離職者の発生が繰り延べられる傾向があり，また，一度，離職すると再就職は容易ではないため，新規求職者から有効求職者への繰り延べが多くなる．景気回復過程が進行し，景気の拡張力が強まってくれば，こうした求職者の滞留状態が次第に解消し，ようやく求職者の減少へと向かうこととなる．なお，バブル崩壊後は景気の拡張力が強くなく，求職者の再就職が進みにくかったものと考えられる．

このように職業安定業務統計には，景気変動に伴う企業の採用，雇用調整，

人々の就職活動などの諸側面が投影されており，それぞれの指標には，先行指標としての意義を有するものもあり，遅行指標としての性格を持つものもある．有効求人倍率は，こうした求人，求職の動向を総括的に示す指標であるが，その循環波動は，ほぼ正確に景気の動向と一致しており，そうした経験的な事実から，景気動向指数においても一致指標として採択されている．

このように，公共職業安定所の業務指標は日本経済の実態をよく反映しており，雇用指標としての有効性も高い．しかし，人々の就職経路は，公共職業安定所によるものばかりでなく，求人情報誌，新聞広告，インターネットなどのコンピュータ情報などを利用したものや，知り合いなどの縁故によるもの，さらには，民間の職業紹介サービスも拡大する中で，日本の雇用のある一部分を表しているに過ぎないとして，軽視する向きがあることは否定できない．しかも，規制緩和と行政改革の名の下に，公的職業紹介の意義を低くみて，民間の職業紹介を広げることが，労働市場の市場メカニズムを活かし，失業率を抑制することにつながるとの経済理論的認識を喧伝する識者も少なくない．

第Ⅱ部第2章で取り上げるように，OECD（経済協力開発機構）の「労働市場研究」や日本政府の「構造改革」の認識に基づいて，いわゆる「労働市場改革」が進められ，公共職業安定所の定員の削減と民間事業の拡大が並行的に進められてきた．こうした中にあって，かつてに比べ，公共職業安定所の機能が後退していることは隠しようもないが，なお引き続き，入職経路としての公共職業安定所の位置づけには大きな変化がないことを踏まえると，働く人達の権利を守るために，公的職業紹介の機能を現実に必要とする，厳然とした社会の実態が存在していることは強く指摘せざるをえない．

第Ⅰ-1-15図により，職業紹介における求人情報の扱いに関する類型的検討を試みると，職業紹介を行う者が，求職者に提供する情報を如何にして収集するかという側面と，その情報を如何にして求職者へ提供するかという2つの側面から類型化することができる．まず，情報の収集については，企業からの申し出をそのまま用いる場合と，何らかの方法により事実確認を行う場合とに分類できる．同図では，前者をオープンと呼び，後者をクローズと呼ぶ．一方，情報の提供にあたっては，インターネットや就職情報誌のように，不特定の求職者に一般的に情報を提供する場合と，対面などにより求職者の状況を把握し

収集＼提供	情報の提供 OPEN	情報の提供 CLOSED
情報の収集 OPEN	O-O 型	O-C 型
情報の収集 CLOSED	C-O 型	C-C 型

(注) 1) OPENとは，対象との関わりで事実の確認を行わないことで，情報の収集の場合には，直接の事情聴取や実地確認が行われていないこと，情報の提供の場合には，提供する相手と直接対面していないことを意味する．
2) CLOSEDとは，対象との関わりで事実の確認を行うことで，情報の収集の場合には，直接の事情聴取や実地確認が行われていること，情報の提供の場合には，提供する相手と直接対面していることを意味する．

第Ⅰ-1-15図 職業紹介における求人情報の扱いに関する類型的検討

た上で情報を提供する場合とに分類できる．同図では，これを情報提供における分類として，前者をオープン，後者をクローズと呼んでいる．

　求職者から納得をえ，安心して就職できる職業紹介とは，企業が提示する採用条件について，十分な事実確認を行い，条件の緩和を図ることができる部分を把握しつつ，一方で，求職者のおかれている状態を把握しながら，求職者の理解のもとに応募がなされ，採用に至らしめるものでなくてはならない．この場合の求人情報の扱いとは，職業紹介を行う者による事実確認が行われ，かつ，求職者への対面応接がなされているという意味で，**第Ⅰ-1-15図**におけるC-C型(情報収集クローズ，情報提供クローズ)に対応している．

　公共職業安定所が行う公的職業紹介が，このC-C型を理想型として運用されなくてはならないことは言うまでもない．一方，求職者にとって，公共職業安定所に一々足を運ぶことは手間であり，しかも，職業安定行政に対する厳しい定員削減の措置により窓口は繁忙を極めているため，手軽に求人情報を入手できる求人情報誌，新聞広告，インターネット情報の利便性はますます高い．また，構造改革の一環として労働市場の規制緩和が求められ続け，人材ビジネスへの期待も膨らみ続けてきた．そこで，こうした民間のビジネスは，**第Ⅰ-1-15図**において，どこに位置づけられ，理想とされるC-C型とどのような関係にあるかが問われなくてはならない．

採用条件の提示には応募を促すような甘言が弄され，実際に就職してみると職場の現実は異なっているという事態が懸念され，実際にそのような事例も少なくない．公的職業紹介が後退する中で，様々な形で拡大する職業情報が，O-O 型(情報収集オープン，情報提供オープン，たとえば，事実確認されていない情報が求人情報誌，新聞広告，インターネットなどにより不特定多数に届けられるパターン)，O-C 型(情報収集オープン，情報提供クローズ，たとえば，民間の人材ビジネスが求職者に対面で職業相談に応じているが，その提供する求人情報は事実確認が不十分で，求人企業に対する充足が優先されているパターン)となっていることが懸念される．

　また，ここに述べた O-O 型，O-C 型による問題の発生は，単なる論理的な想定によるものではなく，現実の労働問題であり続けている構図を歴史の中から学び取ることも重要である．明治 36(1903)年に行政報告として取りまとめられた『職工事情』[14]をみると，職工募集における紹介人の弊害を軽々に見過ごしてはならないと強調している．特に，紹介人が甘言を弄して募集を行うことは，工場主から手数料を得て紹介を行う以上，「この種の甘言欺瞞もあながち無理ならざることを知るべし」として，問題の本質を洞察している．公的職業紹介は，このような歴史的事実を踏まえて，働く人達の権利を実現するために創造されてきた社会的な仕組みなのである．

　このような歴史的経過を踏まえつつ，今後，進展する高度情報社会における職業紹介を展望すると，C-O 型(情報収集クローズ，情報提供オープン)の可能性を模索していくことが重要であろう．進歩する様々な情報システムによってオープンな情報提供の可能性が広がっていく中で，公平，公正の観点からしっかりとした事実確認がなされ，そうした貴重な求人情報が幅広く提供されていくことを，新たな職業紹介システムとして構想していくこともできよう．このような意味での信頼できる公正な情報の提供は公的職業紹介に最もふさわしいものであり，O-O 型，O-C 型における反倫理的な情報提供を強く牽制するものとなる．働く人達の権利の向上にとって，公的職業紹介の果たす役割は引き続

---

14)　農商務省商工局工務課工場調査掛『職工事情』(1903 年)における「綿糸紡績職工事情」の第 4 章「職工の雇用」を参照．

き大きいのであって，国の経済運営において公共職業安定所の役割がより強固に据え直されることが大切である．

第3節　経済見通しと経済運営の課題

1) 経済見通しの意義と役割

今までみてきたように，戦後社会では統計を分析することで経済の実状を把握し，景気循環の中に現状を正しく位置づけることが真剣に取り組まれてきた．それは，国の機動的な経済運営にとって，そうした分析活動が不可欠だとの強い認識があったからにほかならない．しかし，優れた現状分析だけでは機動的な経済運営は実現できない．そこには，あらかじめ的確な形で予測された経済見通しが必要なのである．

事後的に振り返ることのできる過去にではなく，今を生きる私たちにとって，この今を評価する術がなくては，確固たる措置を現実に移すことなどできはしない．機動的な経済運営を行うという視点からすれば，それは，現実に今，財政出動を必要とする局面にあるのか，あるいは，金融緩和を必要とする局面にあるのか，という判断に実践的に役立つものでなくてはならない．

一般的に言えば，今を評価する上で，望ましい未来を創り上げるという将来につながる視点が必要なのであって，こうした視点のもとに，今，何を為すべきなのかという問いに答えることができる．経済運営が行われる現場にあっては，それが正に経済見通しであった．実現可能な望ましい姿として，あらかじめ経済成長率や完全失業率の見通しがなされる．そして，新年度を迎え，現実の経済運営に入っていった時，正しい経済分析は，その年度において見通しを達成することができるか否かに答を与えることができるだろう．見通しの達成が危ぶまれた時こそ，新たな経済運営を繰り出す政策的，政治的判断のタイミングである．機動的な経済運営とは，これら，経済見通し，現状分析，政策判断の複合物と言える．

昭和30(1955)年度の政府経済見通し以来，政府は，毎年，経済成長率と完全失業率の見通しを発表してきた．見通しは，新年度の政府予算案と一体的に国会で審議され，万全の経済運営を期して新年度を迎えることとなる．第

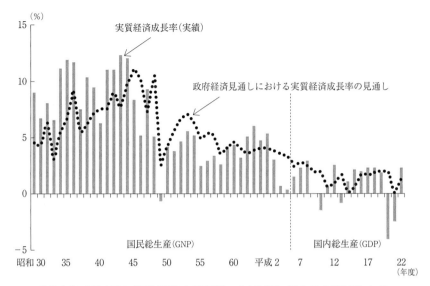

資料出所：経済企画庁「経済見通しと経済運営の基本的態度」（平成13年度見通しまで），内閣府「経済見通しと経済財政運営の基本的態度」（平成14年度見通し以降）をもとに作成

(注) 経済成長率は，平成6年度見通しまでGNP（国民総生産）の変化率として，平成7年度見通し以降はGDP（国内総生産）の変化率として見通されている．

第I-1-16図　経済成長率の見通しと実績

第I-1-16図は政府経済見通しにおける経済成長率の見通しであり，第I-1-17図は完全失業率の見通しである．

　第I-1-16図によって，戦後の経済運営を簡単に振り返ってみると，戦後復興から高度経済成長期においては，経済見通しに対し，現実の経済成長率の実績の数値は大きく，予想を超える経済成長が実現されてきたことが分かる．特に，高度経済成長期の後半では，インフレーション（継続的な物価上昇）が高進していたことから，安定的な経済成長への移行が課題とされていた．しかし，第1次石油危機に伴って，昭和49（1974）年度に経済成長率がマイナスを記録してからは，昭和50年代を通じて政府見通しの達成は困難になった．昭和の終わりから平成のはじめにかけてのバブル期には経済成長率が高まり，経済見通しの大きさを超える年が4年続いたが，バブル崩壊以降，政府経済見通しの達成が難しい年が続いている．

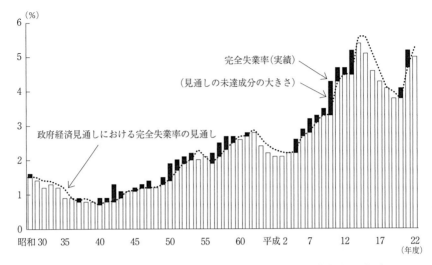

資料出所:経済企画庁「経済見通しと経済運営の基本的態度」(平成13年度見通しまで),内閣府「経済見通しと経済財政運営の基本的態度」(平成14年度以降)をもとに作成

第I-1-17図　完全失業率の見通しと実績

　経済成長率に対比させつつ完全失業率をみると，昭和50年代以降は，完全失業率の上昇を抑制することも難しくなった．第I-1-17図によって完全失業率の見通し達成状況をみると，第1次石油危機後は，見通しを超える完全失業率の上昇があり，かつてに比べ，経済運営における失業抑制は難しくなったことが分かる．バブル期には，完全失業率の低下がみられたが，バブル崩壊後，平成5(1993)年度以降は9年連続して政府見通しを超える完全失業率の上昇があり，厳しい雇用情勢の悪化に直面した．

　こうしてみると，政府経済見通しは，翌年度の数値を当てるという意味では，決して優れた推計とは言えないが，国内総生産の動きと完全失業率の動きの相互の整合性をとりつつ，現状は望ましい姿と言いうるのか否か，政府として明確なメッセージを発し続けてきたと評価しなくてはならない．

　しかし，戦後経済運営の総合的な司令塔であった経済企画庁は，平成13(2001)年の中央省庁再編で内閣府の一部へと再編成され，同年4月には，その後，長期政権を誇ることとなる小泉政権が成立した．平成14年度の政府経済

見通しは，この新しい行政組織と政権による初めての見通しであり，戦後経済運営が如何に継承されることとなるのか，象徴的な意味を持ったと言えるだろう．

平成14年度政府経済見通しでは，戦後はじめて経済成長率0.0％の見通しが掲げられ，完全失業率は5.6％とされた．年度でみた完全失業率の実績は今日から振り返ってみても5.4％を超えた年はない．完全失業率5.6％とは日本社会にとって許容しがたい水準なのである．平成14年度の政府経済見通しは，極めて大きな失業率の悪化を折り込んで，平成13年12月19日に閣議了解され，平成14年1月25日に閣議決定された．

2) 戦後経済運営の基本認識と中央省庁再編

戦後経済運営を担った総合経済官庁である経済企画庁は，経済安定本部，さらには経済審議庁の改組によって，昭和30(1955)年7月20日に発足した．

経済安定本部(昭和21年8月12日発足)は，戦争直後の荒廃の中から日本経済の立て直しを担い，GHQ(連合国軍総司令部)の権力を背景に，他の政府省庁を超越する権限と行政執行力を備えていた[15]．しかし，このような行政組織は，占領下の一時的なもので，昭和27(1952)年に独立を回復すると，経済安定本部の機能を引き継いだ経済審議庁[16]が設置され，さらに，長期的展望に立って国民経済を建設し発展させるための経済総合官庁を創設することを目的に，設置法の改正と名称変更を行って経済企画庁に改組された[17]．

経済企画庁は，経済分析に加え，経済見通しや数々の長期予測に取り組んだ

---

15) 経済安定本部は，戦後の経済復興方式である「傾斜生産方式」(資材，資金など限られた国内資源を最も基礎的な石炭鉱業と鉄鋼業に投入し，重油輸入等で補完しながら石炭と鉄鋼の相互循環的な増産の効果を次第に他産業に及ぼしていく物資動員的な経済運営)の実施主体であった．

16) 経済審議庁は昭和27年8月1日に発足した．

17) 経済企画庁は，調整部，総合計画部，総合開発部，調査部の4部制で発足したが，昭和32年8月1日に国家行政組織法が改正されて国務大臣を長とする外局の庁に局が設置できることになったのに伴い，経済企画庁を構成する各部は局に昇格して，それぞれ，調整局，総合計画局，総合開発局，調査局となった(総合開発局は昭和49年に国土庁が創設された際に事務が移管され廃止された)．調査局は経済統計の分析を任務とし，総合計画局は長期経済推計を任務としており，調整局はこれらをとりまとめ，政府経済見通しを策定し，現実の経済状況の推移を見通しと照らし合わせながら，必要に応じ経済対策の取りまとめを行った．

が，そこには経済総合官庁としての経済運営に関する基本認識があり，経済予測の意義について記された幾つかの政府文書も残っている．第I-1-18表はそれらを整理したものであるが，経済企画庁の内部組織が強化された昭和32(1957)年8月に閣議了解された文書をみると，経済見通しを行うことは政策を総合化することに役立つとともに，景気循環の中で機動的な経済政策の発動に資するものである旨が述べられている．政府内部は技術的，実務的な観点から，種々の行政組織が所管行政の専門性に則って職務を行っているが，総合調整官庁たる経済企画庁は，長期の経済予測を行うことによって課題の本質を描き出し，政策の総合化を目指したのである．そして，経済政策を機動的に実施するためにも，経済予測が不可欠であると考えられていたことも分かる．

また，こうして提示される経済予測の数値の性格についても，昭和42(1967)年の閣議決定文書には，実現可能な望ましい姿を示すものであると明記されている．

経済企画庁が示す経済予測とは，「実現可能な望ましい姿」なのであって，もちろん，計量的，技術的な検証作業によって，「実現可能な予測数値」が根拠をもって提示される必要はあるが，それは幾つか考えられるシナリオのうち，「望ましい姿」として政策的に採択されるものなのである．こうした性格を持つ目標数値の提示によって，現実の経済に取り組む政府の姿勢が明確になり，政府各部門の諸施策が一つの目的に向かって動員され，政策の体系化，総合化と機動的な経済運営の実現が期待される．戦後経済運営の基本認識とは，政府が未来に向けた目標を示すことで，経済政策の総合化を図るとともに，景気循環に対しても機動的な対処を図り，経済と雇用に積極的に働きかけることによって，国民生活を発展させるということであった．

経済企画庁の予測推計作業は，平成13(2001)年の中央省庁再編に伴って，内閣府の経済財政運営担当に移管され，その事務のもとに平成14年度の政府経済見通しが策定された．見通された経済成長率は，戦後最低の予測数値の提示であり，完全失業率は今日においてすらみたことのない高さのものであった．ここに，「実現可能な望ましい姿」を提示するという戦後経済運営の精神は死滅した．

こうした重大な方針転換に，ようやく気付いた野党は，翌平成15(2003)年2

第 I-1-18 表　政府経済見通しに関する政府の基本認識

		旧経済企画庁時代の政府見解	平成15年度政府経済見通しに対する小泉内閣の国会答弁
政府経済見通しについての考え方	予測の意義	統一的な経済見通しに立脚しつつ，長期経済計画など，長期的な観点から，総合的に経済政策を策定するとともに，景気の波動に対応し，機動的に経済政策を実施する（「経済企画庁の機能の活用について」（昭和32年8月5日閣議了解））	（平成15年度政府経済見通しでは，完全失業率上昇を予測．認識を問われ）「見通しは，統計数値を踏まえ学問的な話として出てきているもの」，「一つの目安」（財務大臣）と答弁
	予測数値の性格	経済環境についての予測と政府のとるべき政策とを勘案しながら，望ましく，かつ実現可能な経済発展の大まかな姿を示すもの（「経済社会発展計画」（昭和42年3月13日閣議決定））	（完全失業率が下がるよう適切な予算に組み替えるべきと問われ）「経済成長率が下がる以上，完全失業率が高まることは甘受しなければならない」，「集中調整期間の間は，成長率も低いことを甘受しなければならない」（経済財政担当大臣）と答弁 ＊「集中調整期間」とは，不良債権処理と構造改革をパッケージですすめる期間として位置づけられたもので，低い経済成長率を甘受しなくてはならないが，その後は，民需主導の経済成長の実現を目指すとされた（「今後の経済財政運営及び経済社会の構造改革に関する基本方針」（平成13年6月26日閣議決定））
	政府経済見通しと予算編成の関係	経済企画庁は，翌年度の経済運営にあたって政府がとる基本的態度とそれに基づいて経済を運営した場合の経済の姿についてとりまとめ閣議に提出する．政府経済見通しは，予算編成方針の閣議決定とほぼ同時に閣議了解され，予算案の国会提出のための閣議決定とほぼ同時に閣議決定される	平成15年度政府経済見通しは，平成14年12月19日閣議了解，平成15年1月24日閣議決定． 一方，予算編成については，平成15年度一般会計歳入歳出概算は平成14年12月24日閣議決定，平成15年度一般会計予算は平成15年1月24日閣議決定．

資料出所：経済企画庁資料及び内閣府資料をもとに作成
　（注）　1）　戦後の経済企画行政は，占領下の昭和21年に経済安定本部が設置され，独立回復後は経済審議庁を経て，昭和30年に経済企画庁が発足した．平成13年の中央省庁再編においては内閣府（経済財政運営担当，経済社会システム担当，経済財政分析担当，共生社会政策担当等）がその継承組織とされている．
　　　　　2）　表中の「政府経済見通しについての考え方」のうち「予測の意義」と「予測数値の性格」については，旧経済企画庁時代の政府見解と小泉内閣の閣僚答弁とに違いが認められる．一方，政府経済見通しと予算編成の関係には，特段の変更はなく，政府経済見通しを踏まえ予算の計数が確定したものとみられる．
　　　　　3）　国会答弁は，第156回通常国会の衆議院予算委員会（平成15年2月12日）における長妻昭議員の質問に対し答弁したもの．財務大臣は塩川正十郎国務大臣，経済財政担当大臣は竹中平蔵国務大臣（第1次小泉内閣）．

月,衆議院予算委員会で質疑に立ち,平成15年度政府経済見通しをめぐって,基本認識を戦わせることとなった.平成15年度政府経済見通しは,引き続き,完全失業率を5.6%と高水準に見通し,経済成長率は0.6%としたが,後に明らかになる実績の成長率は1.9%であったことに照らしても,低い成長率である.経済,雇用情勢の悪化を甘んじて受け入れるよう国民に迫ったという点では,平成14年度の政府経済見通しの数値と,その性格は何ら変わりはない.

この審議において明確に提示された小泉政権の基本認識を旧経済企画庁の認識と対比したものが,先にみた第I-1-18表である.野党は,完全失業率が平成14年度の実績見込み5.4%から,15年度見通しで5.6%へと悪化すると見通されたことを質問したが,塩川正十郎財務大臣は,見通しは統計数値を踏まえ学問的な話として出てきているものであって,一つの目安に過ぎないと答弁した.また,完全失業率が改善するよう,適切に予算を組み替え,政府としての取組を行うべきと問われたことに対し,内閣府特命担当大臣の竹中平蔵経済財政担当大臣は,経済成長率が悪くなる以上,完全失業率の悪化も「甘受」しなければならない旨,答弁した.

目標数値を示すことで機動的な経済運営に役立てられてきた政府経済見通しは,その仕事の形だけは,経済企画庁から内閣府へ引き継がれたものの,戦後経済運営の精神が継承されることはなかったのである.

政府経済見通しは,旧経済企画庁の時代も,財政当局の予算編成方針と一体的に進められ,新年度予算の前提となる数値として用いられてきた.政府経済見通しの形式だけが引き継がれたということは,予算編成作業に貢献するという側面が残されたということであり,戦後経済運営の精神が継承されなかったということは,日本の財政から政策理念が消滅したことを意味している.

翌年度の経済成長率を悪く見通してしまえば,よっぽどのことがない限り,経済浮揚のための補正予算の策定を求められることはないだろう.完全失業率も,思い切って引き上げ高く見通してしまえば,雇用情勢は厳しくとも,働く人達は,それを甘受しなくてならないという経済財政担当大臣の論理の呪縛から逃れることはできない.そして,このことによって,財政当局は雇用対策の重責から逃れることができる.

第I-1-19図は,国の一般会計における国債依存度をみたものであるが,補

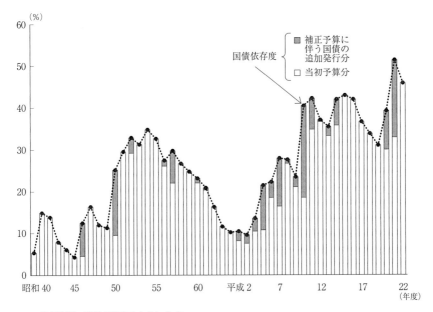

資料出所：財務省資料をもとに作成
(注) 1) 国債依存度は国債発行額を一般会計歳出額で除した百分率である．
2) 補正予算に伴う国債の追加発行分は補正後の国債発行額から当初予算の国債発行額を減じたものである．

第 I-1-19 図　補正予算に伴う国債の追加発行と国債依存度の推移

正予算が編成されることで，国債依存度はさらに上昇する．バブル崩壊以降は，補正予算の編成によって，高い国債依存度がさらに高まることが続いてきたが，政府の政策目標のハードルを一気に引き下げることで，平成15年度からの財政負担の軽減をねらうことができたと言えるだろう．

　総合経済官庁の消滅は，戦後日本経済に理想の姿を提示してきた官庁エコノミストの息の根を止め，財政当局の動きに睨みを利かせる者は，政府内部にはいなくなってしまったのである．

　しかし，国家財政は国民経済とともにあり，国民経済が疲弊すれば，財政再建が遠のくこともまた必定である．小泉政権のもとでの景気拡張過程は「回復感の乏しい景気回復」と呼ばれ続け，雇用の不安定さと平均賃金の低下のもとで，輸出主導の経済拡張が続いた．そして，平成20(2008)年秋に世界規模の金融危機が発生すると，日本経済は海外需要に過度に依存していたが故に，その

分,大きな経済収縮に直面することとなった.財政面では,歳入の落ち込みと,避けがたい緊急経済対策の発動によって,国債依存度は今までにまして跳ね上がることとなった.

3) 日本経済の現状と経済運営の現実

第I-1-20表は,景気後退過程における経済成長率や雇用,賃金の動きをみたものである.戦後の景気後退過程では,第1次石油危機に伴う第7循環の後退過程を除いて,長い間,実質GDPの変化率(実質経済成長率)がマイナスになることはなく,雇用者数が減ることもなかった.しかし,第12循環の後退過程以降は,GDPは実質も名目もマイナスとなり,雇用者数も削減されている.

今まで中央省庁再編が政府の経済運営に与えた影響をみてきたが,中央省庁再編が行われた時期(平成13年)に当たる第13循環の後退過程においては,雇用者数の減少率がマイナス1.0%と,他の景気後退過程に比べ際だって大きい.第13循環の後退過程は,第14循環の後退過程に比べて,GDPの減少ははるかに小さいが,雇用者数の削減規模は大きく,雇用調整において人員削減の方法をとる傾向が強かった.先に**第I-1-9表**(22頁)を用いて,第13循環の後退過程においては,雇用調整における「希望退職者の募集,解雇」の実施割合が高く,しかも「残業規制」や「中途採用の削減,停止」などの解雇回避的な措置があまりとられていないことを指摘したが,政府が経済運営にあたって,雇用情勢の悪化を容認する態度をとったことは,労使関係や企業の人事労務施策に悪影響を与えたことは疑いがない.

第I-1-21表は,先の**第I-1-20表**の変化率をもとに雇用弾性値,賃金弾性値を計算したもので,雇用変化率あるいは賃金変化率をGDPの変化率で除すことで,1%のGDPの減少が何%分の雇用の減少,何%分の賃金の減少を生み出したかを正の値で示したものである.第13循環の雇用弾性値は0.36,賃金弾性値は0.67で,GDPのマイナス1%の減少が,雇用の0.36%の減少を,また,賃金の0.67%の減少をもたらしたことを示している.いずれの値も,前後の景気後退過程より大きく,第13循環の後退過程が,働く人達に多くの犠牲を強いたことを明らかに示している.

また,雇用者に支払われる賃金の総額は「雇用者報酬」であり,企業側から

第 I-1-20 表　景気後退過程における国内総生産，雇用者，賃金の変化率（年率換算）

(単位：％)

		実質国内総生産	名目国内総生産	雇用者	賃　金
第 7 循環	昭和 48（1973）年第Ⅳ期～ 昭和 50（1975）年第Ⅰ期	△0.5	17.0	0.0	28.2
第 8 循環	昭和 52（1977）年第Ⅰ期～ 昭和 52（1977）年第Ⅳ期	3.6	9.6	0.3	7.2
第 9 循環	昭和 55（1980）年第Ⅰ期～ 昭和 58（1983）年第Ⅰ期	2.8	6.7	1.8	5.2
第 10 循環	昭和 60（1985）年第Ⅱ期～ 昭和 61（1986）年第Ⅳ期	3.3	5.0	1.5	2.4
第 11 循環	平成 3（1991）年第Ⅰ期～ 平成 5（1993）年第Ⅳ期	0.5	1.6	2.0	1.2
第 12 循環	平成 9（1997）年第Ⅱ期～ 平成 11（1999）年第Ⅰ期	△1.5	△2.0	△0.6	△1.1
第 13 循環	平成 12（2000）年第Ⅳ期～ 平成 14（2002）年第Ⅰ期	△1.7	△2.8	△1.0	△1.9
第 14 循環	平成 19（2007）年第Ⅳ期～ 平成 21（2009）年第Ⅳ期	△4.7	△5.2	△0.8	△3.3

資料出所：内閣府経済社会総合研究所「国民経済計算」，総務省統計局「労働力調査」，厚生労働省「毎月勤労統計調査」をもとに厚生労働省労働政策担当参事官室推計（『平成 23 年版労働経済白書』p. 71 より転載）

(注)　1)　実質国内総生産，名目国内総生産，雇用者，名目賃金(事業所 30 人以上規模の現金給与総額)の四半期の季節調整系列をもとにタイムトレンド関数を用いて平均変化率(年率)を推計したもの.
　　　2)　第 14 循環については雇用者数の減少が最大となる期間を用いた.

みれば「総額人件費」に当たるが，雇用者数の減少率と一人当たりの賃金の減少率を加算することで，雇用者報酬の変化率を概算として求めることができる．第 13 循環の雇用弾性値と賃金弾性値を足し合わせた数値は 1.03 であり，GDP1％ の減少に対し，1％ 以上の雇用者報酬が削られたことが分かる．年々作り出される付加価値に対し雇用者報酬が占める割合を労働分配率というが，付加価値を示す GDP 以上に人件費が削られたということは，労働分配率が低下したことを意味している．

　第 13 循環の後退過程の動きを，労使関係の視点からみれば，「景気後退」を口実に雇用と賃金を大きく削り込み，一気に利益復元的な動きに持ち込んだということである．こうした動きは，戦後の景気循環過程に例がない．確かに，

第I-1-21表 景気後退過程における雇用弾性値と賃金弾性値

	第12循環 平成9(1997)年第Ⅱ期～ 平成11(1999)年第Ⅰ期	第13循環 平成12(2000)年第Ⅳ期～ 平成14(2002)年第Ⅰ期	第14循環 平成19(2007)年第Ⅳ期～ 平成21(2009)年第Ⅳ期
(a)雇用弾性値	0.30	0.36	0.16
(b)賃金弾性値	0.58	0.67	0.62
(a)+(b) 国内総生産が1%変動した時の雇用者報酬の変化率(%)	0.88	1.03	0.78

資料出所:内閣府経済社会総合研究所「国民経済計算」,総務省統計局「労働力調査」,厚生労働省「毎月勤労統計調査」をもとに厚生労働省労働政策参事官室推計(『平成23年版労働経済白書』p.72より転載)

(注) 1) 第I-1-20表の数値を用いて計算したもの.
2) 雇用弾性値=雇用者数の変化率÷名目国内総生産の変化率.
3) 賃金弾性値=名目賃金の変化率÷名目国内総生産の変化率.
4) 雇用弾性値と賃金弾性値を加えたものを,名目国内総生産が1%低下した時の一人当たり雇用者報酬の変化率とした.

個々の企業経営にとっては,景気後退過程における利益率の低下は事業存続の脅威であり,これに対処しなくてはならない.企業別労働組合として企業内労使関係を基本に行動する労働運動が,これにある程度の理解を示すこともよく分かる.しかし,雇用や賃金の削減は,日本全体の所得を減らし,将来不安を惹起して,国内市場のさらなる収縮をもたらす.個々の経済主体としては合理的に見える行動が,かえって経済全体にとっての不均衡を生み出すのであり,このことを避け,社会全体の利益にかなう総合的な対応を図るのが,国の経済運営であり,個々の労使関係を超えた集団的労使関係の任務である.

中央省庁の再編とは,一般に,省庁を大括りにまとめる行政改革を行ったという程度にしかみなされていないが,総合経済官庁を抹殺し,労働行政の中核にあって労使関係行政を司った労政局を廃止して労働省を解体したことの意味は,歴史の中で正しく理解されなくてはならないだろう.

第2章　労働条件と所得分配

　日本社会は今，大きな閉塞感の中にある．国の経済運営においては，財政規律を回復させることが主要なテーマとなり，国民生活との関わりはますます分かりにくいものとなっている．こうした中で改革を唱える政治勢力は，その時々に強烈なプロパガンダを仕掛け，閉塞感で鬱屈する国民感情に火を付け，その爆発的な力によって現実の政治権力を手に入れることもできる．ところが，そうした勢力の経済運営が持続性をもって成功したためしはない．政治選択は一時のものであり，国民生活は息の長い日々の営みであるからだ．

　国民生活の向上のため，現状の分析，将来の予測，政策の選択とを相互に結びつけ，着実な経済運営を図ることが大切である．そして，そこでは，人が働くということが中心に据えられなくてはならないだろう．日々の経済活動は，製品の製造やサービス提供のために誠実に働く人達によって支えられており，経済活動の成果は賃金として働く人達に分配され，所得をもとにした人々の消費行動は有効需要の主要な部分を構成する．生産，分配，支出の流れが滞りなく展開することが，円滑な経済活動の基本であり，国民生活向上の源である．

　この第2章「労働条件と所得分配」では，現代の労働問題として所得分配の問題を取り上げる．国債依存度が高まる財政問題も，有効需要が慢性的に不足する現代社会にあって，需要の創造を財政支出に頼りがちになる現実を踏まえて検討されなくてはならない．有効需要を着実に生み出していくために，国民経済的な観点から適切な所得分配を実現することが大切である．特に，労働運動との関わりでは，個別企業の労使関係を基盤に，集団的労使関係の視点を確立することによって，働く人達の側から，分析，予測，政策の強固な結びつきを経済運営の中に打ち込んでいくことが求められる．本章では，こうした認識に立って，まず，第1節「戦後社会と賃金，物価，労働時間」において，賃金，物価，労働時間の統計を分析し，企業収益との関係を照らし合わせながら，今日の労働条件の形成に関する問題点を検討する．また，第2節「就業形態と所

得格差」では，今日の労働条件の形成に非正規雇用の増加が大きく影響していることを踏まえ，非正規雇用の賃金や就業の実態について分析する．そして，これらの分析を踏まえ，第3節「経済循環と所得分配」では，今日の労働条件形成と所得分配の問題を結びつけながら，働く人達のための経済分析としてマクロ経済分析の方法を詳述し，集団的労使関係の立場からの政策構想について展望する．

第1節 戦後社会と賃金，物価，労働時間

1) 日本社会と賃金の動向

働く人達の賃金は，厚生労働省の「毎月勤労統計調査」によって調査され，その結果は，労働条件を把握する基本資料として活用されている．調査では「現金給与総額」として，賃金，給与，手当，賞与など，その名称の如何を問わず，労働の対償として使用者が通貨で支払うもの全てが対象である．

「現金給与総額」は，「所定内給与」，「所定外給与」，「特別給与」に区分される．所定内給与は基本給や家族手当などであり，所定外給与は所定の労働時間を超える労働に対して支給される時間外手当などのほか，休日労働，深夜労働に対して支給されるものも含まれる．所定内給与と所定外給与は，労働協約や就業規則などによってあらかじめ定められた算定方法によって支給される給与であり，両者は合わせて「決まって支給する給与」と呼ばれる．

現金給与総額のうち，決まって支給する給与以外のものが特別給与であり，その主なものには，夏冬の賞与や期末手当などの一時金がある．

第 I-2-1 表は現金給与総額の内訳であるが，所定内給与の動きをみると，前年比は平成17(2005)年の0.2%増を除いて減少が続いている．一方，所定外給与は平成15年から平成19年にかけて増加し，特別給与は平成17年から18年にかけて増加がみられた．

平成14年から平成20年にかけて，景気は第14循環の拡張過程にあり，経済活動が活発化する中で，所定外労働時間が伸び所定外給与が増加したほか，賞与も増加したが，現金給与総額の大きな部分をしめる所定内給与が減少したことで，景気拡張過程にもかかわらず，賃金は減少傾向で推移した．景気回復

第2章 労働条件と所得分配 ── 45

第I-2-1表 賃金の推移　　　　　　　　　　(単位:円,%)

	現金給与総額	決まって支給する給与			特別給与
			所定内給与	所定外給与	
額					
平成14(2002)年	343,480	278,933	261,046	17,887	64,547
15(2003)	341,898	278,747	260,153	18,594	63,151
16(2004)	332,784	272,047	253,105	18,942	60,737
17(2005)	334,910	272,802	253,497	19,305	62,108
18(2006)	335,774	272,614	252,809	19,805	63,160
19(2007)	330,313	269,508	249,755	19,753	60,805
20(2008)	331,300	270,511	251,068	19,443	60,789
21(2009)	315,294	262,357	245,687	16,670	52,937
22(2010)	317,321	263,245	245,038	18,207	54,076
前年比					
平成14(2002)年	△2.9	△1.7 (△1.4)	△1.7 (△1.3)	△1.3 (△0.1)	△7.9 (△1.5)
15(2003)	△0.7	△0.4 (△0.3)	△0.7 (△0.5)	3.5 (0.2)	△2.5 (△0.5)
16(2004)	△0.7	△0.4 (△0.3)	△0.7 (△0.5)	4.8 (0.3)	△1.8 (△0.3)
17(2005)	0.6	0.3 (0.2)	0.2 (0.2)	1.6 (0.1)	2.1 (0.4)
18(2006)	0.3	0.0 (0.0)	△0.3 (△0.2)	2.6 (0.2)	1.5 (0.3)
19(2007)	△1.0	△0.5 (△0.4)	△0.5 (△0.4)	0.4 (0.0)	△3.4 (△0.6)
20(2008)	△0.3	△0.2 (△0.2)	△0.1 (△0.1)	△2.2 (△0.1)	△0.4 (△0.1)
21(2009)	△3.8	△2.1 (△1.7)	△1.3 (△1.0)	△13.5 (△0.7)	△11.8 (△2.0)
22(2010)	0.6	0.3 (0.2)	△0.2 (△0.2)	9.2 (0.5)	2.0 (0.3)

資料出所:厚生労働省「毎月勤労統計調査」
　(注) 1)　数値は調査産業計,事業所規模5人以上のもの.
　　　 2)　前半比は調査対象事業所の抽出替えに伴うギャップ等を修正した値であり本表の額の動きには対応しない.
　　　 3)　( )内は現金給与総額の前年比の内訳を構成する寄与度である.

に伴い国民所得は拡大したが,働く人達への成果配分は部分的なものにとどまり,しかも,平均値で表された賃金統計の結果をみる限りでは,賃金としての還元は全くなかったと言わざるをえない.今日,賃金抑制による利潤回復的な動きは,極めて強いと言える.

　第I-2-2図は,賃金と物価の動きを長期的にみたものであるが,戦後日本社会では,バブル崩壊を迎えるまで,長く賃金と物価の上昇が続いてきた.賃金の上昇は昭和30年代の半ば頃から際だってくるが,物価の上昇にも拍車がかかり,昭和48(1973)年の第1次石油危機時には,賃金,物価の大きな上昇がみ

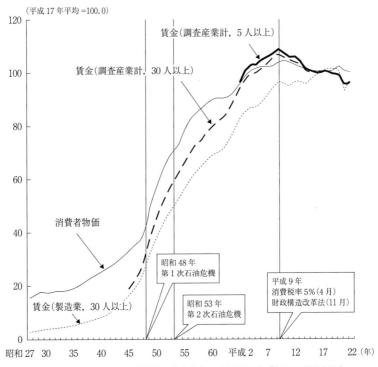

第 I-2-2 図　戦後日本経済と賃金，物価の動向

られた．

　日本の賃金上昇は，物価が上昇する環境のもとで，実質賃金の増加を求める労働側の賃金闘争によって実現されてきたと言えよう．また，物価が上昇傾向で推移した背景には，日本経済に成長力があり，消費支出，設備投資，輸出などの総需要の高い伸びが，物価の上昇基調をもたらしながら，高度な経済成長を実現してきたものと考えられる．

　しかし，こうした旺盛な需要の伸びに牽引された経済成長は，もはや過去のものとなった．バブル崩壊以降は，消費者物価の伸びは鈍化し，調査産業計でみた賃金も，平成9(1997)年をピークに減少に転じている．

バブル崩壊後，総需要は停滞し，雇用情勢は悪化を続け，この過程で財政負担が高まったが，平成9年には財政健全化に向けて消費税率の引き上げや財政構造改革法の制定がなされた．こうした総需要抑制的な財政運営のもとで，アジア通貨危機や金融機関の破綻などが相次ぎ，バブル崩壊後におけるもう一段の景気後退へと突入することとなったのである．

総需要の減少は，物価の低下を惹起するが，労働運動における賃金交渉力の弱さによって賃金の減少傾向が付け加わると，所得と消費の減少は，総需要をさらに減少させ，賃金と物価の相互連関的な低下へとつながり，悪循環が強まっていく．賃金は企業経営にとってコストであり，個々の企業にとっては収益回復に向け賃金削減を行うことは合理的な選択ではあるが，賃金は労働者の所得となり国内消費の源泉となるのであって，賃金の削減は社会全体としてみると，総需要のさらなる収縮へとつながっていく．こうして生じる賃金と物価の相互連関的な低下が，デフレーション（物価の継続的下落）なのである．

2) 企業収益と賃金の関係

第I-2-3図により，景気拡張過程における企業収益と賃金の関係をみると，第12循環の拡張過程（平成5年からの拡張過程で，バブル崩壊後，最初の景気回復）までは，経常利益が拡大すれば，賃金も増加するという関係が明瞭に存在している．経済成長の成果を労使の間でバランス良く分け合うという，個々の労使関係における良識が働いていたものと思われる．

ところが，先にみたように，平成9(1997)年における財政再建を優先させた経済運営は，バブル崩壊後の経済停滞をもう一段，悪化させ，今まで培われてきた良好な労使関係に手痛い打撃が加えられた．その結果，日本の労使関係から国民経済的見地に立って所得分配を行うという機能が失われてしまったようにみえる．この時以降，景気拡張過程において企業収益が改善しても，賃金の上昇はみられなくなった．

労働条件の形成という観点からみれば，平成3(1991)年のバブル崩壊以上に，平成9(1997)年以降の経済運営の混乱や経済失政から被った影響は大きい．こうした事態を招来したことも含めて，日本の労働運動は，集団的労使関係を形成し，政策，制度を通じて労働状態を改善するという総合的な実行力を未だ十

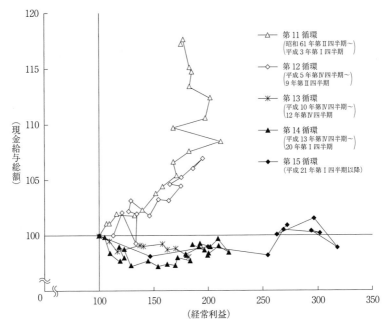

資料出所：厚生労働省「毎月勤労統計調査」，財務省「法人企業統計調査」
(注) 1) 現金給与総額は調査産業計の事業所規模30人以上，経常利益は全産業全規模．
2) 数値は四半期系列の季節調整値である．
3) 各景気循環において経常利益が最も低下した期を起点(100.0)とし，当該景気循環の山までの推移をみたもの．

第 I-2-3 図　景気拡張過程における利益と賃金

分に備えていないことが分かる．

　第 I-2-4 図により，売上高経常利益率の推移をみると，景気拡張過程で利益率が上昇し，後退過程において低下するという循環をみることができる．第11循環の拡張過程(昭和61年からの拡張過程)では，ボトムの2.3%からトップの3.9%まで，1.6%ポイントの大きな上昇がみられた．これに対しバブル崩壊後最初の景気回復である第12循環の拡張過程(平成5年からの拡張過程)では，売上高経常利益率の上昇は1.0%ポイントと小さくなったが，先に**第 I-2-3 図**でみたとおり，企業収益の増加に応じた賃金の増加がみられた．

　一方，**第 I-2-4 図**により，第13循環の拡張過程(平成11年からの拡張過程)の

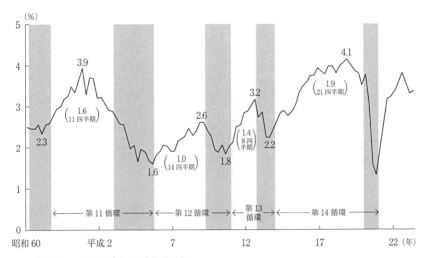

資料出所:財務省「法人企業統計調査」
(注) 1) 数値は四半期系列の季節調整値.
2) 売上高経常利益率=経常利益÷売上高×100.
3) ( )内は景気拡張過程における売上高経常利益率の上昇についてボトムからトップまでの上昇ポイント幅と経過期数を示したもの.
4) シャドーは景気後退過程を示している.

第I-2-4図 売上高経常利益率の推移

売上高経常利益率をみると,利益率の上昇幅は,1.4%ポイントと第12循環に比べて大きいが,この過程で賃金の増加は見られなくなったことは先に述べた通りである.さらに,第14循環の拡張過程(平成14年からの拡張過程)では,利益率は1.9%ポイントの大幅上昇となり,その上昇期間も5年を超えたが,賃金は低下傾向で推移した.

平成9(1997)年以降のさらなる雇用情勢の悪化によって,労働組合の賃金交渉力が一段と低下したことが危惧される.また,前章の**第I-1-11表**(24頁)でみたように,ちょうどこの頃から,非正規雇用割合が継続的に上昇するようになったが,相対的に賃金水準の低い非正規雇用者の割合が上昇することで,所定内給与の減少が生じている.非正規雇用割合の上昇は平均賃金低下の主な原因となっている.

なお,大手企業においては,賃金への利益配分が賞与の積み増しによって行

第I-2-5表　景気拡張過程の利益率と利益処分

		企業規模計				大企業(資本金10億円以上)			
		経常利益率	当期純利益率			経常利益率	当期純利益率		
				(内部留保)	(配当金)			(内部留保)	(配当金)
第5循環	昭和37(1962)年度	2.8	1.5	(0.5)	(0.9)	3.8	2.3	(0.6)	(1.7)
	昭和38(1963)年度	2.9	1.7	(0.7)	(0.9)	4.1	2.6	(0.9)	(1.6)
	(上昇ポイント)	0.2	0.2	(0.2)	(0.0)	0.3	0.3	(0.4)	(-0.1)
第6循環	昭和40(1965)年度	2.3	1.3	(0.5)	(0.7)	3.1	1.9	(0.5)	(1.3)
	昭和44(1969)年度	3.3	2.1	(1.4)	(0.6)	4.2	2.8	(1.7)	(1.0)
	(上昇ポイント)	1.0	0.8	(0.9)	(-0.1)	1.1	0.9	(1.2)	(-0.3)
第7循環	昭和46(1971)年度	2.4	1.4	(0.7)	(0.5)	3.0	1.8	(0.9)	(0.9)
	昭和48(1973)年度	3.6	2.1	(1.5)	(0.5)	3.6	2.2	(1.5)	(0.7)
	(上昇ポイント)	1.2	0.7	(0.7)	(0.0)	0.7	0.4	(0.6)	(-0.2)
第8循環	昭和50(1975)年度	1.3	0.5	(0.0)	(0.4)	1.2	0.6	(0.1)	(0.5)
	昭和51(1976)年度	1.8	0.8	(0.4)	(0.3)	2.2	0.9	(0.4)	(0.5)
	(上昇ポイント)	0.5	0.3	(0.3)	(0.0)	1.0	0.3	(0.3)	(0.0)
第9循環	昭和52(1977)年度	1.8	0.8	(0.4)	(0.3)	2.3	1.0	(0.5)	(0.5)
	昭和54(1979)年度	2.5	1.2	(0.8)	(0.3)	2.9	1.3	(0.8)	(0.5)
	(上昇ポイント)	0.6	0.4	(0.4)	(0.0)	0.6	0.3	(0.3)	(-0.1)
第10循環	昭和57(1982)年度	1.8	0.8	(0.5)	(0.3)	2.4	1.1	(0.6)	(0.5)
	昭和59(1984)年度	2.1	0.9	(0.6)	(0.3)	3.1	1.3	(0.8)	(0.5)
	(上昇ポイント)	0.3	0.1	(0.1)	(0.0)	0.6	0.2	(0.2)	(0.0)
第11循環	昭和61(1986)年度	2.0	0.8	(0.5)	(0.3)	3.0	1.2	(0.7)	(0.6)
	平成元(1989)年度	3.0	1.4	(1.0)	(0.3)	3.8	1.8	(1.2)	(0.6)
	(上昇ポイント)	1.0	0.6	(0.5)	(0.0)	0.8	0.6	(0.5)	(0.0)
第12循環	平成5(1993)年度	1.4	0.3	(-0.1)	(0.3)	2.1	0.6	(0.1)	(0.5)
	平成8(1996)年度	1.9	0.6	(0.3)	(0.3)	2.9	1.1	(0.5)	(0.6)
	(上昇ポイント)	0.5	0.4	(0.3)	(0.0)	0.8	0.4	(0.4)	(0.0)
第13循環	平成10(1998)年度	1.5	0.0	(-0.4)	(0.3)	2.4	0.0	(-0.6)	(0.6)
	平成12(2000)年度	2.5	0.6	(0.2)	(0.3)	3.7	0.7	(0.0)	(0.7)
	(上昇ポイント)	1.0	0.6	(0.6)	(0.0)	1.2	0.7	(0.6)	(0.1)
第14循環	平成13(2001)年度	2.1	0.0	(-0.4)	(0.3)	3.0	-0.5	(-1.1)	(0.6)
	平成18(2006)年度	3.5	1.8	(0.8)	(1.0)	5.5	3.3	(1.3)	(2.0)
	(上昇ポイント)	1.4	1.8	(1.2)	(0.7)	2.5	3.8	(2.4)	(1.4)
第15循環	平成21(2009)年度	2.3	0.7	(-0.2)	(0.9)	3.5	1.4	(0.0)	(1.4)
	平成22(2010)年度	3.2	1.3	(0.6)	(0.7)	4.8	2.3	(0.9)	(1.4)
	(上昇ポイント)	0.8	0.7	(0.8)	(-0.2)	1.3	0.9	(0.9)	(0.0)

資料出所：財務省「法人企業統計調査」
　（注）1）　経常利益率＝経常利益÷売上高×100．
　　　　2）　当期純利益率＝当期純利益÷売上高×100．
　　　　3）　（　）は当期純利益率の内訳を構成する寄与度である．なお，平成18年度調査まで与も当期純利益を構成していたが，平成19年度調査以降は費用項目として利益処
　　　　4）　経常利益率の年度値をもとにボトムとトップの値で拡張過程を特定した．
　　　　5）　時系列でみて経常利益率の上昇ポイントが大きい上位3期間について，規模計，大企

第2章 労働条件と所得分配

(単位:%, %ポイント)

中小企業(資本金10億円未満)

経常利益率	当期純利益率	(内部留保)	(配当金)
2.3	1.1	(0.5)	(0.5)
2.2	1.2	(0.6)	(0.5)
0.0	0.1	(0.0)	(0.0)
1.9	1.0	(0.4)	(0.4)
2.9	1.7	(1.2)	(0.4)
1.0	0.8	(0.7)	(0.0)
2.1	1.1	(0.7)	(0.3)
3.6	2.0	(1.5)	(0.4)
1.4	0.9	(0.8)	(0.0)
1.3	0.4	(0.0)	(0.3)
1.6	0.7	(0.4)	(0.2)
0.2	0.3	(0.3)	(0.0)
1.6	0.7	(0.4)	(0.2)
2.2	1.2	(0.9)	(0.2)
0.7	0.5	(0.5)	(0.0)
1.4	0.6	(0.4)	(0.2)
1.5	0.6	(0.4)	(0.1)
0.1	0.0	(0.1)	(0.0)
1.5	0.6	(0.4)	(0.1)
2.5	1.1	(0.9)	(0.2)
1.0	0.6	(0.5)	(0.0)
1.1	0.1	(-0.1)	(0.1)
1.3	0.3	(0.1)	(0.1)
0.2	0.3	(0.3)	(0.0)
1.0	-0.1	(-0.3)	(0.2)
1.8	0.5	(0.3)	(0.2)
0.8	0.6	(0.6)	(0.0)
1.6	0.2	(0.0)	(0.2)
2.2	0.9	(0.4)	(0.4)
0.7	0.6	(0.4)	(0.3)
1.7	0.2	(-0.4)	(0.6)
2.1	0.8	(0.4)	(0.4)
0.4	0.5	(0.8)	(-0.3)

は内部留保,配当金に加え役員賞
分項目から除外された．

業，中小企業別に網がけした．

われる傾向が強まったが，そのことも，社会全体としては所定内給与の伸びを抑制する要因の一つとなったと考えられる．賃金の社会横断的な形成について考えた場合，大企業労組において所定内給与の増加ではなく，賞与に振り向けられる部分が多くなると，中小企業労組が目標とする所定内給与水準は，その分，小さくなる．大企業の所定内給与がパターンセッターになっているとすれば，この結果は，社会全体としてみた賃金交渉力の低下につながる．春闘によって横断的な賃金形成を図るという観点からは，所定内給与(基本給)の増加による共闘を重視すべきことは言うまでもない．

第I-2-5表により，景気拡張過程の利益率と利益処分についてみると，昭和40年代の高度経済成長期や昭和の終わりから平成にかけてのバブル期において，中小企業の利益率の改善が大きかったが，第13循環以降では，大企業の方が大きく，第14循環においては，特に大きな上昇幅を記録した．近年の利益率上昇の内訳としては，内部留保によるものが大きく，第14循環では配当金増加の寄与度も大きい．

近年の大企業の利益の背景には，賃金の抑制とともに，大企業と中小企業との価格交渉力の格差も影響しているとみられる．たとえば，中小製造業が大企業に部品などを納品する場合を考えると，原材料費などを販売価格に十分転嫁することができなければ，中小企

業の創り出した付加価値は，大企業が市場に販売したときに初めて実現され，付加価値と利益の拡大は大企業に集中する．

また，このようにして大企業へと流れ込んだ資金が，実体経済に還流することなく，いたずらに金融取引を拡大させている可能性が高い．大企業における配当金の増加は，株式価値の増加をもたらし，自社の資金環境を強化するが，より広く見れば，株式市場の活況を通じて営業外収益を獲得する機会にもつながっている．現実にも，営業外収益を含む経常利益率が営業利益率を上回るケースが増えている．また，内部留保の増加は，社内の余裕資金の積み増しを通じて企業の資金環境を改善させ，自社の株式価値を高めるが，そのことが直接的に，企業の実体的な設備投資へとつながる訳ではない．この点については，第3節で国民経済計算体系の資金勘定を用いて詳述するが，企業に集められた資金は設備投資として再投下されるものは少なく，日本の企業セクターは借入金の削減に努めることで，今日，巨大な貯蓄セクターになっている．資金は実体経済に還流することなく，企業の財務状態を改善させるばかりで，新たな需要を創り出すこともなく，国民経済における有効需要は減り続けていく．その需要不足を埋めるために財政赤字と輸出に頼らざるをえないのが，今日の日本経済の実態なのである．

3) 所得分配としての労働時間短縮

所得分配は，直接的には，創造された付加価値のうち働く人達に賃金としてどれだけ支払われるかにかかっており，まず，賃金の動きが重要である．しかし，仮に，一人ひとりの労働者の賃金が低下したとしても，より多くの人が働くことによって，一人ひとりの労働時間が短くなっているとしたら，時間当たり賃金が不変である限り，労働側への分配が後退したことにはならない．賃金の上昇とともに，労働時間の短縮を求めることは，働く人達の所得分配のための，もう一つの方法と言える．

働く人達にとって，経済成長の成果は賃金でもらっても良いし，労働時間の短縮という形で実現しても良い．その組み合わせは，働く人達が「豊かさ」というものを考える場合の認識如何により，大切なのは賃金の増加なのか，自分達にとってのゆとりの時間なのか，という主体的な判断によると言えよう．

第 I-2-6 表 労働生産性の上昇と労働側への分配の大きさ (単位：％)

	1950年代 (昭和34年 以前)	1960年代 (昭和35～ 44年)	1970年代 (昭和45～ 54年)	1980年代 (昭和55～ 平成元年)	1990年代 (平成2～ 11年)	2000年代 (平成12年 以降)
(a) 労働生産性(単位時間当たり)上昇率	5.1	9.0	4.4	2.8	1.4	1.7
(b)＝(b_1)＋(b_2) 実質賃金(単位時間当たり)上昇率	3.3	6.3	5.1	1.7	1.4	0.0
(b_1) 労働時間の削減分	-0.7	0.7	0.6	0.2	1.1	0.1
(b_2) 実質賃金の上昇分	4.0	5.5	4.5	1.6	0.2	-0.1
(a)-(b) 労働生産性超過分	1.8	2.7	-0.7	1.1	0.0	1.7
(b)÷(a)×100 労働生産性の労働側への分配の大きさ	64.7	70.0	115.9	60.3	100.0	0.0

資料出所：内閣府経済社会総合研究所「国民経済計算」，総務省統計局「労働力調査」，厚生労働省「毎月勤労統計調査」をもとに厚生労働省労働政策担当参事官室推計(『平成19年版労働経済白書』p.184 より転載)

　第 I-2-6 表は，労働生産性の上昇率と労働側への分配の大きさを検討したものであるが，日本で生産された付加価値の総額を，労働投入量(人数×時間)で除した，時間当たり労働生産性を用いて，その上昇率が示されている．この時間当たり労働生産性上昇率(a)と同率の時間当たり賃金上昇率(b)を実現できれば，労働側にとっては，企業側の付加価値に食い込まない範囲での最大の所得分配を達成したことになる[1]．このような意味で，労働生産性の上昇は，賃上

---

1) 賃金上昇率を生産性上昇率の範囲内に押さえ込むことは「生産性基準原理」と呼ばれる．生産性上昇率と同じテンポで賃金も利益も増加すれば，付加価値に占める労使の分け前(労働分配率)は不変であり，経営側としても了解しやすい賃金上昇率のガイドラインであると言える．また，インフレーションが高進する高成長の時代に，生産性基準原理を超える賃上げは，賃上げの価格転嫁を通じてさらなるインフレーションを加速する危険があり，高度経済成長期に生産性基準原理が提唱された意義は大きい．しかし，デフレーションが進行する現代にあって，企業側への分配は一歩たりとも後退させないという考え方は，雇用者報酬と消費支出の不足から，さらなる物価低下を引き起こしかねず，かえって企業経営自体に弊害を及ぼす危険もある．デフレ下の労働分配率に関しては，本章第3節でも触れるほか第III部で検討する．

げの原資と言える.

また,時間当たり賃金上昇率(b)は一人あたりでみた賃金上昇分(b_2)と労働時間の削減分(b_1)に分解でき,労働時間の削減(マイナス)は,労働側への分配としてプラスで表記される[2].第I-2-6表において労働時間の削減分(b_1)をみると,1950年代に労働時間の増加がみられ,労働時間の削減分がマイナス(−0.7％)となった他は,すべてプラスであり,労働時間の短縮が,時間当たり賃金を押し上げてきたことが分かる.戦後復興の段階では,労働時間の短縮よりも,より多くの仕事をし,さらに多くの賃金が得られることの方が尊かったのであり,所得分配では賃金上昇が強く志向されたものと考えられる.一方,1960年代から70年代にかけては,さらなる賃金上昇率の高まりとともに,労働時間の削減も進んだ.ただし,その時短の大きさは賃金上昇分に比べれば,はるかに小さかった.日本社会においては,労働時間短縮の取組は,賃金の獲得に比べ後手に回っていた可能性がある.

こうした中で,1990年代の労働時間の削減分(b_1)は1.1％となり,賃金上昇分を大きく超える値となり,所得分配の方法として,労働時間短縮は急速にその重みをました.労働時間法制の40年ぶりの抜本改正として,昭和63(1988)年に,改正労働基準法が週40時間制を本則に定めた影響は極めて大きかった[3].

このように,所得分配における時短と賃上げの組合せは,時代とともに変化してきたが,時短と賃上げの双方を加味した賃金上昇率(b)を労働生産性上昇率(a)で除すことによって,「労働生産性の労働側への分配の大きさ」をみると,2000年代には,0.0となり,労働側への分配は全く実現していない.労働生産性は1.7％(年率)上昇したが,賃上げも時短も,ほとんどなかったのである.このことは,同表に示された1950年代から1990年代の動きと比較し,際だった対照をなしている.

---

2) 時間当たり賃金＝賃金÷労働時間,であることから,時間当たり賃金の上昇率＝賃金上昇率−労働時間増加率,の関係が導かれる(「−労働時間増加率」は「労働時間削減率」として正の値で示される).

3) 労働時間法制では,その後の累次の法令改正によって中小企業や一部業種に対する猶予措置が縮小されていった.

第 I-2-7 表　労働時間の推移（常用労働者計）(単位：時間，％)

	年間総実労働時間			完全週休2日制採用企業割合
		所定内労働時間	所定外労働時間	
昭和 45 (1970) 年度	2,239	2,042	197	
昭和 50 (1975)	2,077	1,947	130	
昭和 55 (1980)	2,104	1,943	161	
昭和 60 (1985)	2,112	1,933	179	6.1
平成 2 (1990)	2,044	1,859	185	11.5
平成 7 (1995)	1,913	1,775	138	26.0
平成 12 (2000)	1,854	1,714	140	33.6
平成 17 (2005)	1,834	1,682	152	39.6
平成 18 (2006)	1,842	1,686	156	39.3
平成 19 (2007)	1,850	1,690	160	41.1
平成 20 (2008)	1,813	1,668	145	39.6

資料出所：厚生労働省「毎月勤労統計調査」，「就労条件総合調査」
（注）　1)　年間総実労働時間は，調査産業計，事業所規模30人以上の常用労働者（一般労働者及びパートタイム労働者）の値である．
　　　　2)　完全週休2日制採用企業割合は各年1月1日現在の数値であるが，この表ではその年に迎える年度の数値とみなして作表した．

　平成9年(1997)年以降の賃金低下については，先に，非正規雇用者の増加が大きく影響していることを述べたが，短時間の非正規雇用者が増加する中で，絞り込まれた正規雇用者の所定外労働時間は増加しており，この面からも，働く人達への所得分配は後退している．

　第 I-2-7 表により，労働時間の推移をみると，年間総実労働時間は，昭和60(1985)年度の2112時間より平成7(1995)年度の1913時間へと，労働時間法制が週48時間から週40時間へ改正されたことで，労働時間の大幅な短縮が行われた．総実労働時間はその後も減少し，平成17(2005)年には1834時間となった．また，この過程で，完全週休2日制採用企業割合は大きく上昇することとなった．

　このように，週40時間労働制が定着する中で，所定内労働時間の減少を通じて労働時間の短縮が行われてきた．しかし，2000年代に入ると，特に，平成14(2002)年から始まる景気拡張過程において，所定外労働時間が目立って増

第I-2-8表　フルタイム，パートタイム別にみた労働時間(5人以上事業所)の推移

(単位：時間)

	常用労働者計			一般労働者(フルタイム労働者)			パートタイム労働者		
	年間総実労働時間			年間総実労働時間			年間総実労働時間		
		所定内労働時間	所定外労働時間		所定内労働時間	所定外労働時間		所定内労働時間	所定外労働時間
平成5(1993)年度	1,915	1,802	113	2,040	1,912	128	1,178	1,159	19
6(1994)	1,909	1,795	114	2,035	1,904	131	1,172	1,153	19
7(1995)	1,914	1,798	116	2,041	1,908	133	1,176	1,156	20
8(1996)	1,910	1,787	123	2,041	1,900	141	1,170	1,150	20
9(1997)	1,888	1,765	123	2,024	1,883	141	1,158	1,135	23
10(1998)	1,862	1,748	114	2,010	1,878	132	1,146	1,124	22
11(1999)	1,846	1,730	116	2,016	1,879	137	1,145	1,122	23
12(2000)	1,846	1,728	118	2,021	1,878	143	1,168	1,144	24
13(2001)	1,831	1,720	111	2,014	1,879	135	1,148	1,124	24
14(2002)	1,826	1,710	116	2,021	1,879	142	1,142	1,115	27
15(2003)	1,832	1,711	121	2,036	1,888	148	1,156	1,126	30
16(2004)	1,808	1,685	123	2,033	1,878	155	1,146	1,115	31
17(2005)	1,807	1,681	126	2,032	1,874	158	1,142	1,110	32
18(2006)	1,810	1,680	130	2,041	1,879	162	1,134	1,100	34
19(2007)	1,807	1,675	132	2,046	1,880	166	1,126	1,092	34
20(2008)	1,775	1,652	123	2,015	1,861	154	1,100	1,068	32

資料出所：厚生労働省「毎月勤労統計調査」

加することとなった．このことが，先の**第I-2-6表**(53頁)でみた2000年代において労働時間短縮が停滞した原因である．

　第I-2-8表により，フルタイム労働者とパートタイム労働者に分けて，労働時間の推移をみると，フルタイム労働者の所定外労働時間は，平成13(2001)年度から19(2007)年度にかけて継続的に増加した．次節で詳しく分析するように，企業は，人件費を抑制するために非正規雇用を増やし，正規雇用は絞り込んだが，全ての職務を非正規雇用に置き換えることができるはずもなく，また，十分な人員の確保もできていないことから，労働の量的な面からも，また，その質的な面をみても，正規雇用者に過重な負担を与えている．心身の健康と職場における働きがいを回復するために，賃金の増加，労働時間の短縮，さらには，職場での働き方総体について，改善に向けた取組を強化しなくてはならない．

第2節　就業形態と所得格差

1)　増加した非正規雇用者とその賃金

今日,働く人達の労働条件を考えるとき,就業形態の違いから生じる格差は看過し得ないものとなっている.

平成7(1995)年,日経連[4]は「新時代の「日本的経営」―挑戦すべき方向とその具体策―」を公表し,「自社型雇用ポートフォリオ」[5]を提言したが,ちょうどこの頃から,非正規雇用割合の急速な上昇がみられた.この報告書は,バブル崩壊後の人事労務施策の方向性を,経営側の論理によって提示したものとして,社会的に大きな影響力をもったと考えられる.

先に**第 I-1-11 表**(24頁)でみたように,雇用者は,正規雇用者(正規の職員・従業員)と非正規雇用者(非正規の職員・従業員:パート,アルバイト,派遣社員,契約社員,嘱託など)に区別することができるが,非正規雇用割合は,平成6(1994)年の20.3%から平成20(2008)年の34.1%まで,14年間一貫して上昇することとなった.

正規雇用者と非正規雇用者の間には大きな賃金格差[6]があるが,賃金水準の低い非正規雇用者の割合が高まることは,雇用者の平均賃金を引き下げることとなる.

第 I-2-9 表は,この非正規雇用割合の上昇が平均賃金の変化に与えた影響をみるために,正規,非正規の両者を含め雇用者報酬(総額人件費)を計算した上

---

4)　日本経営者団体連盟の略称.昭和23(1948)年に,先行して結成されていた業種別・地方別経営者団体を基盤として,経営者の全国組織として創設され,主として労働問題について活動した.平成14(2002)年,経済団体連合会(経団連)と統合された.新組織名は日本経済団体連合会(経団連).

5)　自社型雇用ポートフォリオとは,企業の雇用形態を,長期蓄積能力活用型,高度専門能力活用型,雇用柔軟型の三層構造に編成し,この適宜の組合せによって柔軟に企業経営を行うことを提言したものであるが,提言では,人材育成における長期雇用慣行の意義を正しく提示することができなかったため,高度専門能力活用型のグループは育たず,正規雇用(長期蓄積能力活用型)と非正規雇用(雇用柔軟型)の二極化を促進することとなった.詳細については第II部第2章参照.

6)　厚生労働省「賃金構造基本統計調査」(平成22年)により雇用形態別の賃金をみると,正社員・正職員は31.8万円,正社員・正職員以外19.8万円である.

第I-2-9表　一人当たり雇用者報酬（変化率）の要因分解　　（単位：％）

区分	一人当たり雇用者報酬（対前年変化率）	各雇用形態内の賃金変化要因	雇用形態の構成変化要因
1990年代前半	2.4	2.6	-0.2
1990年代後半	0.1	0.9	-0.8
2000年代前半	-1.1	0.1	-1.2
2000年代後半	-0.8	-0.4	-0.4

資料出所：内閣府「国民経済計算」，総務省統計局「労働力調査」，「労働力調査特別調査」，「労働力調査（詳細集計）」をもとに厚生労働省労働政策担当参事官室推計（『平成23年版労働経済白書』p.318より転載）

(注)　1)　雇用形態の構成変化要因は，前年の正規・非正規雇用者の年間収入（収入階級別雇用者数からの推計値）を用いて，当年の正規・非正規雇用者構成で平均年額を推計した場合に，前年の平均年収額に対し，どれだけ変動したかの計数を用いた．
　　　2)　正規・非正規雇用者の構成及び年間収入は，1990年から2001年までは2月の値を，2002年以降は暦年平均値を用いた．
　　　3)　一人当たり雇用者報酬は，各暦年の雇用者報酬を雇用者で除したものである．
　　　4)　各雇用形態内の賃金変化要因は一人当たり雇用者報酬（対前年変化率）から雇用形態の構成変化要因を差し引いたものである．
　　　5)　各計数は，各年で計算した数値を表側の期間内で単純平均したものである．

で一人当たりに換算し，その内訳をみたもので，一人当たり雇用者報酬（平均賃金）の変化率を各雇用形態内の賃金変化要因と雇用形態の構成変化要因に分解している．後者の「雇用形態の構成変化要因」が非正規雇用割合の上昇による賃金引き下げ効果であり，1990年代以降，一貫してマイナスの影響を与えているが，1990年代後半から2000年代前半にかけてのマイナスが特に大きく，2000年代前半にみられた賃金低下は，そのほとんどが，非正規雇用の増加によるものであることが分かる．また，この間，「各雇用形態内の賃金変化要因」はプラスの値を維持しているので，正規雇用の中，あるいは，非正規雇用の中では賃金は低下していない．経営側としては，それぞれの雇用形態内で賃金を切り下げることなく，雇用形態の組合せを変えることによって平均賃金の低下を実現したのである．

このように，非正規雇用の活用は，コストとして人件費を負担する企業経営側からすれば，総額人件費を削減する点で大きなメリットを有している．

第I-2-10表により，正規雇用者と非正規雇用者のそれぞれについて，年齢

第 I-2-10 表　雇用形態別にみた賃金と離職率 (単位：円，%)

	所定内給与(時間当たり)		離職率	
	正規雇用者	非正規雇用者	正規雇用者	非正規雇用者
20～24 歳	1,200	960	10.9	43.5
25～29	1,420	1,080	11.2	35.8
30～34	1,650	1,120	10.3	27.0
35～39	1,880	1,090	7.6	21.4
40～44	2,130	1,060	6.7	15.6
45～49	2,310	1,050	6.3	12.9
50～54	2,360	1,050	5.9	11.5
55～59	2,250	1,060	7.1	10.9
60～64	1,720	1,190	24.6	8.6

資料出所：厚生労働省「賃金構造基本統計調査」(平成 22 年)をもとに厚生労働省労働政策担当参事官室推計(『平成 23 年版労働経済白書』p. 244 より転載)

(注) 1) 正規雇用者は一般労働者の正社員・正職員，非正規雇用者は一般労働者の正社員・正職員以外及び短時間労働者の正社員・正職員以外とした．

2) 時間当たり賃金は，一般労働者では所定内給与額を所定内実労働時間で除したものを，短時間労働者では 1 時間当たり所定内給与額を用いた．

3) 離職率は各年齢階級ごとに継続就業率(年率，百分率)を推計し，それを 100 から減じて推計した．継続就業率は次の通り．

$$T_a = \sqrt[5]{L_{a,22}(勤続5年以上) \div L_{a-5,17}(勤続計)} \times 100$$

T_a：年齢階級 a の継続就業率(年率，%)

$L_{a,22}$ (勤続 5 年以上)：平成 22 年において年齢階級 a の労働者のうち勤続が 5 年以上の者の数

$L_{a-5,17}$ (勤続計)：平成 17 年において年齢階級が a より 5 歳下の労働者数

階級別の賃金をみると，若いうちの格差は小さいが，年齢が上がっても非正規雇用者の賃金はあまり上昇しないため，加齢に伴って賃金格差は拡大していく．職務経験の蓄積は，一般に技能水準の向上につながり，職務を遂行する能力も高まるため賃金増加の主な要因となるが，非正規雇用においては，こうした経験が十分に積まれることもなく，また，その評価も低いと思われる．同じ**第 I-2-10 表**によって，正規雇用者と非正規雇用者の離職率を比較すると，若年期の離職率は，正規雇用，非正規雇用ともに高いが，特に，非正規雇用の離職率は著しく高く，職務経験の蓄積を期待することは不可能であり，また，企業としても，短期的に活用する労働力として位置づけていると考えられる．

第 I-2-11 表　雇用形態別にみた賃金構造

	正規労働者	非正規雇用者
賃金カーブの傾き (1歳の加齢に伴う上昇率(%)に相当)	3.61	0.76
年齢要因	0.71	0.15
勤続要因	2.90	0.61

資料出所：厚生労働省「賃金構造基本統計調査」(平成22年)をもとに厚生労働省労働政策担当参事官室推計(『平成23年版労働経済白書』p. 248より転載)

(注)　1)　正規雇用者は一般労働者の正社員・正職員，非正規雇用者は一般労働者の正社員・正職員以外及び短時間労働者の正社員・正職員以外とした．

2)　要因分解は所定内給与の指数(20～24歳＝100.0)を年齢階級と勤続階級で説明する線型式により推計し，各クロスの労働者数をウェイトとして加重回帰した．同推計による年齢階級の傾きを年齢要因とし，勤続階級の傾きを勤続要因として両者を加算したものを賃金カーブの傾きとした(傾きは1歳の加齢に伴う上昇率(%)に換算)．

　第 I-2-11 表により，正規雇用者と非正規雇用者の別に賃金カーブ(年齢とともに上昇する傾きをもった賃金の曲線)をみると，推計した賃金の傾きは，正規雇用者で高く，非正規雇用者で低い．この傾きの違いを生み出している最も大きな要因は，正規雇用と非正規雇用の間の勤続要因の違いであり，正規雇用の勤続要因は特に大きく，非正規雇用の勤続要因は小さい．企業への勤続は，職務経験を蓄積することになり，また，ジョブローテーションによって複数の職務経験を有機的に結びつけながら，職務遂行能力を高めることとなるが，非正規雇用にはそうした機会がほとんどなく，職務経験を評価する賃金構造にもなっていない．さらに，非正規雇用では年齢要因も小さいが，これは，年齢の上昇とともに増加する生活給部分を実現する賃金交渉力が乏しいものと考えられ，労働組合による非正規雇用者の組織化があまり進んでいないことも背景にあるとみられる．

　このような非正規雇用者の賃金構造は，職業技能の蓄積が進まず，賃金が増加しにくいという技能形成上の問題点を示しているが，長期的な視点に立てば，企業経営にとっても重大な問題を投げかけている．確かに，短期的な視点からすれば，非正規雇用者の活用によって賃金コストを抑制する企業のメリットは

あるが，雇用者の技能形成は進まず，企業活動における付加価値創造能力は，確実に劣化していく．先に，非正規雇用の活用により，正規雇用者に職務のしわ寄せが生じる可能性を指摘したが，短期的視点に流れることなく，非正規雇用に置き換えることのできない職務，あるいは置き換えるべきではない職務が，職場には数多くあることが意識されなくてはならない．収益の根源である価値を生み出す能力は，基本的には雇用者の人材育成によるのであって，非正規雇用の多用は，企業における人材育成の機会や仕組みを蝕む可能性が高いのである．

2） 非正規雇用拡大の背景

第I-2-12表により企業が非正規雇用者を活用する理由についてみると，人件費の節約のためとするものが最も多く，景気変動に応じて雇用量を調節するため，1日，週の中の仕事の繁閑に対応するためなどの理由が，それに次いでいる．景気変動に応じて雇用量を調節するためとする割合は，製造業で高く，1日，週の中の仕事の繁閑に対応するためとする割合は，卸売・小売業，飲食店，サービス業で高い．

非正規雇用者を活用する理由を就業形態別にみると，パートタイム労働者では，人件費節約のためや1日，週の仕事の繁閑に対応するための割合が高い．また，派遣労働者では，人件費節約のために加え，即戦力・能力のある人材を確保するため，景気変動に応じて雇用量を調節するための割合が高く，契約社員では，専門的業務に対応するため，即戦力・能力のある人材を確保するための割合が高い．一方，嘱託社員では，高齢者の再雇用のため，即戦力・能力のある人材を確保するための割合が高い．

このように，企業にとっての非正規雇用の活用は，人件費の削減が主な理由であり，専門的人材の調達，高齢者の再雇用など働く側のメリットも勘案されてはいるが，景気変動に伴う雇用調整や繁閑の調整などの企業経営側の都合の方が重視されている．

第I-2-13表により就業形態別に非正規雇用者の就業理由をみると，パートタイム労働者については，自分の都合のよい時間に働けるからという回答が最も多く，選択した就業形態に対する満足感は高いと考えられる．一方，派遣労

第 I-2-12 表 非正社員の雇用理由（産業別，就業形態別）

			正社員以外の労働者がいる事業所	専門的業務に対応するため	即戦力・能力のある人材を確保するため	景気変動に応じて雇用量を調節するため	長い営業(操業)時間に対応するため
	調査計	平成11(1999)年	100.0	23.8	23.7	30.7	20.7
		平成15(2003)年	100.0	23.1	26.3	26.5	18.1
		平成19(2007)年	100.0	24.3	25.9	21.1	18.9
産業別	製造業	平成11(1999)年	100.0	20.4	20.9	42.8	6.0
		平成15(2003)年	100.0	21.7	23.4	37.9	3.7
		平成19(2007)年	100.0	20.8	27.4	33.2	5.1
	卸売・小売業，飲食店	平成11(1999)年	100.0	17.9	20.0	31.0	35.3
		平成15(2003)年	100.0	16.2	22.8	25.9	28.6
		平成19(2007)年	100.0	18.1	21.1	22.1	31.2
	サービス業	平成11(1999)年	100.0	30.9	26.8	24.1	18.4
		平成15(2003)年	100.0	30.2	29.9	20.9	16.5
		平成19(2007)年	100.0	29.6	27.8	14.8	14.7
就業形態別	パートタイム労働者	平成11(1999)年	100.0	11.5	10.6	26.9	23.9
		平成15(2003)年	100.0	10.1	12.3	23.4	20.4
		平成19(2007)年	100.0	12.7	11.8	18.0	21.7
	派遣労働者	平成11(1999)年	100.0	23.8	31.0	26.2	6.0
		平成15(2003)年	100.0	25.9	39.6	26.4	2.8
		平成19(2007)年	100.0	20.2	35.2	25.7	3.4
	契約社員	平成11(1999)年	100.0	42.4	34.6	19.0	6.2
		平成15(2003)年	100.0	44.9	37.9	21.7	8.9
		平成19(2007)年	100.0	43.6	38.3	15.6	6.4
	嘱託社員	平成15(2003)年	100.0	35.1	38.7	7.7	3.9
		平成19(2007)年	100.0	35.4	41.9	2.2	1.2

資料出所：厚生労働省「就業形態の多様化に関する総合実態調査」
（注）1) 正社員以外の就業形態の労働者がいる事業所のうち，その就業形態の労働者を活（複数回答）．
2) 正社員以外のものを雇用する理由のうち平成11年調査において「人件費の節約以降「賃金の節約のため」と「賃金以外の労務コストの節約のため」の2つに分約のため」は回答割合が低いため本表では省いた．
3) 正社員以外のものを雇用する理由のうち回答割合が高いものについては第1位と

第2章 労働条件と所得分配

(単位:%)

1日,週の中の仕事の繁閑に対応するため	臨時・季節的業務量の変化に対応するため	人件費(賃金)の節約のため	高齢者の再雇用対策のため
29.6	23.0	61.0	10.3
28.0	17.6	51.7	14.2
31.8	16.6	40.8	18.9
17.8	26.1	58.3	18.1
20.8	25.6	51.4	23.5
22.2	24.4	43.8	32.6
40.2	20.6	68.8	5.4
33.6	15.2	56.9	10.0
38.1	15.2	42.4	13.1
31.4	19.7	58.8	10.6
27.8	14.0	47.5	14.2
31.5	14.5	40.9	17.5
36.2	19.1	61.5	5.5
35.0	15.4	55.0	6.4
37.2	14.5	41.1	7.9
8.1	22.8	40.3	0.9
8.0	14.4	26.2	1.7
13.1	20.3	18.8	2.6
4.0	6.5	33.8	18.0
3.5	9.0	30.3	7.3
4.5	5.0	28.3	11.0
1.6	3.7	26.1	56.5
3.4	1.6	20.5	67.3

用する理由を回答した事業所についての集計のため」とされていたものは,平成15年調査割された.なお,「賃金以外の労務コストの節第2位に網がけした.

働者については,正社員として働ける会社がなかったからという回答が最も多く,やむなく派遣労働者として働いている不本意就業者が多い.また,契約社員については,専門的な資格・技能を活かせるからという回答が最も多いが,正社員として働ける会社がなかったからと答える者も多い.嘱託社員については,契約社員と同様に専門的な資格・技能を活かせるからという回答が多く,また,高齢者の再雇用機会として働く側からも理解されているようにみえる.

同じく**第I-2-13表**により男女別・年齢階級別に非正規雇用者の就業理由をみると,男性の25〜29歳層で正社員として働ける会社がなかったからが53.7%と半数を超えており,企業における正規雇用者の絞り込みによって,若年者の不安定就業が拡大していることが分かる.また,男性の40歳台から50歳台前半層にかけても,正社員として働ける会社がなかったからとする回答が多い.

第 I-2-13 表 非正社員が現在の就業形態を選んだ理由(就業形態別,

		正社員・出向社員以外の労働者計	専門的な資格・技能を活かせるから	正社員として働け会社がなかったから	組織に縛られたくなかったから	勤務時間や労働日数が短いから	自分の都合のよい時間に働けるから
労働者計		100.0	14.9	18.9	6.6	15.5	42.0
就業形態別	パートタイム労働者	100.0	9.0	12.2	5.8	19.2	55.9
	派遣労働者	100.0	18.5	37.3	12.3	8.8	17.7
	契約社員	100.0	37.0	31.5	7.0	9.3	13.5
	嘱託社員	100.0	40.3	19.2	4.0	13.0	9.8
性別	男性	100.0	24.3	23.9	12.9	13.9	33.8
	女性	100.0	10.2	16.5	3.4	16.4	46.0
男性・年齢階級別	15〜19歳	100.0	4.8	2.2	0.2	0.2	85.1
	20〜24	100.0	16.3	14.3	10.3	2.0	52.0
	25〜29	100.0	17.1	53.7	3.9	2.1	42.7
	30〜34	100.0	26.0	32.2	6.9	7.4	41.0
	35〜39	100.0	16.0	19.9	29.9	27.7	32.2
	40〜44	100.0	24.4	30.7	28.7	5.2	29.4
	45〜49	100.0	25.8	38.6	13.4	17.1	21.3
	50〜54	100.0	20.8	38.7	14.0	4.6	20.8
	55〜59	100.0	14.6	19.8	37.4	7.0	39.4
	60〜64	100.0	38.8	14.9	3.9	20.5	12.2
	65歳以上	100.0	35.3	10.7	5.8	37.9	29.1
女性・年齢階級別	15〜19歳	100.0	1.3	2.5	0.7	0.7	76.2
	20〜24	100.0	15.8	17.3	6.8	9.7	46.3
	25〜29	100.0	10.8	19.1	6.3	9.0	39.5
	30〜34	100.0	12.2	19.0	6.7	18.1	38.7
	35〜39	100.0	9.3	17.7	4.5	17.5	51.6
	40〜44	100.0	9.5	12.1	2.0	15.8	51.9
	45〜49	100.0	10.7	19.0	0.9	18.6	40.4
	50〜54	100.0	10.8	17.0	0.9	21.0	47.7
	55〜59	100.0	8.1	16.2	5.2	13.0	48.6
	60〜64	100.0	12.4	11.2	1.3	21.1	44.9
	65歳以上	100.0	6.9	21.8	0.2	23.3	30.3

資料出所:厚生労働省「就業形態の多様化に関する総合実態調査」(平成19年)
(注) 1) 正社員・出向社員以外の労働者のうち,現在の就業形態を選んだ理由を回答した者
2) 現在の就業形態を選んだ理由のうち回答割合の高いものについては第1位と第2位

第2章 労働条件と所得分配 —— 65

性・年齢階級別）　　　　　（単位：%）

家計の補助，学費等を得たいから	家庭の事情や他の活動と両立しやすいから	通勤時間が短いから	自分で自由に使えるお金を得たいから
34.8	25.3	23.2	20.8
42.4	32.0	25.1	22.7
16.1	15.9	17.6	17.4
18.5	11.3	16.8	13.5
25.9	5.9	13.5	14.3
22.7	9.8	15.1	18.7
40.9	33.0	27.3	21.9
3.5	0.7	1.8	9.4
28.1	28.5	11.2	41.3
6.7	7.6	8.6	44.0
45.3	30.7	13.6	7.5
26.7	3.7	34.7	6.6
5.7	3.6	24.4	12.1
9.4	10.6	28.0	7.0
3.0	4.0	11.1	2.3
35.6	2.8	9.8	5.7
23.8	3.6	15.8	21.1
16.7	3.7	12.4	20.1
4.4	1.8	72.0	89.5
26.6	34.7	17.5	27.5
11.9	24.2	15.8	22.3
31.8	34.7	29.3	19.4
34.5	36.9	38.9	14.2
51.1	41.8	21.0	24.0
55.7	34.0	30.1	18.9
55.9	23.8	26.4	15.0
42.9	34.5	29.5	22.4
41.1	20.4	16.7	31.2
16.4	42.3	34.0	33.0

について集計（複数回答）．
に網がけした．

3）所得格差の動向

第I-2-14表により，男女別，年齢階級別に非正規雇用割合をみると，男女ともに若年層での上昇テンポが大きく，特に，男性の15〜24歳層で上昇が大きい．また，男性25〜34歳層の非正規雇用割合の上昇も，それより上の年齢層の動きに比べれば，大きい．バブル崩壊以降，企業は採用の抑制によって雇用調整を進めたが，この結果，若年層の雇用機会は絞り込まれ，失業率の悪化がみられたが，こうした中で，若者達に残された就労の場が非正規雇用の職場であった．

こうして若年層に不安定な就労が拡大してしまったが，先にみたように，非正規雇用の賃金は正規雇用に比べ低く，しかも，技能形成に伴う賃金上昇が期待できない．仮に，今後もこのような傾向が続けば，不安定就労のもとで技能形成が進まない人々が増え，低所得層の固定化や所得格差の拡大を引き起こす懸念がある．

第I-2-15表により，ジニ係数を用いて収入格差の動向をみると，男性の若年層から壮年層にかけて上昇傾向にあり，若年層での非正規雇用割合の大きな上昇に伴って収入格差

第 I-2-14 表　非正規雇用割合の推移（男女別，年齢階級別）　（単位：％）

		年齢計	15〜24歳（在学中を除く）	25〜34歳	35〜44歳	45〜54歳	55〜64歳
男女計	昭和60(1985)年	16.2	6.7	9.8	17.6	17.2	25.1
	平成2(1990)年	20.0	9.4	11.6	20.9	20.7	29.4
	平成7(1995)年	20.8	12.9	11.8	20.4	20.8	26.8
	平成12(2000)年	25.8	23.2	15.8	23.0	24.5	32.3
	平成17(2005)年	32.2	34.6	23.7	26.5	30.0	41.2
	平成22(2010)年	33.6	31.5	25.5	26.3	30.3	43.4
男性	昭和60(1985)年	7.2	5.1	3.2	3.1	5.0	19.6
	平成2(1990)年	8.7	6.8	3.0	3.2	4.4	22.4
	平成7(1995)年	8.8	9.8	2.9	2.4	2.9	17.4
	平成12(2000)年	11.7	19.7	5.7	3.8	4.2	17.6
	平成17(2005)年	17.7	28.5	13.1	7.1	9.2	27.6
	平成22(2010)年	18.2	25.1	13.3	8.2	7.8	27.6
女性	昭和60(1985)年	31.9	8.3	24.3	44.6	37.4	38.1
	平成2(1990)年	37.9	11.9	28.3	49.5	44.7	44.1
	平成7(1995)年	39.0	16.0	26.9	48.9	46.8	43.6
	平成12(2000)年	46.2	26.4	31.8	53.1	51.6	55.3
	平成17(2005)年	51.6	39.8	38.4	54.4	56.6	61.1
	平成22(2010)年	53.3	38.0	41.6	51.1	58.0	64.1

資料出所：総務省統計局「労働力調査特別調査」(2月調査)，「労働力調査(詳細集計)」(1〜3月平均)

(注)　1)　数値は非農林業雇用者(役員を除く)に占める非正規雇用者の割合とし，15〜24歳層では在学中のものを除いた．
　　　2)　非正規雇用者は「役員を除く雇用者」から「正規の職員，従業員」を除いたものとした．

も拡大している．なお，壮年層の格差の拡大については，次の第3章で論じるように，業績・成果主義的な賃金制度が広がったことも影響していると考えられる．

ジニ係数の上昇は女性ではあまりみられず，男性でも格差の拡大がみられる年齢層は限られてはいるが，非正規雇用割合の上昇に伴って雇用者の収入格差は次第に拡大していると考えられる[7]．

---

7)　厚生労働省『平成22年版労働経済白書』(p. 189〜190)では，雇用者の収入格差は拡大しているが，非正規雇用者の中で格差が拡大したり，特に収入が低い層が増加するなどの動きはみられないとしている．推計によれば，雇用者全体のジニ係数は，0.402(平成9年)，0.415(平成14年)，0.419(平成19年)，非正規雇用のジニ係数は0.379(平成9年)，0.383(平成14

第I-2-15表 男女別, 年齢階級別にみた雇用者のジニ係数

		25～29歳	30～34歳	35～39歳	40～44歳	45～49歳	50～54歳	55～59歳	60～64歳
男女計	昭和62(1987)年	0.23	0.28	0.34	0.38	0.40	0.41	0.42	0.49
	平成4(1992)年	0.23	0.29	0.34	0.39	0.41	0.42	0.43	0.48
	平成9(1997)年	0.24	0.29	0.34	0.38	0.40	0.42	0.42	0.48
	平成14(2002)年	0.25	0.30	0.35	0.39	0.41	0.43	0.44	0.49
	平成19(2007)年	0.26	0.30	0.36	0.40	0.42	0.43	0.44	0.49
男性	昭和62(1987)年	0.19	0.21	0.23	0.25	0.28	0.32	0.36	0.46
	平成4(1992)年	0.18	0.21	0.23	0.25	0.27	0.30	0.34	0.44
	平成9(1997)年	0.19	0.20	0.22	0.24	0.27	0.29	0.32	0.43
	平成14(2002)年	0.21	0.23	0.24	0.26	0.28	0.30	0.33	0.44
	平成19(2007)年	0.23	0.24	0.26	0.28	0.29	0.30	0.33	0.44
女性	昭和62(1987)年	0.27	0.37	0.42	0.42	0.42	0.42	0.44	0.46
	平成4(1992)年	0.27	0.37	0.43	0.44	0.44	0.44	0.45	0.45
	平成9(1997)年	0.27	0.37	0.44	0.46	0.45	0.45	0.45	0.45
	平成14(2002)年	0.28	0.37	0.43	0.46	0.47	0.47	0.47	0.45
	平成19(2007)年	0.27	0.35	0.42	0.44	0.45	0.46	0.46	0.45

資料出所:総務省統計局「就業構造基本調査」をもとに厚生労働省労働政策担当参事官室推計(『平成22年版労働経済白書』p.192より転載)

(注) 1) 直近の数値に向け2調査期間以上続けて上昇した場合に明瞭な上昇傾向があるとみなして網がけした.
2) ジニ係数は右図にある均等分布線とローレンツ曲線に囲まれる範囲の面積(A)を均等分布線より下の面積(A+B)で除した値.ローレンツ曲線は横軸に雇用者の累積百分率を縦軸に年間収入の累積百分率をとったもの(年間収入の低い方から順に雇用者を並べ,横軸に雇用者割合を置きつつ,これに対する雇用者の年間収入について,年間収入総額に対する割合を計測して原点より順に結んでいったもの).

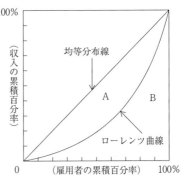

雇用者についてみれば,平均賃金は低下しており,その賃金低下も相対的に賃金水準の低い非正規雇用の人達が増加していることによるもので,賃金分布の不平等を伴いながら,賃金低下と格差の拡大が進行している.

一方,人々は,多くの場合,家族とともに世帯単位で生活するため,雇用者の収入格差の拡大が,世帯単位でみた所得格差の拡大に直接的に結びつくわけ

年),0.368(平成19年).

第I-2-16表　所得再分配調査におけるジニ係数

	当初所得の ジニ係数	再分配所得の ジニ係数
昭和56(1981)年	0.349	0.314
昭和59(1984)年	0.398	0.343
昭和62(1987)年	0.405	0.338
平成 2(1990)年	0.433	0.364
平成 5(1993)年	0.439	0.365
平成 8(1996)年	0.441	0.361
平成11(1999)年	0.472	0.381
平成14(2002)年	0.498	0.381
平成17(2005)年	0.526	0.387
平成20(2008)年	0.532	0.376

資料出所：厚生労働省「所得再分配調査」
(注) 1) ジニ係数は分布の均等度を表し，0から1までの値をとり，0に近いほど分布が均等であることを示す(計測方法は第I-2-15表(注)参照).
2) 当初所得は各世帯の雇用者所得，事業所得，農耕所得，畜産所得，財産所得，家労働所得，雑収入，私的給付の合計．
3) 再分配所得は当初所得から税金，社会保険料を控除し，社会保障給付を加えたもの．

ではない．

　第I-2-16表は，世帯ごとの所得をもとに計測したジニ係数であり，当初所得のジニ係数は上昇を続けているが，所得再分配後の再分配所得でみたジニ係数は低下する年もあり，平成17(2005)年から平成20(2008)年にかけては低下した．また，第I-2-17表は，厚生労働省「所得再分配調査」から転載したものだが，当初所得のジニ係数の上昇分が「世帯主の年齢構成の高齢化による要因」，「世帯の小規模化による要因」によって説明できることが示されている．世帯でみた所得格差は，高齢世帯ほど格差が大きく，小規模世帯ほど格差が大きいため，高齢化や世帯小規模化がジニ係数を上昇させているとみなされている．

　これら高齢化要因や世帯小規模化要因を除いて考えることで，「格差の拡大は確認できない」という認識[8]が示されることもあるが，それはあくまで世帯単位でみたジニ係数についてであり，雇用者を単位としてみた収入に格差の拡

---

8) 平成18年通常国会における「格差論争」などについては，第II部第1章で検討する．

第 I-2-17 表　ジニ係数変化の要因分析（当初所得）

平成 11 年から平成 14 年

年次	ジニ係数	要因	上昇幅
平成 14 (2002) 年	0.498		
		0.017（世帯主の年齢構成の高齢化による要因）	
試算 A	0.481		ジニ係数の上昇幅
		0.006（世帯の小規模化による要因）	0.026
試算 B	0.475		
		0.003（その他の要因）	
平成 11 (1999) 年	0.472		

平成 14 年から平成 17 年

年次	ジニ係数	要因	上昇幅
平成 17 (2005) 年	0.526		
		0.022（世帯主の年齢構成の高齢化による要因）	
試算 A	0.504		ジニ係数の上昇幅
		0.003（世帯の小規模化による要因）	0.028
試算 B	0.501		
		0.003（その他の要因）	
平成 14 (2002) 年	0.498		

平成 17 年から平成 20 年

年次	ジニ係数	要因	上昇幅
平成 20 (2008) 年	0.532		
		0.004（世帯主の年齢構成の高齢化による要因）	
試算 A	0.528		ジニ係数の上昇幅
		0.011（世帯の小規模化による要因）	0.006
試算 B	0.517		
		-0.009（その他の要因）	
平成 17 (2005) 年	0.526		

資料出所：厚生労働省「所得再分配調査」における推計結果から引用

（注）　1）　試算 A は，新しい調査において世帯主の年齢 5 歳階級別の世帯の構成割合が前回調査の割合と同じになるようウェイト付けをしてジニ係数を算出したもの．したがって新しい調査のジニ係数から試算 A の値を減ずることで，世帯主の年齢構成の高齢化によるジニ係数の上昇分を推計できる．
　　　　2）　試算 B は，試算 A において更に世帯人員別の世帯の構成割合が前回調査の割合と同じになるようウェイト付けをしてジニ係数を算出したもの．したがって試算 A の値から試算 B の値を減ずることで，世帯の小規模化によるジニ係数の上昇分を推計できる．

大がみられることも，あるいは，若年の男性雇用者で特に大きな格差の拡大がみられることも事実である．また，世帯単位のジニ係数の上昇にも，高齢化や世帯小規模化だけでは説明しきれないものが含まれていることは留意しなくてはならない．

さらに，収入の低い非正規雇用者が所得の高い親と同居することによって世帯単位の格差が，今のところ広がらずにすんでいることも想定できる．

なお，世帯単位でみた格差における世帯の小規模化については，所得が低いため結婚できないといった単独世帯の存在もあり，世帯の小規模化という世帯構成の変化を時代の趨勢と決めてかかって，初めから，その要素を除いて考えるような発想は，現実に生じている問題を糊塗する保守的，現状追認的な研究姿勢に堕する恐れもあるのではないだろうか．

格差を示す経済指標の活用は，確かに経済分析にとって便利ではあるが，究明すべき労働問題のターゲットを見失うことなく，主体的姿勢をもって分析手法を使いこなしていくことが大切である．

第3節　経済循環と所得分配

1) 働く人達の生活と国民経済計算の体系

第 I-2-18 表により，戦後復興以来の日本の経済成長についてみると，1960年代の実質成長率は2ケタと高く，名目成長率は20％近くに及んだ．その後，石油危機など世界経済の動揺があり，成長率は低下したが，実質成長率で趨勢的に4％を超える成長を長期に実現することができた．しかし，バブル崩壊後は成長率が落ち込み，十分な雇用機会が創り出せないまま，経済停滞と雇用情勢の悪化を迎えることとなった．実質成長率と名目成長率を比較すると，1980年代までは名目成長率が高く，旺盛な需要の拡大によって物価が上昇基調で推移したことが分かるが，1990年代の成長率では実質と名目にほとんど差がなくなり，2000年代には，実質成長率はプラスを維持しているが，名目成長率はマイナスとなった．

なお，実質成長率が名目成長率を上回る名実逆転は，すでに1990年代の後半から生じており，先に**第 I-2-2 図**(46頁)で指摘したように総需要の不足から物価が低下する状況が続いている．

経済成長率に対する需要項目の寄与度をみると，2000年代には，政府支出が成長に対しマイナス寄与に転落しており，戦後，政府支出が長期にわたってプラスに寄与してきたことからすれば大きな変化である．2000年代は，財政

第 I-2-18 表　経済成長率とその内訳　　　　　　　　　　　　（単位：％）

		1950年代 （昭和34 年以前）	1960年代 （昭和35～ 44年）	1970年代 （昭和45～ 54年）	1980年代 （昭和55～ 平成元年）	1990年代 （平成2～ 11年）	2000年代 （平成12 年以降）
経済成長率	実質成長率	8.7	10.7	4.3	4.7	1.0	0.8
	民間最終消費支出	5.5	6.0	2.7	2.4	0.7	0.5
	民間住宅	0.5	1.0	0.2	0.3	-0.1	-0.1
	民間企業設備	1.5	1.9	0.3	1.4	-0.2	0.1
	在庫品増加	0.2	0.2	-0.1	0.0	0.0	0.0
	政府支出	1.3	1.7	1.0	0.6	0.6	-0.1
	純輸出	-0.2	-0.1	0.2	0.0	0.0	0.4
	名目成長率	13.7	19.9	14.1	6.1	1.1	-0.4
国内総支出の構成	国内総支出（名目）	100.0	100.0	100.0	100.0	100.0	100.0
	民間最終消費支出	61.8	53.5	58.7	53.0	55.4	57.3
	民間住宅	3.5	6.4	6.9	5.6	4.6	3.4
	民間企業設備	14.9	20.2	14.9	19.3	15.0	14.9
	在庫品増加	3.1	3.1	0.8	0.7	0.5	0.3
	政府支出	15.6	15.2	19.6	19.9	23.4	22.4
	純輸出	1.1	1.6	-0.9	1.5	1.1	1.7

資料出所：内閣府経済社会総合研究所「国民経済計算」
　（注）1）実質成長率は実質GDPの系列をタイムトレンドで回帰し，その傾きの年率とした．
　　　　2）実質経済成長率の需要項目別内訳は各系列値をタイムトレンドで回帰することで平均増加分を推計し，寄与率を計算して1）の値に乗じた．
　　　　3）名目成長率は名目GDPの系列をもとに1）と同様に推計した．
　　　　4）国内総生産の構成比は期間中で名目GDPが最も大きかった年のものを用いて計算した（1959年，1969年，1979年，1989年，1997年，2007年）．
　　　　5）政府最終消費支出と公的固定資本形成を合わせて政府支出とした．

支出の削減が厳しく取り組まれてきたが，国内需要が総じて抑制される中で，日本経済の需要拡大は輸出に依存する傾向を強め，2000年代の純輸出の寄与度は大きく拡大した．こうした動きは，国内総支出の内訳も変化させ，政府支出の割合は低下し，純輸出の占める割合は高まった．

J. M. ケインズは，現代の経済社会の顕著な欠陥は，完全雇用を提供することができないことと，富および所得の恣意的な不公平な分配である[9]，という認識をもって『雇用・利子および貨幣の一般理論』を著した．働く人達への所得分配が十分でなく，また，著しい格差が存在すれば，国内消費の健全な成長は期待しえない．所得分配上の問題や所得格差の拡大が，国内消費を減らし，いたずらに貯蓄を増やしてしまい，有効需要の創出を妨げることをケインズは危惧していた．そして，有効需要の不足は失業を発生させ，社会に耐え難い苦痛を与えるのである．ケインズ理論のポイントは，生産，分配，支出へとつながる経済循環が円滑に進まないために，有効需要の不足と失業の発生に至るということであり，経済循環の障害として所得分配の問題や所得格差が強く意識されている．

　ケインズの問題提起を受けて，経済循環上の課題を把握，分析するために，より総合的で体系的な経済統計の開発，整備が不可欠となった．こうした問題意識に導かれ現代においては国民経済計算(SNA: System of National Accounts)を用いることが可能となった．国民経済計算は人々が生産活動に取り組み，その取組に応じて所得の分配を受け，さらに，その所得を基本に支出がなされるといった一連の経済循環を総合的，体系的に表している．

　一般に，経済活動は生産，分配，支出の三側面から検討することができ，一国の経済規模を表す場合にも，生産の大きさを示す方法，分配の大きさを示す方法，支出の大きさを示す方法，と3つの方法が取り得る．そして，国民経済計算において計量的に表現された生産，分配，支出の大きさは，必ず一致している．これらは，一国の経済を，それぞれ異なる3つの視点からみたものであるが，一国の経済規模を表すという点では何の違いもない．このことは国民経済計算における「三面等価の原則」と呼ばれている．

　第I-2-19図により日本経済の大きさを，この3つの側面からみると，国内総支出，国内総生産はともに513兆円である．一方，これに対応する分配は，減価償却分にあたる固定資本減耗を除き，純間接税を除くことによって市場価

---

9) J. M. ケインズ『雇用・利子および貨幣の一般理論』，第24章「一般理論の導く社会哲学に関する結論的覚書」冒頭の一節より．

第 2 章 労働条件と所得分配 —— 73

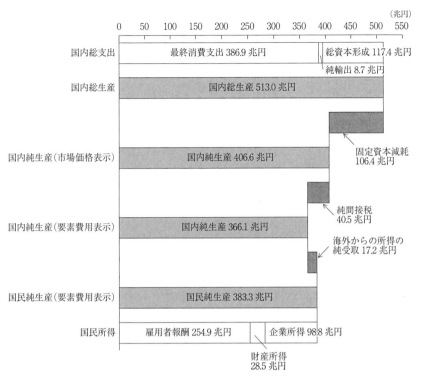

資料出所:内閣府経済社会総合研究所「国民経済計算」(平成 19 年)
(注) 1) 固定資本減耗は再生産可能な固定資産について減耗分を評価した額であり,固定資産を代替するための費用として総生産の一部を構成する.固定資本減耗を含む計数は「総」(Gross),含まない計数は「純」(Net)を付して呼ばれる.
2) 純間接税は生産・輸入品に課される税から補助金を控除したもの.純間接税を含む計数は市場価格表示であり,含まない計数は要素価格表示.
3) 海外からの所得の純受取を加えることで国内表示が国民表示になる.
4) 国民純生産(要素費用表示)と国民所得の間には統計上の不突合(1.1 兆円)があるが極小な数値のため作図上は省略した.
5) 民間最終消費支出と政府最終消費支出を合わせて最終消費支出,民間企業設備,公的固定資本形成,民間住宅,在庫品増加を合わせて総資本形成とした.

第 I-2-19 図 国民経済計算でみる支出,生産,分配

格表示を要素費用表示に切り替え,さらに,海外からの所得の受取を加えて国民所得 383 兆円として表すことができる[10].

---

10) 国内総所得(GDI: Gross Domestic Income)は国内総生産(GDP: Gross Domestic Prod-

三面等価の原則は，国民経済計算統計の体系上の取り決めであり，互いに一致するよう定義されているが，ケインズ理論における「有効需要の原理」とは，この三面等価の原則に因果関係を認め，国内総支出を貨幣支出の裏付けをもった有効需要の大きさであるとみなした上で，国内総支出の大きさが国内総生産の大きさを決定すると考える．有効需要の大きさが小さくなれば，その分，国内総生産は小さくなり，それに伴って雇用量も小さくなるため失業が発生する．有効需要の創造を通じて，満足のいく規模の生産量と雇用量を確保しなくてはならない．有効需要の原理とは，経済循環における因果関係を説き，失業問題と分配問題に取り組むための政策理論として提示されたものなのである．

第 I-2-19 図に即して言えば，最終消費支出(民間最終消費支出，政府最終消費支出)，総資本形成(民間企業設備，公的固定資本形成，民間住宅，在庫品増加)，純輸出(輸出－輸入)が，日本社会の有効需要の総計であり，この大きさによって国内総生産が決定される．国内総生産に応じて雇用機会の大きさが決まり，失業問題が生じるか否かは，国内総生産の規模如何による．一方，生産活動に応じて人々には所得が支払われ，その所得のうち雇用者に分配されるものが雇用者報酬である．雇用者は雇用者報酬をもとに消費支出を行う．民間最終消費支出は**第 I-2-18 表**でみたように，国内総支出の約6割を占めるから，有効需要の最大の構成項目である．働く人々への分配が消費支出の大きさを決め，さらには有効需要の大きさと雇用の規模を左右し，ひいては失業問題の鍵を握る．

働く人達は，経済循環の統計とケインズ理論を用いることによって，失業問題と分配問題とを相互に結びつけて理解し，社会的な対応に向けた指針を練り上げていかねばならない．

2) 所得分配と国民経済

平成 9(1997)年以降，賃金は低下傾向で推移しているが，そのことが経済循環に及ぼす影響はとてつもなく大きい．働く人達は，自らの労働条件の形成が持つ社会的な意義を，理論と分析によって正しく理解するとともに，個々の労使関係に立脚しながらも，ナショナルセンターにつながる社会的な結びつきの

---

uct)，国内総支出(GDE: Gross Domestic Expenditure)と一致する．

中で，何らかの社会的実践を担わなくてはならないだろう．そして，そのような実践に不可欠な働く人達のための政治経済学の創設も急務である．

雇用者の賃金は，「国民経済計算」の中では「雇用者報酬」によって表され，雇用者報酬を雇用者数で除し一人当たりでみたものが，概ね「毎月勤労統計調査」の「現金給与総額」に相当する．

国民経済計算の体系の中で，雇用者報酬を国民所得で除した百分率は労働分配率と呼ばれ，経済循環の分配局面において働く人達に届けられた所得の大きさを示している．労働分配率は，景気循環に応じた波動をもっており，景気拡張過程で低下し，景気後退過程で上昇する傾向がある．これは，日本社会では生産性基準原理が守られてきたために，景気拡張過程で国民所得が増大しても，賃金の伸びは生産性の伸びに比べ抑制され，労働分配率が低下するものである．また，景気後退過程では，国民所得が低下しても，企業の長期雇用慣行や解雇抑制的雇用政策によって，雇用者数の削減ができるだけ回避されるため，労働分配率を引き上げるものである．

第I-2-20表は，景気拡張過程における労働分配率の低下を，一人当たり雇用者報酬(賃金)の要因(プラス要因)，雇用者の要因(プラス要因)，国民所得の要因(マイナス要因)に分解してみたものであるが，国民所得の増加は全ての景気循環でマイナス要因となって，労働分配率の低下に寄与している．

景気拡張過程における労働分配率の低下は通常観察されることであり，そこに潜む問題は見逃されてきた．第I-2-20表の要因分解によって，労働分配率の動きをより掘り下げて検討してみると，第13循環の拡張過程では一人当たり雇用者報酬が上昇していないことが分かる．それまでの景気拡張過程における労働分配率の低下は，雇用者報酬の伸びが国民所得の伸びに追いつかないことから生じたのであって，成長の成果を働く人達にも配分するという経営側の姿勢は堅持されていた．その成果配分の原理が「生産性基準原理」であったということなのだ．ところが，第13循環では，成長成果の配分自体が消滅した．さらに，第14循環に至ると，景気拡張過程にもかかわらず賃金の削減が図られ，労働分配率の低下は，国民所得の拡大による要因(マイナス)以上に，一人当たり雇用者報酬の低下による要因のマイナス寄与が大きい．この結果，第14循環の労働分配率の低下は，極めて大きなものとなった．

第I-2-20表 景気拡張過程における労働分配率の変化

(単位:%、%ポイント)

			労働分配率の変化差(%ポイント)	期間内の変化率(%)		
				一人当たり雇用者報酬	雇用者	国民所得
				プラス要因	プラス要因	マイナス要因
第 3 循環	昭和31 (52.4%)	→ 32年 (51.0%)	(△1.4)	5.1 (2.4)	7.3 (3.4)	15.9 (△7.2)
第 4 循環	昭和33 (53.9%)	→ 36年 (49.3%)	(△4.6)	33.7 (11.6)	15.8 (5.9)	69.5 (△22.1)
第 5 循環	昭和37 (52.3%)	→ 39年 (53.4%)	(1.1)	27.9 (11.3)	6.6 (2.9)	33.6 (△13.1)
第 6 循環	昭和40 (55.7%)	→ 43年 (53.0%)	(△2.7)	41.6 (14.9)	9.5 (3.9)	63.0 (△21.5)
第 7 循環	昭和46 (58.6%)	→ 48年 (60.2%)	(1.6)	37.7 (16.0)	5.9 (2.9)	42.0 (△17.3)
第 8 循環	昭和50 (67.5%)	→ 51年 (67.2%)	(△0.3)	10.8 (6.5)	1.8 (1.1)	13.3 (△7.9)
第 9 循環	昭和52 (68.0%)	→ 53年 (66.3%)	(△1.6)	7.2 (4.4)	0.8 (0.5)	10.7 (△6.6)
第10循環	昭和58 (68.4%)	→ 60年 (67.1%)	(△1.4)	7.7 (4.7)	2.5 (1.6)	12.6 (△7.7)
第11循環	昭和61 (67.0%)	→ 63年 (66.2%)	(△0.8)	5.7 (3.5)	3.6 (2.3)	10.9 (△6.6)
第12循環	平成 7 (72.9%)	→ 8年 (72.3%)	(△0.6)	0.2 (0.2)	1.1 (0.8)	2.2 (△1.6)
第13循環	平成11 (73.4%)	→ 12年 (73.4%)	(△0.1)	0.0 (0.0)	0.5 (0.3)	0.6 (△0.4)
第14循環	平成14 (71.2%)	→ 19年 (66.7%)	(△4.5)	△5.3 (△3.6)	3.6 (2.4)	4.7 (△3.2)

資料出所:内閣府経済社会総合研究所「国民経済計算」、総務省統計局「労働力調査」をもとに作成

(注) 労働分配率の変化差の要因分解(寄与度)は表右側の( )内の数値で、( )の上に、その係数自体の期間内変化率(年率換算していない)を掲げた。要因分解式は次の通り。

$$\triangle D = \frac{W+\frac{1}{2}\triangle W}{V+\frac{1}{2}\triangle V} \cdot \triangle N + \frac{N+\frac{1}{2}\triangle N}{V+\frac{1}{2}\triangle V} - \frac{W \cdot N}{(V+\triangle V) \cdot V} \cdot \triangle V$$

　　　　雇用者要因(プラス)　一人当たり雇用者　　国民所得要因(マイナス)
　　　　　　　　　　　　　　報酬要因(プラス)

D:労働分配率(I/V)、V:国民所得、I:雇用者報酬、
N:雇用者、W:一人当たり雇用者報酬(I/N)
(△は増加分であることを示す)

賃金の低下傾向が継続し，人件費コストを回避しようとする企業行動は，ますます強まっているが，そのことによって企業活動は活発化し，国民経済に力がよみがえって来るのだろうか．

　企業が賃金負担を回避しようとするのは，企業収益を改善させるためであるが，仮に，働く人達を踏みつけて，ただ企業ばかりがもうかるということなら，そのような振る舞いが国民経済において許されるはずがない．国民経済は，政治と経済の複合物であって，仮に，国民生活を踏みにじって企業の収益があるというなら，いずれは，政治によって企業経営の上に厳しい政治判断が下されることとなろう．ところが，今日，生じている事態は，そのようなことではない．企業経営者ばかりでなく，働く人達も含めて，多くの日本人は，企業収益を改善させることが，日本経済を強化し，ひいては国民生活の改善を実現させるというストーリーに期待し，切なる願いをかけているのだ．だからこそ，労働運動は，その運動の後退であることを十二分に承知しながら，春闘における経営側の言い分を受け入れ，職場の混乱にも目をつぶって，非正規雇用の活用を黙認している．

　労働分配率の低下が，企業活動を活発化させ，国民経済的なものであると見なす論理は，企業収益を回復させれば，将来に向けた積極的な投資活動が引き起こされるというものであろう．仮に今，賃金によって消費を増やしても，その消費が，将来の成長を奪ってしまうというなら，賢い日本人はあきらめもしよう．労働分配率は低下しても，その分，企業の資本蓄積が進み，日本の経済力が高まれば，将来において生み出される国民所得は大きくなり，賃金額は増進するかもしれない．

　積極的に未来を切り開く，勇気あふれる企業経営は国民の尊敬を集めてきた．高度経済成長を実現し2度の石油危機を乗り切った企業経営者の果敢な挑戦姿勢は，様々な逸話を残しながら，我々日本人の心の中にある．

　問題の所在は，果たして，このような一般化している経済理解が，現代社会において妥当であるのかということである．その誤りを分析的，理論的に把握しない限りは，政策転換に向けた踏み込んだ議論は行いえないだろう．

3) 労働分配率と貯蓄投資バランス

第I-2-21図は，労働分配率の動きを逆目盛りで示し，同時に，貯蓄投資バランスをみたものである．

一国の可処分所得は消費支出の源泉となるが，国民可処分所得から最終消費支出を除いたものが，一国の貯蓄である．貯蓄された資金は，その分，有効需要を削減することになるが，別途，設備投資や輸出によって，消費支出以外の有効需要が生み出されなくてはならない．第I-2-21図によって，貯蓄や投資[11]が国内総生産に占める割合をみると，高度経済成長期までは，貯蓄の大きさが投資の上限であったと考えられるが，それ以降は，貯蓄が投資を上回っており，昭和50年代後半以降(1980年代以降)は，明らかに貯蓄過剰の状態になっている．投資支出によって埋め切れなかった貯蓄過剰部分は，他の需要で埋め合わせられなくてはならず，それが輸出の増加ということであった．

一方，労働分配率と貯蓄との関係をみると，昭和40年代頃から関連性をもった動きがみられる．このグラフでは，労働分配率を逆目盛りでとっているので，労働分配率の低下は貯蓄を増やし，労働分配率の上昇は貯蓄の減少をもたらしている．第14循環の拡張過程(平成14年からの景気拡張過程)において労働分配率は顕著に低下したが，その利益貢献的な動きは，貯蓄の増加をもたらした．しかし，投資は十分に拡大することなく，貯蓄投資差額は拡大することとなったのである．

なお，第I-2-22図は，国民経済計算の体系の中で貯蓄と投資の関係をみたもので，国民可処分所得から最終消費支出を除いたものが貯蓄であり，国民可処分所得の中には海外からの所得の純受取等が含まれているから，これを貯蓄から除いたものが，最終消費支出以外の国内純支出と一致することとなる．したがって，貯蓄から，海外からの所得の純受取等を控除した額は，純投資(固定資本減耗を除いた資本形成)と純輸出に一致する．言い換えれば，貯蓄と投資の差額は，統計上の諸項目を控除した上で，純輸出と一致するのである．

---

11) ここでは，対GDP比で表示するため，貯蓄，投資ともに固定資本減耗を含む「総」(gross)の概念で表示する．貯蓄と投資の双方に同じ固定資本減耗が含まれているので，貯蓄投資差額の動きは，「純」(Net)の概念でみた場合と違いはない．

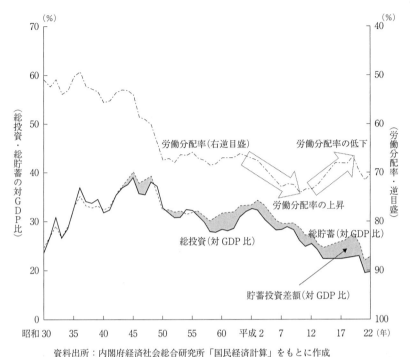

第 I-2-21 図　貯蓄投資差額と労働分配率

資料出所：内閣府経済社会総合研究所「国民経済計算」をもとに作成
(注) 1) 労働分配率は雇用者報酬を国民所得で除した百分率．右逆目盛で示しているため図上で上昇すると労働分配率の低下を意味する．
2) 貯蓄と投資はそれぞれ固定資本減耗を含むもので「総」貯蓄，「総」投資として示した．総貯蓄から総投資を除いたものが貯蓄投資差額であり，いずれも対 GDP 比(百分率)で示した．

　第 I-2-23 図により，貯蓄，投資の関係を部門別にみると，家計が貯蓄をし，企業が投資をするというかつての関係が大きく崩れ，今日，企業は，最大の貯蓄セクターとなっていることが分かる．

　部門別にみた貯蓄投資差額は，長く家計が貯蓄主体として大きな位置を占めてきたが，バブル崩壊後低下しはじめ，第 14 循環(平成 14 年からの景気循環)に一段と低下した．家計は賃金の低下により，かつてに比べ貯蓄に振り向けるだけの所得が十分に得られていない．また，長期的には高齢化も家計貯蓄減少に影響していると考えられる．一方，企業(非金融企業法人)は，かつては資金を

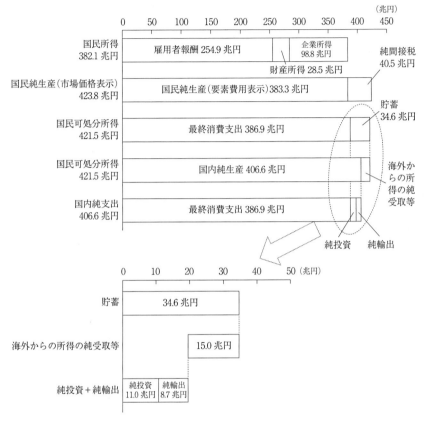

資料出所:内閣府経済社会総合研究所「国民経済計算」(平成19年)
(注) 1) 貯蓄は国民可処分所得から最終消費支出を除いたもの.
2) 国民可処分所得は国内純生産(市場価格表示)に海外からの所得の純受取等(海外からの所得の純受取(17.2兆円)+海外からのその他の経常移転(純)(−1.1兆円)−統計上の不突合(1.1兆円))を加えたもの.
3) 貯蓄から,海外からの所得の純受取等を除いた額は,純投資と純輸出の合計額と一致する.海外からの所得と純受取等を別とすれば,投資を上回る貯蓄の大きさは,その分,国内需要を削減するので,純輸出によって補われなくてはならない.

第I-2-22図 貯蓄と投資の関係

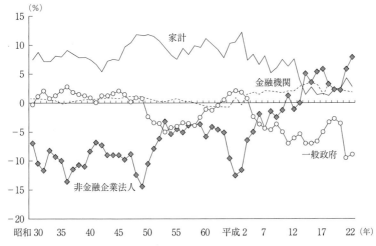

資料出所:内閣府経済社会総合研究所「国民経済計算」
(注) 貯蓄から投資を除いた貯蓄投資差額を対 GDP(百分率)で示した.

第 I-2-23 図　部門別にみた貯蓄投資差額(対 GDP 比)

調達し積極的な設備投資を展開していたことから,貯蓄投資差額は大きなマイナス値をとっていたが,バブル崩壊以降は,このマイナス値が小さくなり,平成 13(2001)年以降は,貯蓄が投資を超え,その後も貯蓄投資差額は拡大したことから,今日においては,最も大きな貯蓄投資差額を誇る経済主体となっている.この貯蓄の増加が,内部留保の積み上げなども含め,企業収益の拡大によって実現されたものであることは言うまでもない.

一方,企業における貯蓄の増加は,その分,総需要を削減し,国民の雇用不安を高めることになり,国は総需要と雇用機会の拡大のために政策対応を取らざるをえない.この過程で,一般政府の貯蓄投資差額は他の経済主体に比べ大きなマイナスの値を示すこととなった.企業が大きな貯蓄過剰の状態にある以上,国以外に社会的な貯蓄超過の状態を解消できる存在はないと判断せざるをえない.

第 I-2-24 図により,金融勘定からみた企業の資産と負債の動きをみると,戦後復興,高度経済成長,さらには,石油危機後の安定成長期まで含め,金融資産の増加を超える負債の増加がみられ,積極的な資金調達によって設備投資

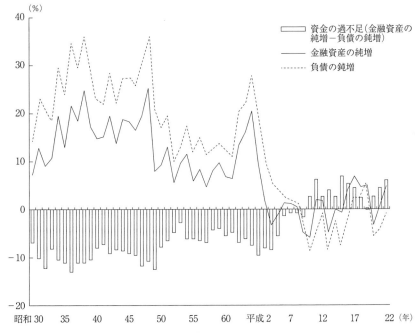

第 I-2-24 図　非金融企業法人における金融資産と負債の変動（フロー）

資料出所：内閣府経済社会総合研究所「国民経済計算」
（注）　それぞれの項目は対 GDP 比の百分率で示している．

が支えられてきたことが分かる．金融資産の純増から負債の純増を差し引いた資金の過不足状態をみれば，つねに資金は不足の状態にあった．

ところが，バブル崩壊以降は，そうした企業の積極的な資金調達の姿勢が後退し，平成 10(1998) 年には，資金の過不足は過剰の状態に転じた．企業は，負債を積極的に返済することで資金過剰の状態をつくり出しているが，これは，企業の財務状況を改善させたとしても，実体的経済活動からどんどん撤退し，資金を引き揚げていることにほかならないのである．

一方，**第 1-2-25 図**により，金融機関の資産の変動をみると，平成 10(1998) 年まで貸出は資産純増に一貫して寄与してきた．ところが，それ以降は貸出は減少しており，金融機関の資産は株式・債権の保有によるようになってきた．**第 I-2-24 図**で企業が負債を返済し減債していることをみたが，そのことは，

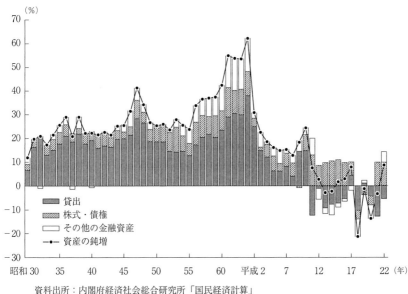

第 I-2-25 図　金融機関の資産の変動(フロー)

金融機関の貸出の減少でもある.

　資金調達によって積極的に設備投資を行う企業行動の後退は，同時に，内部留保と配当金の引き上げによって株式価値を高める経営へと移行し，そのような有価証券市場の拡大に依拠して金融機関の資金運用が拡大しているのである.
第 I-2-5 表(50～51 頁)でみたように，大企業の大きな利益率の改善は，過剰貯蓄を形成し有効需要を削減しながら，実体経済における経済循環を損ない，他方で，実体経済と切り離された金融市場の拡張に企業経営を委ねる風潮を蔓延させた. このような状態に陥った社会では，労働分配率の上昇は決して健全な企業経営に敵対するものではなく，むしろ国民経済的な意義は大きいと言わねばならない. 働く人達の所得の改善や格差の是正を通じて生活の安定と消費の拡大が生み出されることは，国内での着実な資本形成に有利な環境を生み出すものと期待されよう. 一国の経済循環を個別の労使関係の視点だけでみるのでは不十分であり，集団的労使関係の視座を確立し，総合的な経済，社会政策を

構想しながら，投資の現実的で安定した成長を確保していくことが重要である．

4) 近年の景気循環と経済運営の課題

働く人達は，バブル崩壊以降，周期的に襲ってくる景気後退過程において，厳しい失業率の悪化に直面してきた．

かつての日本社会は，生産性基準原理によって労働分配率の上昇を抑制し，積極的な設備投資の拡張によって，雇用者報酬を含む国民所得全体を拡張させることが優先されてきた．確かに，企業の設備投資は，日本経済における成長の牽引役であったことは間違いないのだが，一方で，設備投資は周期的な景気循環を生み出す，大きな振幅の波動を持っている．景気後退過程での失業問題がより厳しいものになるにつれ，景気循環自体を制御する社会的な取組も，次第に，集団的労使関係における，主要なテーマに上ってくるのではないだろうか．

第I-2-26図により，景気拡張過程における各需要項目の寄与度をみると，第14循環(平成14年から20年までの拡張過程)では，かつてに比べ，輸出寄与度が大きく，また，設備投資の寄与度も，家計消費の寄与度との相対関係でみれば大きいと言える．この第14循環の特徴を，**第I-2-27表**によって経済成長率に対する寄与率でみると，輸出の寄与率は戦後の景気循環の中でも突出して大きく，設備投資の寄与率も大きい．戦後最長を誇った第14循環の景気拡張は，輸出と設備投資に依存したものであった．今まで，賃金が抑制され，労働分配率が低下したことを説明してきたが，そのことからすれば，消費支出の寄与率が，第13循環とともに著しく低い水準にあることも，この景気拡張過程の特徴と言わねばならない．

一方，**第I-2-28図**により景気後退過程における各需要項目の収縮の動きをみると，第14循環における輸出と設備投資の減少寄与が極めて大きいことが分かる．日本社会は，労働分配率を抑制しながら，企業の投資環境を整備する取組を強化してきたが，そのことは，かえってより大きな経済収縮を準備する危険な経済運営だったのである．

第I-2-29図により戦後の設備投資の推移をみると，戦後復興から高度経済成長，さらには石油危機後の安定成長期も含め，設備投資は長期に拡大してき

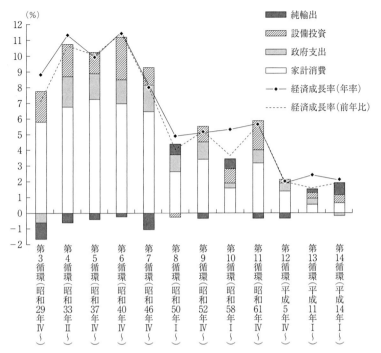

資料出所:内閣府経済社会総合研究所「国民経済計算」
(注) 1) 経済成長率(前年比)の寄与度分解は,実質GDPの四半期原系列を用いて前年同期比により各期の係数を求めた上で,景気拡張期間の係数ごとに単純平均で求めた.
2) 経済成長率(年率)は実質GDPの四半期季節調整値系列を用いてタイムトレンドによって傾きを推計し,年率に換算することで求めた.

第 I-2-26 図　実質経済成長率の要因別寄与度(景気拡張過程)

た.確かに,設備投資には景気循環に伴う振幅はあるが,投資の趨勢的な成長の中に溶け込み,景気後退過程の厳しさは緩和されたと言えるだろう.しかし,バブル崩壊以降をみると,設備投資の趨勢的な成長線は明らかに鈍化し,景気後退過程における投資の落ち込みも激しい.さらに,第14循環において,その投資循環の振幅は拡大した.

このような動きは,有効需要の振幅を生み出し,景気後退過程で厳しい雇用情勢の悪化を生み出す.第 I-2-30 図により,完全失業率の動きをみると,バ

第 I-2-27 表　戦後の景気拡張過程と実質経済成長率の要因別寄与率

拡張過程	平均成長率(%)	拡張期間(月)	国内総生産の増加分	(実質経済成長率の) 民間最終消費支出	民間住宅	民間企業設備
第 3 循環(昭和 29 年Ⅳ～32 年Ⅱ)	(8.8)	31	100.0	76.7	5.1	27.4
第 4 循環(昭和 33 年Ⅱ～36 年Ⅳ)	11.3	42	100.0	57.5	5.8	19.3
第 5 循環(昭和 37 年Ⅳ～39 年Ⅳ)	9.9	24	100.0	61.9	10.0	13.5
第 6 循環(昭和 40 年Ⅳ～45 年Ⅲ)	11.5	57	100.0	52.1	8.7	23.9
第 7 循環(昭和 46 年Ⅳ～48 年Ⅳ)	8	23	100.0	63.2	15.2	13.5
第 8 循環(昭和 50 年Ⅰ～52 年Ⅰ)	4.9	22	100.0	53.4	14.8	-5.8
第 9 循環(昭和 52 年Ⅳ～55 年Ⅰ)	5.1	28	100.0	63.1	2.6	19.5
第 10 循環(昭和 58 年Ⅰ～60 年Ⅱ)	5.3	28	100.0	49.9	-5.4	26.2
第 11 循環(昭和 61 年Ⅳ～平成 3 年Ⅰ)	5.6	51	100.0	49.0	8.7	33.8
第 12 循環(平成 5 年Ⅳ～ 9 年Ⅱ)	2	43	100.0	63.6	10.4	8.9
第 13 循環(平成 11 年Ⅰ～12 年Ⅳ)	2.4	22	100.0	30.8	4.6	24.3
第 14 循環(平成 14 年Ⅰ～20 年Ⅱ)	2.1	73	100.0	37.5	-4.5	26.9

資料出所：内閣府経済社会総合研究所「国民経済計算」
 (注) 1) 経済成長の要因別寄与率は第 I-2-26 図の(注)1)で求めた係数について計算した．
　　 2) 平均成長率は第 I-2-26 図の(注)2)で求めた係数と同じである．
　　 3) 第 3 循環の( )は，昭和 30 年代以前の数値は統計上の制約から用いていないという
　　 4) それぞれの係数について，歴史的にみて大きいものを第 1 位から第 3 位まで網がけ

ブル崩壊以降失業率の上昇がみられたのとともに，第 14 循環において，失業率の大きな振幅をも経験することとなった．

　第 I-2-30 図は，労働力の供給を示す労働力人口と労働力の需要を示す就業者の動きによって生み出された完全失業者数の動きも同時に示している．この図から言えば，人口が増加し，労働力供給が増加する時代において，日本社会は労働力需要を生み出すことにも成功した．ところが，労働力人口が減少する時代に入り，失業者の増加に苦しむことになった．人口面からの成長制約がある時代は，総需要の伸びを創り出すことが難しく，かえって失業の危機を呼び込む危険を高めているようにみえる．こうした中で，設備投資の振幅は，さらに失業悪化に追い打ちをかける．

　人口減少社会における雇用政策は，今までの時代の延長によって構想するこ

要因別寄与率(%)		
政府最終消費支出	公的固定資本形成	財貨・サービスの純輸出
-1.4	-7.4	-14.6
9.7	8.4	-5.7
8.2	8.1	-4.1
4.6	8.8	-1.9
6.3	14.0	-12.6
19.2	7.4	17.5
9.3	10.7	-6.9
15.7	-9.2	16.2
9.7	4.9	-6.3
23.6	3.4	-16.3
43.8	-19.4	11.4
14.8	-21.1	39.6

主旨で記したもの．
した．

とはできず，経済理論の助けとその推論を用いて，新たな時代にふさわしい政策を構想することが要請されているようにみえる．

人口減少社会の理論と政策については，第Ⅲ部終章で総合的に検討する．

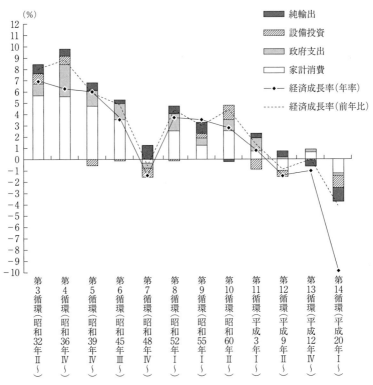

資料出所:内閣府経済社会総合研究所「国民経済計算」
(注) 数値の計算は第I-2-26図と同様の方法によっている.

第I-2-28図 実質経済成長率の要因別寄与度(景気後退過程)

第 2 章 労働条件と所得分配 —— 89

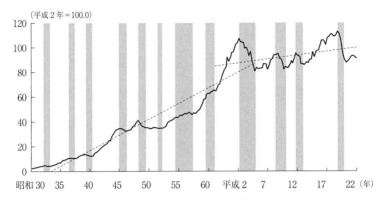

資料出所:内閣府経済社会総合研究所「国民経済計算」
(注) 1) 実線の数値は民間企業設備の四半期の季節調整系列である.
2) 前半の点線は景気の第 3 循環から第 11 循環までの傾向線を最小二乗法を用い直線として推計したもの.
3) 後半の点線は,景気の第 11 循環以降の傾向線を最小二乗法を用い直線として推計したもの.

第 I-2-29 図　戦後日本経済と設備投資の推移

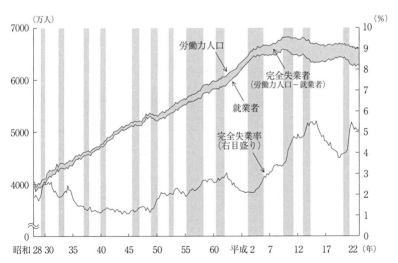

資料出所:総務省統計局「労働力調査」
(注) 数値は四半期の季節調整系列である.

第 I-2-30 図　完全失業者と完全失業率

第3章 労使関係と雇用慣行

　市場経済学と構造改革論のもとに経済運営が行われてきた現代日本社会では，失業や格差，所得分配などの労働問題が鮮明に浮かび上がっている．
　雇用調整と失業の拡大に苦しめられてきた人々にとって，もうこれ以上の経済変動は受け入れ難く，今後は，厳しい景気後退を回避するための毅然とした措置が政治的に追求されることとなるだろう．一方，非正規雇用など不安定就業の増大は，賃金格差の拡大を伴いながら，平均賃金を低下させ，労働分配率をも低下させてきた．人件費の抑制は確かに企業収益を改善させたが，それが企業の設備投資を通じて実体経済に環流する保証はなく，現に日本社会においては，労働分配率の低下によって企業セクターへ過剰な資金が集中し，有効需要を大きく損ないながら，より深刻な失業問題を招き寄せている．
　これらの問題に対処するため，政治経済学の果たす役割は大きい．ところが，市場経済学と構造改革論は，国民経済の運営における政治経済学の意義を不当におとしめ，自由な市場取引に資源配分を委ねることを提言し続けてきた．日本社会は，今後，価値形成を市場にばかり委ねることの限界をはっきりと認識し，政治過程を通じて価値を創造する営みを早急に復権させなくてはならない．
　日本人は今まで，働くことの意味を人々の協業の中に見いだしてきた．その歴史は，日本の労使関係や雇用慣行の中に表れ，長期雇用，職能賃金などの人事，処遇制度に結実してきた．ところが，冷戦終結後，力を強めた市場経済学は，これらを改革の対象に掲げ，日本的雇用慣行をグローバルスタンダードなるものの中へと解体する言説を繰り返してきた．こうした言論空間の中で，日本の政治経済学は厳しく追い詰められてきた．今後は，市場経済学に対抗する姿勢を明確に示すとともに，国民経済を統合する文化的，社会的価値の基盤を労使関係の中に育み，強化することによって，労働問題に取り組むための政策提案力を高めていかねばならない．
　この第3章「労使関係と雇用慣行」では，人々がそれぞれの職場において大

切にしてきた価値観が，現実の労使関係や雇用慣行の中に，どのように投影されているかを分析し，国民経済の再統合に向けた文化的，社会的価値の基盤について検討する．日本の職場にみられる様々な事象は，日本社会に生きる人々の心の奥底にある歴史的な価値観に支えられているのであって，その価値の体系をつかむことが，政治経済学を復権させる第一歩となる．そして，十分に力を備えた政治経済学は，個々の労使関係を基礎としながら，集団的労使関係を構築し，日本の職場にふさわしい経済・社会政策の構想へとつながることとなろう．本章は，こうした認識のもとに，まず，第1節「雇用慣行についての見方」では，日本の雇用，賃金の特徴を大づかみにみた上で，バブル崩壊以降の長期経済停滞の中で，市場経済学と構造改革論が，日本の労使関係や雇用慣行に，どのような影響を及ぼしてきたのかを振り返る．次に，第2節「賃金構造と賃金・処遇制度」では，こうした動きの結果として，賃金構造や賃金・処遇制度にどのような変化が生じ，日本社会は，どのような問題を抱え込むことになったのかについて考える．そして，第3節「日本的雇用慣行の展望」では，およそ20年間続いた市場経済学と構造改革論の時代を経て，日本の労使関係が再び取り戻しつつある価値体系を明らかにしながら，その展望を論じ，今後の政治経済学の文化的，社会的基盤を検討する．

第1節　雇用慣行についての見方

1)　日本の雇用と賃金

第I-3-1図により，完全失業率と経済成長率の動きをみると，どの国でも経済成長率の低下(図中では逆目盛りで示してあるため上昇)は完全失業率の上昇につながっている．しかし，完全失業率の変動の大きさには，国によって違いがあり，日本の場合は，経済成長率が低下しても，完全失業率の上昇幅はあまり大きくない．一方，アメリカやイギリスの場合をみると，完全失業率の上昇幅は大きく，景気後退のもとで大きな失業率の上昇が発生していることが分かる．

景気変動に伴う失業率の変動に，国による違いがみられるのは，景気後退過程における雇用調整の実施方法の違いによるとことろが大きい．日本の数値は，景気後退過程においても解雇を回避しようとする様々な努力が払われているこ

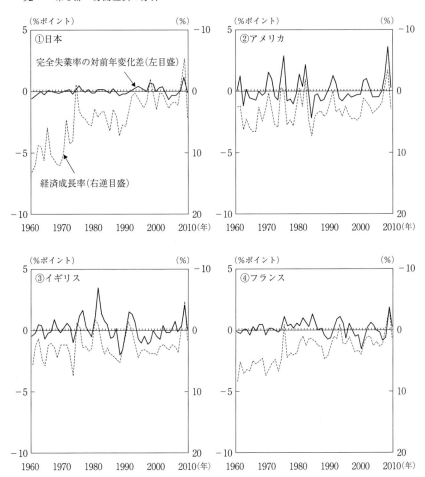

第I-3-1図　完全失業率と経済成長率（国際比較）

とを示している．

　第I-3-2図により，年齢階級別の賃金をみると，多くの国で年齢とともに賃金が上昇しており，グラフにおける右上がりの線は，一般に年功賃金カーブと呼ばれている．

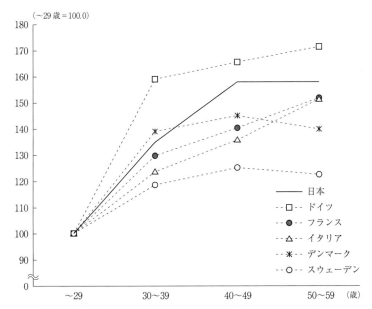

資料出所：労働政策研究・研修機構「データブック国際労働比較2011」
(注) 数値は製造業のもの．

第I-3-2図　国別賃金カーブ（年齢階級別）

また，第I-3-3図により，勤続年数階級別の賃金をみると，特に，日本は勤続年数に伴う賃金の上昇テンポが，他の国に比べ大きく，一つの企業に勤続することの賃金評価が国際的にみて大きいことが分かる．

なお，第I-3-2図には，アメリカやイギリスのデータはないが，アメリカやイギリスの勤続年数が他の国と比べて著しく短い[1]ことから，勤め続けることによって賃金が上昇し，年齢階級別にみた賃金も上昇するという効果は，あまりみられないものと考えられる．したがって，第I-3-2図にみられる年功賃金カーブのような賃金構造は，アメリカやイギリスではあまり一般的なものではないと推測される．

---

1) 勤続年数は，イタリア11.7年，フランス11.6年，日本11.4年，ドイツ11.1年などの長さであるのに対し，イギリス8.5年，アメリカ4.4年(労働政策研究・研修機構「データブック国際労働比較2011」)．

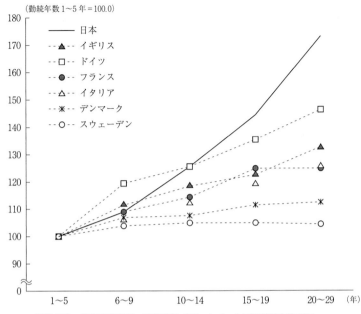

第 I-3-3 図　国別賃金カーブ(勤続年数階級別)

資料出所：労働政策研究・研修機構「データブック国際労働比較 2011」
(注)　1)　数値は製造業のもの．
　　　2)　日本以外の国の起点は 1〜5 年であるが，日本は 1〜4 年で次の勤続階級は 5〜9 年(それ以降は他の国と同じ)．

2) 市場経済学と構造改革論

　米ソが展開した冷戦は，いずれの社会体制を選択するかという国際的な政治，経済闘争であったが，1991 年にソビエト連邦が崩壊し，アメリカの勝利のうちに冷戦が終結したことは，自由主義経済体制の勝利，市場メカニズムの勝利と認識され，市場経済への信認を大いに高めることとなった．

　政治・社会制度を含めて経済現象を分析する経済学は「政治経済学」であり，これに対し，市場の自動調節機能を中心に経済現象を抽象化して分析する純粋経済学が「市場経済学」である．現代の主流派経済学は，新古典派経済学に主導された市場経済学であり，その影響力は，とりわけ冷戦終結後に拡張した．それは冷戦がアメリカの勝利のもとに終結したという歴史的文脈の中で理解される必要があり，新古典派経済学の裏にアメリカの知的な世界戦略の影を感じ

取っておく必要もあるだろう．

　新古典派経済学の活動は国際的に広くつながっており，経済学における一大潮流を生み出しているが，その労働問題研究における活動の舞台は，OECD（経済協力開発機構）の展開する「労働市場研究」であった．OECDは日本企業に広くみられる長期雇用，職能賃金などが，労働市場の市場調整メカニズムを損なっているという認識を示し，1990年代の半ば以降，日本の雇用慣行と雇用政策の構造改革を主張し続けてきた．こうした動きに呼応するものが，平成7(1995)年5月の日経連「新時代の「日本的経営」」であり，日本政府の「構造改革のための経済社会計画」(平成7年12月閣議決定)である．

　そこで展開された論理は，働く人一人ひとりの雇用や賃金は，新古典派経済学の教える通り，労働市場の市場調整メカニズムによるべきだ，ということだった．曰く，一人ひとりがそれぞれ実力を研き，それが市場競争の中で高く評価されることで，働きがいを感じることができる．日本人は，長期雇用の安定感と引き替えに，将来に向けた挑戦の精神を損ない，より高い技能とより高い賃金を獲得する機会を喪失している，というのだ．市場の競争は厳しくても，自ら職業能力を研き，企業とも対等に渡り合い高い賃金を獲得する「自立した職業人」こそが，これからの目指すべき理想の姿であると謳い上げられた．

3) 日本の労使関係と雇用慣行

　日本的雇用慣行に関する文化摩擦は，戦後，日米の間で度々生じており，敗戦後の占領下や高度経済成長期の貿易摩擦を契機に，雇用慣行の見直しが提起されることもあったが，その動きが現実の改革に直結することは回避されてきた．ところが，冷戦が終結すると，事態は一変し，日本の労使関係者は，改革を掲げる主流派経済学や国際機関の提言にかなり素直に従ったと言える．その背景には，アメリカに主導された経済ルールが冷戦終結後のグローバルスタンダードになるだろうとの一般的な世界認識があったし，何よりも，バブル崩壊を経験したことによって，日本人の多くが自国の経済，社会システムに自信を喪失していたことが大きかった．

　第I-3-4表は，雇用や人材育成の考え方について，能力開発は本人主体か，会社主体かを企業の人事労務担当者に聞いたものであるが，平成9(1997)年の

第I-3-4表 雇用や人材育成についての考え方 (単位:%)

		計	能力開発や人材育成を会社主体で行う	能力開発などは本人主体で行う	どちらともいえない	必要に応じて人材を採用する	その他
規模計	平成9(1997)年	100.0	23.7	48.9	26.3	-	-
	平成19(2007)年	100.0	76.3	19.7	-	1.7	1.7
大企業	平成9(1997)年	100.0	21.8	51.8	25.4	-	-
	平成19(2007)年	100.0	78.3	16.7	-	1.7	2.5
中小企業	平成9(1997)年	100.0	31.2	37.7	29.9	-	-
	平成19(2007)年	100.0	71.2	26.9	-	1.9	0.0

資料出所:日本生産性本部「日本的人事制度の変容に関する調査」をもとに厚生労働省労働政策担当参事官室作成(『平成23年版労働経済白書』p.307より転載)
(注) 1) 上場企業の人事労務担当者を対象としたもの.
    2) 設問項目の変更を踏まえて比較可能なように接合してある.
    3) 大企業は500人以上規模,中小企業は500人未満規模である.

調査結果では,本人主体とするものが48.9%と多く,大企業では51.8%と半数を超えている.ここに冷戦終結後の主流派経済学による改革思想の影響を読み取ることができるだろう.

しかし,平成19(2007)年の調査では,その結果は逆転し,会社主体とするものが76.3%で,大企業では78.3%とさらに多い.この調査期間の10年の間に,特に,大企業での認識の揺り戻しが大きかったことが分かる.

日本企業の雇用慣行では,長期雇用のもとで職務経験を積み,培われた職務の遂行能力が職能賃金制度で評価されるという一連の人事労務施策が定着している.この仕組みのもとでは,長期的な視点をもって行われる人事配置(ジョブローテーション)が大きな役割を果たしており,企業と労働者の双方の協調と協力によって,企業組織の中に人材が蓄積されていく.職業能力開発の自己責任を迫った主流派経済学の論理は,あくまで一般的な労働市場の論理なのであって,日本の職場の現実を踏まえてはいない.このため,改革思想として大きな影響力をふるった市場経済学,構造改革論も,今では,日本の労使関係において,その影響力を大きく後退させているのである.

第Ⅰ-3-5表　今後の望ましい賃金決定のあり方　　　(単位：%)

	計	定昇プラスベア方式でいくべき	定昇を中心として必要があればベアを行うべき	定昇のみとし成果や業績は賞与に反映すべき	定昇制度を廃止し成果や業績による賃金とすべき	その他
平成15(2003)年	100.0	0.6	6.7	25.5	60.6	6.7
平成16(2004)年	100.0	1.1	5.7	30.4	56.9	5.9
平成17(2005)年	100.0	1.0	9.3	36.0	45.3	8.3
平成18(2006)年	100.0	1.4	15.1	40.7	34.6	8.1
平成19(2007)年	100.0	0.9	15.3	45.7	29.3	8.8
平成20(2008)年	100.0	2.9	22.2	39.7	25.5	9.8

資料出所：日本経済団体連合会「春季労使交渉・労使協議に関するトップ・マネジメントのアンケート調査結果」
(注)　1)　経団連会員企業及び東京経営者協会会員企業の労務担当役員以上の「トップ・マネジメント」を対象としたもの．
　　　2)　本調査項目は平成20年調査をもって廃止された．

　第Ⅰ-3-5表により，定期昇給に対する企業経営者の認識をみると，平成15(2003)年の調査結果では，定昇制度を廃止し成果や業績による賃金とすべきとするものが60.6%と圧倒的に多く，市場経済学や構造改革論の提起を受けて，勤続年数を職業能力の代理変数と見なすことを放棄しようとしていたことが如実に表れている．しかし，日本の職場の現実を踏まえた場合，職能賃金には優れた面が多々あり，市場経済学が推奨する業績・成果主義が，日本に働く人々の働きがいを引き出すことになるのか全く心許ない．このような状況のもとで，定期昇給に対する企業経営者の理解も次第に現実的なものとなり，平成20(2008)年の調査結果では，定昇廃止は，25.5%と，その割合を大きく減じることとなった．

　長期雇用の見直し，業績・成果主義型賃金の導入など，構造改革として華々しく取り上げられてきたテーマは数限りない．しかし，そのいずれもが，日本の職場に実態的な基盤をもたず，他国の経営文化の借り物でしかなかった．日本の主流派経済学は，経済学の国際的な権威を足がかりに大きな発言力を有したが，その非現実性は，今日，少なからぬ人々から指弾されている．しかし，

それ以上に問題視されるべきは，人事労務施策に関わる労使関係者自身が，自ら運用する制度や仕組みを語る言葉を有しておらず，極めて皮相的な社会風潮に翻弄されてきたということである．

今，改めて，日本の労使関係の中に，日本文化の形を再発見し，国際社会で明確に説明することのできる言葉を持たなくてはならない．そのような取組なくして，現実の労使関係を基盤とした経済・社会政策の創設は不可能であると言えるだろう．

第2節　賃金構造と賃金・処遇制度

1)　年齢と勤続からみた賃金構造

賃金カーブを分析すると，日本では年齢と勤続とに応じて賃金が上昇する賃金構造が存在している．

第I-3-6図により，一般労働者(フルタイム労働者)について，大企業と中小企業の賃金カーブを比較すると，大企業の賃金カーブの方が大きな傾きを持っている．大企業と中小企業の賃金カーブの傾きの差を，計量的な推計によって分解すると，①年齢評価による違い，②勤続評価による違い，③長期勤続者構成の違い，の3つの要因に分けることができる．

年齢評価は，労働者の年齢に伴って上昇する賃金部分であり，生活給など，年齢に伴って増加する生活費などが労使交渉を通じて反映されたものと考えられる．図中に示された年齢評価部分の面積は，大企業では中小企業に比べ年齢評価が大きいことから，この規模間の差の部分が表されている．次に，勤続評価は，労働者の勤続に伴って上昇する賃金部分であり，労働者の職業能力の向上に伴う賃金評価の大きさを示しているものと考えられる．図中に示された勤続評価部分の面積は，大企業では中小企業に比べ勤続評価が大きいことから，この規模間の差の部分が表されている．最後に，長期勤続者構成は，中小企業の労働者に比べ，大企業の労働者には長期勤続者が多く，その労働者構成の違いによって，中小企業労働者に比べ大企業労働者の賃金が大きくなっていることを表している．

賃金カーブの傾きは，年齢評価や勤続評価の大きさによって決まってくるが，

第3章 労使関係と雇用慣行 —— 99

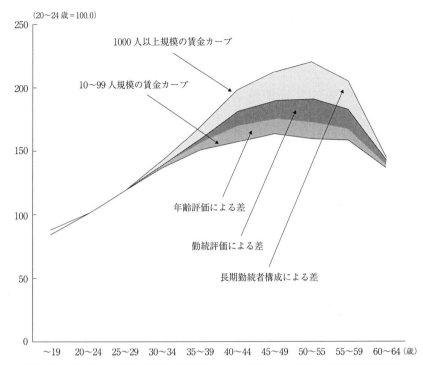

資料出所：厚生労働省「賃金構造基本統計調査」(平成20年)をもとに厚生労働省労働政策担当参事官室推計(『平成22年版労働経済白書』p.168より転載)
(注) 一般労働者(フルタイムの常用労働者)の賃金カーブ(20～24歳層を100.0として指数化した年齢階級別賃金)を1000人以上規模企業と10～99人規模企業で比較し，両者のギャップ(賃金カーブの規模間格差)を賃金関数により，①年齢評価(年齢が高いほど賃金を高くすること)による差，②勤続評価(勤続年数が長いほど賃金を高くすること)による差，③長期勤続構成(長期勤続者構成が高いほど賃金が高まること)による差，の3つの要因によって要因分解した．

第I-3-6図 賃金カーブの規模間格差の内訳

これらの評価の大きさは，大企業と中小企業で違いがあり，大企業労働者の労働者構成では長期勤続者が多いことも加わって，特に，大企業で傾きの強い賃金カーブが描かれることとなる．

第I-3-7図により，学校を卒業してから継続して勤務している標準労働者の賃金カーブをみると，その傾きが徐々に緩やかになるとは言え，40歳台まで賃金が上昇する基本的な姿にほとんど変化はない．

これに対し，50歳台の賃金は，かつてに比べほとんど上昇しなくなり，50

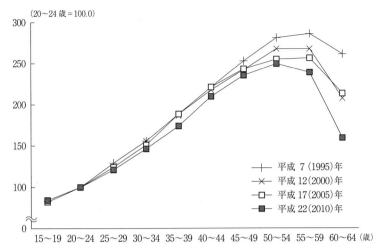

(注) 1) 標準労働者とは，学校卒業後直ちに企業に就職し，同一企業に継続勤務していると見なされる労働者のこと．
2) 数値は，産業計の男性労働者による所定内給与について，中学卒，高校卒，高専・短大卒，大学卒のそれぞれのウェイトで合算し，学歴計の値として示したもの．

第I-3-7図　標準労働者（継続勤務者）の賃金カーブ

歳台の後半にあった賃金のピークは50歳台の前半に移っている．さらに，60歳台前半の賃金は大きく低下している．定年延長などが雇用における課題となる中で，高齢層の平均的な賃金コストを大幅に削減しながら，高齢層の雇用機会の拡大が取り組まれていることが分かる．

　第I-3-8図により，年齢階層を分けて勤続年数階級別の賃金をみると，どの年齢層においても勤続年数の長い者ほど賃金が高い．また，その賃金上昇の傾きは，時系列的な推移をみてもほとんど変化がない．

　日本企業の賃金は，年齢とともに上昇する賃金構造となっており，それは年齢評価と勤続評価の2つの要因によって上昇するものであるが，そのうち，勤続評価については，ほとんど変化がないことが分かる．労働者が習得し蓄積していく人的能力は，労使関係においては，引き続き，勤続年数の長さによって評価されていると考えられる．このことは同時に，職務経験を重視し，人的能力の蓄積を図る人材育成の仕組みが，日本企業の雇用慣行として，引き続き

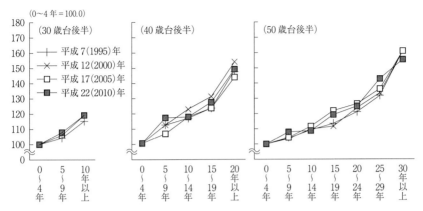

資料出所:厚生労働省「賃金構造基本統計調査」
(注) 数値は男性の一般労働者の所定内給与によるもの.

第 I-3-8 図　勤続年数階級別賃金の推移(主要年齢階層別)

重視されていることを意味している.

2) 賃金制度の動向

　働く人達の賃金を規定する原理を大きく分類するとすれば,「仕事基準」と「人間基準」に分けることができよう.

　一般論として,ある人に賃金を支払う場合には,その人が行っている仕事に注目するか,仕事を行うその人自身に注目するかの2つしか賃金の算定根拠は存在しない.仕事の内容に応じて賃金を決めるのが「仕事基準」であり,その人自身の持つ能力に応じて賃金を決めるのが「人間基準」である.

　仕事基準は,具体的に取り組まれる仕事の内容を賃金算定の根拠とし,誰がその仕事をしても賃金は同じである.また,そこに,仕事の成果とみなすことができる市場価値を加算する場合もある.これらはいずれも顕在的なものであり,職務別の賃金や業績・成果給として,数値化しやすい性格を持っている.一方,人間基準は,上司や人事担当者が,働く人の潜在的能力を見定めなくてはならず,賃金決定のための制度運用は決して容易ではない.人を評価するということは,評価する人自身も問われるのであり,従業員と会社組織がともに成長するという視点を欠くこともできない.

第I-3-9表　基本給の決定要素　(単位：%)

		全企業	職務・職種など仕事の内容	職務遂行能力	年齢・勤続年数	業績・成果	学歴
管理職以外（一般職）	規模計	100.0	71.8	67.5	63.7	44.4	20.5
	1000人以上	100.0	66.2	80.0	56.7	65.3	21.0
	300〜999人	100.0	68.6	75.8	64.6	60.8	28.6
	100〜299人	100.0	69.8	70.8	65.6	51.8	26.0
	30〜99人	100.0	72.9	65.5	63.2	40.3	18.2
管理職	規模計	100.0	77.1	68.5	56.6	45.4	16.5
	1000人以上	100.0	70.9	77.3	33.1	70.0	11.7
	300〜999人	100.0	75.8	74.8	48.7	64.2	19.4
	100〜299人	100.0	75.3	73.8	56.6	53.1	20.6
	30〜99人	100.0	77.9	66.2	58.0	40.9	15.2

資料出所：厚生労働省「就労条件総合調査」(平成21年)
　(注)　1)　数値は複数回答の結果である.
　　　　2)　企業規模別に最も回答割合が高いものを網がけした.

　こうした困難に立ち向かいながら，日本企業の多くは，人間基準の賃金制度を構築し，運用するという，極めて哲学的な取組を続けてきた．ここに日本企業の人事部というものが持つ独特の重みがある．

　第I-3-9表により，基本給の決定要素についてみると，管理職以外の一般職については，100人以上規模の企業で「職務遂行能力」の割合が最も高く，100人未満の企業で「職務，職種など仕事の内容」とする割合が高い．

　職務遂行能力を重視するということは，労働者本人が備える職務遂行のための能力を評価するということで，今，顕在化している成果の裏にある，本人自身の能力を見定めなくてはならない．規模の大きい組織では，様々な職務経験を積ませながら，長期的に人物評価を行うことが可能であり，職務遂行能力の賃金を用いる場合が多くなっている．また，職務遂行能力を評価するということは，労働者に職務経験を積ませることで職務遂行能力を培うということも含まれるのであって，労働者と管理職，あるいは労働者と人事労務担当者の協業的な色彩も濃い．

　一方，小規模な企業は仕事の内容によって賃金を決定する傾向が強いが，小規模企業は一般に離職率も高く，ある特定の職務を行う労働者の仕事の内容に応じて，労働者の募集と採用を行う傾向が強い．このため，その職務内容に応

じた賃金水準として社会一般的な水準を用いるとともに，実際の賃金もそうした社会的な職種別平均賃金に近づく傾向をもっている．

なお，一般職と管理職を比べると，管理職では「職務，職種など仕事の内容」を重視する割合が高い．職務遂行能力を重視する賃金は，能力向上が期待される40歳位までに適用する賃金であり，それ以上の管理職処遇される年代層では，賃金決定において，仕事の内容や業績・成果の市場価値がより大きな役割を果たしているものと思われる．

第I-3-10図により，賃金制度見直しに伴う賃金決定要素の変化をみると，平成8(1996)年から平成16(2004)年にかけて，業績・成果給部分を拡大する企業割合が，特に，大企業で上昇した．業績・成果給は，労働者一人ひとりが生み出した市場価値に応じて賃金を決定するということだが，その業績・成果を算定するためにも，労働者が取り組むべき仕事の内容や仕事の範囲が明確になっていなくてはならない．業績・成果主義型の賃金を用いるために，業績評価制度の導入が進められ，取り組むべき職務範囲と業績・成果の目標をあらかじめ定めることが，大企業のホワイトカラー職場で急速に広がっていった．こうした改革は，日本的雇用慣行の見直しの社会風潮や，構造改革論の興隆と強い関係があったものと考えられる．

新古典派経済学に主導された構造改革論では，労働市場の機能を活かすことが重視されており，業績・成果主義型の賃金を導入することが，一人ひとりの労働者が生み出した市場価値に応じた賃金決定であると考えられていた．長期雇用と人間基準の経営は遅れたものとみなされ，労働移動のための労働市場が整備され，仕事基準の賃金に切り替えることが，構造改革の目標であったと言って良いだろう．

ところが，構造改革の政治旋風が吹き荒れた平成17(2005)年の第44回衆議院議員総選挙の頃をピークに，企業経営にも大きな節目が訪れたようにみえる．それ以降，大きな増加を続けた来た業績・成果給の導入割合が，大企業を中心に落ち込みをみせるようになったのである．

第I-3-11図により標準労働者の十分位分散係数を用いて，この20年間の賃金格差の動向をみると，企業規模別には，1000人以上規模の大企業で賃金格差が大きいが，30歳台から40歳台にかけて継続的な格差拡大の傾向が見られ

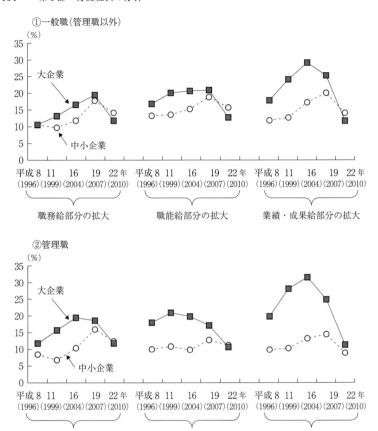

第I-3-10図　賃金制度の見直しに伴う諸要素の変化

る．また，学歴別にみると，40歳台以上層の大学卒で賃金格差が拡大している．さらに，生産労働者と管理・事務・技術労働者を比較すると，40歳台半ば以降の管理・事務・技術労働者で賃金格差が拡大している．

業績・成果主義型賃金の拡大は，業績評価制度の導入を伴って，大企業，大卒，ホワイトカラーの職場に大きな影響を与えたが，その結果，主に40歳台以上層で，はっきりした賃金格差の拡大傾向が生み出された．

第3章 労使関係と雇用慣行 —— 105

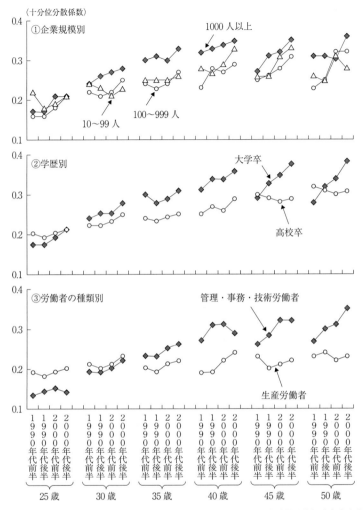

資料出所：厚生労働省「賃金構造基本統計調査」をもとに厚生労働省労働政策担当参事官室作成
(『平成21年版労働経済白書』p.195より転載)
(注) 1) 十分位分散計数＝(第9十分位数－第1十分位数)÷中位数÷2.
(第9十分位数は十等分し高い方から最初の節の者の賃金，第1十分位数は低い方から最初の節の者の賃金，中位数は二等分し真ん中の節の者の賃金)
2) 数値は所定内給与について，それぞれの期間の十分位分散係数の平均値をとったもの．
3) 生産労働者は高校卒，管理・事務・技術労働者は大学卒である．

第I-3-11図　標準労働者(同一企業への継続勤務者)の賃金格差の推移

こうした職場における現実が，平成18(2006)年の第164回通常国会で格差論争が繰り広げられた社会的背景の一つであったと言えるだろう．この点については，第Ⅱ部第1章で詳述するが，同じ企業に所属する者同士に生じた格差の拡大は，多くの企業において，人事労務施策の運用にかなりの支障を及ぼし，その結果として，大企業中心に，業績・成果主義型賃金の導入に急ブレーキがかかったものと思われる．

3) 賃金・処遇制度の課題

賃金の決定要素として業績・成果を用いるためには，労働者一人ひとりの業績・成果を個々に評価するための業績評価制度が必要である．**第I-3-12表**により，業績評価制度の有無と評価状況をみると，大企業ほど業績評価制度が導入されているが，その運用状況は決して優れたものではない．

業績評価制度のある企業のうち，うまくいっていると答えた割合は，企業規模計でみて23.0%に過ぎず，うまくいっているが一部手直しが必要としたものが42.2%，改善すべき点がかなりあるとしたものが23.6%となっている．特に，うまくいっているが一部手直しが必要としたものの割合は大企業ほど高く，1000人以上規模では52.3%と半数を超えている．

第I-3-13表により業績評価制度を運用する場合の課題をみると，課題があるとした企業割合は80.5%で，1000人以上の大企業では9割に近い．課題の内容としては，部門間の評価基準の調整が難しい，評価者の研修・教育が十分にできていない，格差がつけにくく中位の評価が多くなる，などの課題があげられている．

なお，1000人以上の大企業では，格差がつけにくく中位の評価が多くなるの割合が規模計に比べ低く，評価に手間や時間がかかるとする割合が高い．先に，**第I-3-11図**でみたように，1000人以上規模の大企業では，賃金格差は拡大しており，賃金格差がつけにくく中位評価が多くなるという課題は，主に中小企業の課題であることが理解できる．しかし，格差を明確につけて賃金を決定することは，その根拠も明確にし，労働者の納得を得るための対応を必要とする．大企業ほど，業績評価制度は評価に手間も時間もかかると回答しているが，賃金格差をつけるには，その分，大きな事務コストもかけなくてはならな

第 I-3-12 表 業績評価制度の有無と評価状況　(単位：％)

	全企業	業績評価制度がある		評価状況					業績評価制度がない
				うまくいっている	一部手直しが必要	改善すべき点がかなりある	うまくいっていない	はっきりわからない	
規模計	100.0	45.1	(100.0)	(23.0)	(42.2)	(23.6)	(3.1)	(8.1)	54.9
1000人以上	100.0	83.3	(100.0)	(21.2)	(52.3)	(20.9)	(0.7)	(4.9)	16.7
300〜999人	100.0	70.2	(100.0)	(19.0)	(49.2)	(25.1)	(1.1)	(5.5)	29.8
100〜299人	100.0	56.9	(100.0)	(19.7)	(46.0)	(24.6)	(1.9)	(7.9)	43.1
30〜99人	100.0	38.6	(100.0)	(25.1)	(38.9)	(23.2)	(4.0)	(8.8)	61.4

資料出所：厚生労働省「就労条件総合調査」(平成22年)
(注)　(　)内は業績評価制度がある企業を100.0とした構成比である．

第 I-3-13 表 業績評価制度の評価側の課題　(単位：％)

	業績評価制度がある	評価側の課題がある	課題の内訳(3つまでの複数回答)						その他	評価側の課題が特にない企業
			部門間の評価基準の調整が難しい	評価者の研修・教育が十分にできない	位格差が評価につけにくく多くなる中	評価に手間や時間がかかる	仕事がチームワーク、個人の評価がしづらい			
規模計	[45.1]	100.0	80.5	52.7	37.7	34.2	25.9	15.2	1.2	19.5
1000人以上	[83.3]	100.0	89.9	62.7	48.2	29.5	37.5	14.3	2.4	10.1
300〜999人	[70.2]	100.0	89.2	65.1	52.1	37.7	31.2	13.4	1.4	10.8
100〜299人	[56.9]	100.0	86.6	57.7	42.7	33.8	31.0	15.3	0.9	13.4
30〜99人	[38.6]	100.0	76.1	48.2	32.9	34.0	22.3	15.5	1.2	23.9

資料出所：厚生労働省「就労条件総合調査」(平成22年)
(注)　1)　[　]内の数値は，全企業のうち業績評価制度のある企業割合である．
　　　2)　業績評価制度の評価側の課題として，企業規模別にみて割合の高いものの上位3つを網がけした．

いのである．

　第 I-3-14 表により，業績評価制度の問題点をみると，問題点があると回答した企業は50.5％であり，大企業では評価結果に対する本人の納得が得られないとする割合が高く，中小企業では評価結果によって勤労意欲の低下を招くとする割合が高い．

　評価結果に対する納得感を得るためには，評価基準を明確にするとともに，

第 I-3-14 表　業績評価制度の問題点　　　　　　（単位：％）

	業績評価制度がある企業	評価による問題点がある企業	問題点の内訳(3つまでの複数回答)							評価による問題点が特にない企業
			評価によって勤労意欲の低下を招く	人事評価の納得が得られない	評価結果に対する納得が得られない	労働者の納得が得られるシステムでない	個人業績を重視するあまり、グループ作業に支障がでた	職場の雰囲気が悪化する	その他	
規模計	[45.1] 100.0	50.5	20.9	19.1	14.4	11.6	5.4		3.3	49.5
1000人以上	[83.3] 100.0	56.5	19.7	33.2	20.6	9.2	1.6		5.5	43.5
300〜999人	[70.2] 100.0	61.0	22.5	32.2	19.9	9.9	3.1		3.6	39.0
100〜299人	[56.9] 100.0	52.4	24.4	19.2	16.1	11.2	4.8		3.3	47.6
30〜99人	[38.6] 100.0	47.7	19.2	16.3	12.5	12.2	6.2		3.1	52.3

資料出所：厚生労働省「就労条件総合調査」(平成22年)
(注) 1) ［ ］内の数値は，全企業のうち業績評価制度のある企業割合である．
　　 2) 業績評価制度の問題点として，企業別にみて割合の最も高いものを網がけした．

　評価過程の情報を開示することなども求められ，業績評価によってかえって勤労意欲を損ねることのないよう，本人に対し丁寧に説明するほか，評価を改善させるために取り組むべきことなども面談を通じて明示することが必要となろう．しかし，こうした業績評価制度の運用の改善を行うためには，評価側により高い課題を課すこととなる．既に，部門間の評価基準の調整が難しいこと，評価者の研修・訓練が課題となっていること，評価に手間や時間がかかること，などが特に大企業で意識されており，業績評価制度について，さらなる運用の改善を行うことは，現実的には難しいと判断されるだろう．こうした業績・成果主義的な賃金制度の持つ困難性から，今日，その導入に大きなブレーキがかかっていると考えられる．

　企業は，業績・成果主義的な賃金制度を推し進めたのは，従業員の働きがいを高めるためだったと言うだろう．労働者一人ひとりの業績・成果を把握し，個々の賃金に反映させることで，労働者の満足感を高める賃金制度を設計するというイメージを，企業は働く人達に振りまき続けたのではないだろうか．

　もちろん，ここで市場経済学が果たした役割も大きい．業績・成果主義的な賃金制度は，業績・成果の市場価値に応じて賃金が決まる仕組みであり，労働市場の市場調整メカニズムを発揮させ，構造改革の立場から日本的雇用慣行を

変革するものとして，大きな意義が与えられてきた．

　しかし，信頼し協力し合いながらチームの力で成果をあげる日本の職場で，個々の仕事の成果を市場価値によって算定することなど不可能であり，それを組織の運営原則に祭り上げることが好ましいはずもない．現実味の乏しい労働市場論の妄想に企業経営側がつきあったのは，そこに何らかの底意があったのではないだろうか．

　それは，業績・成果主義を導入することによって，人件費の抑制を図るということだ．主流派経済学の権威を用いて，業績・成果主義的な賃金制度の正当性を際だたせ，働く人達に対しては，働きがいを高める賃金をつくるとの欺瞞を弄したとは考えられないだろうか．だから，業績・成果主義を運用するコストが，実は著しく高いことが判明すると，大きな事務コストを払って，労働者の賃金格差を生み出すことに血道を上げることが馬鹿馬鹿しくなってしまったのだ．このことが，今日，業績・成果主義が頓挫している最大の理由と思われてならない．しかし，仮に，このストーリーが正しいとしても，調査や分析によって，業績・成果主義の目的は人件費抑制であったと証明することは，最後の最後までできないであろう．なぜなら，そのストーリーは正しいが故に，経営側はその真意を隠し通さなくてはならないからだ．もし，そのことを正直に言ってしまったら，労使の信頼関係が成り立たなくなってしまう．

　労使関係は信頼関係の上に成り立っている．所属する組織の使命を互いに共有することによって，事業の達成に大きな力を結集する．こうした貴重な社会関係を損ねる存在は，その存在自体が悪なのだ．業績・成果主義を推進した経営責任はもちろん問われる必要はあるが，その大きなうねりをつくり出した大元は，市場経済学と構造改革論であったことを，日本の労使関係者は決して忘れてはならない．

第3節　日本的雇用慣行の展望

1)　これからの職場と人事労務施策

　労使関係と雇用慣行を展望する場合，これからの職場がどのようなものとなるかを見通すことが大切である．

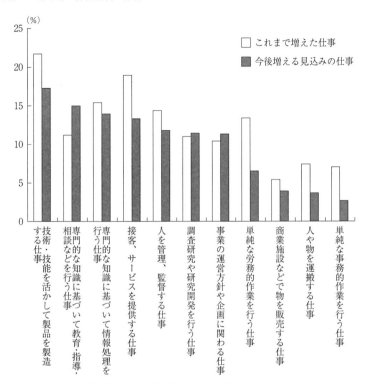

資料出所:労働政策研究・研修機構「今後の産業動向と雇用のあり方に関する調査」(平成22年)

第I-3-15図　今後増える見込みの仕事

　第I-3-15図により，これまで増えてきた仕事と今後増えると見込まれる仕事とを比較すると，これまでと今後のいずれにおいても，技術・技能を活かして製品を製造する仕事をあげる割合が最も高い．ただし，今後については，これまでに比べて，その割合の低下がみられる．また，今後増えると見込まれる割合がこれまで増えてきたとする割合を超え，今後のさらなる拡大が期待されるものとしては，専門的な知識に基づいて教育・指導・相談などを行う仕事，調査研究や研究開発を行う仕事，事業の運営方針や企画に関わる仕事などがある．

　一方，単純な労務的作業の仕事，商業施設などで物を販売する仕事，人や物を運搬する仕事，単純な事務的作業の仕事は，今後は，あまり増える見込はな

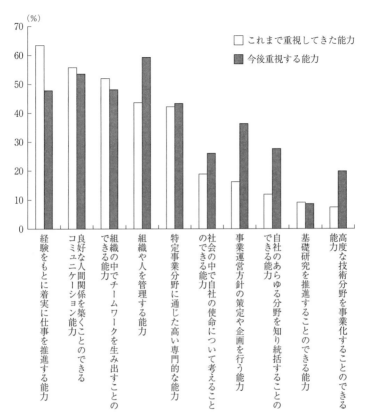

資料出所：労働政策研究・研修機構「今後の産業動向と雇用のあり方に関する調査」（平成22年）

第I-3-16図 今後求められる能力

い．

今後，増加が見込まれる仕事は，総じて，高い技術，技能や専門的な知識が必要な仕事であると言える．

第I-3-16図により，これまで職場で重視されてきた能力と今後重視される能力とを比較すると，これまで高い割合を占めてきた，経験をもとに着実に仕事を推進する能力が大きく低下し，組織や人を管理する能力が大きく上昇する中で，今後の能力としては最も高い割合を占めている．また，良好な人間関係を築くことのできるコミュニケーション能力の割合は，引き続き高い．

一方,今まで余り多くはなかった,事業運営方針の策定や企画を行う能力,自社のあらゆる分野を知り統括することのできる能力,高度な技術分野を事業化することのできる能力などが大きく上昇している.

より高い付加価値を備えた製品やサービスを提供するため,優れた企画や具体的な事業化が期待されるが,同時に企業においては,それを組織的に達成しなくてはならないのであり,高いコミュニケーション能力のもとに,組織や人を管理する能力が特に求められている.

現代社会は,工業社会からポスト工業社会[2]へと移行していくという未来予測がある.大量生産と大量消費のもとで市場価値の増大が豊かさと同義であった時代が過去のものとなると,一人ひとりの価値観に応えることが課題として浮上し,価値を表現する言葉や相互理解のためのコミュニケーションも重視されるようになる.こうした社会変化の中にあって,高度で専門的な知識を活用して,現代社会にふさわしい価値の実現に取り組むことが,次第に企業活動の中心にすえられることとなろう.企業が見通すこれからの仕事,あるいは,仕事に求められる人的能力は,企業が将来社会をどのように予測するかと不可分である.

高度で専門的な知識,技術の習得,優れたコミュニケーション能力や組織を管理する能力の育成などの課題に,人事労務施策によって的確に応えていくことが求められる.第I-3-17図により,人材育成のための企業の対応をみると,これまで重視してきた施策に比べ今後重視する施策としては割合を落としてい

---

[2] ダニエル・ベルは,先進工業国は,情報化,サービス化の動きの中で「ポスト工業社会」を迎えるという未来予測を行った.人類の歴史は,前工業社会(自然からの採取の生産によって生活をなり立たせる「自然に対するゲーム」),工業社会(エネルギーを用いて自然環境を技術的環境に変え機械を用いて生産を行う「つくられた自然に対するゲーム」),脱工業社会(情報に基づいた知的技術によって人々が共同社会を形づくる「人間相互間のゲーム」)へと段階的に発展していくと考えられた.工業社会は規格化された大量の商品が市場を通じて供給されることで飛躍的な経済成長を実現し,市場価値で表される価値の大きさを増大させることに社会的な価値が与えられ,その経済原理は市場調整メカニズムを原則とする.一方,脱工業社会では,市場価値の大きさが「豊かさ」を示すものではないということが悟られ,高度で専門的な知識や研究をもとにした公共政策が重視され,人々の価値観のぶつかり合いを円満に調整する優れた政治的調整が求められるようになるだろうと見通された.この認識のもとに,「神の見えざる手」の時代が終わり,「政治学の根本問題が前面に躍り出る」とも述べられている.

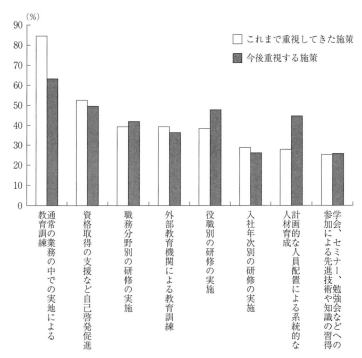

資料出所:労働政策研究・研修機構「今後の産業動向と雇用のあり方に関する調査」(平成22年)

第I-3-17図　重視する人事施策

るものの,通常の業務の中で実地による職業訓練(いわゆる OJT: On the Job Training)の割合が高い.また,今後,重視するものとしては,役職別の研修の実施や計画的な人員配置による系統的な人材育成の割合が大きく高まっている.

　ポスト工業社会論の認識に立てば,規格化された商品を規格化されたシステムと労働力によって生産する経済活動は過去のものとなり,一人ひとりが備える豊かな人間性のもとに,相互のコミュニケーションによって,文化的,社会的に価値を創造していく姿を予想することができる.労働市場から,職種や賃金によって規格化された労働力を調達するという発想が過去のものとなり,それぞれの企業の中に,個性あふれる人材が育つことこそが,これからの企業活力の源泉だと思われる.

　長期雇用の慣行は,企業の中で歴史的に継承される文化を伝え,一人ひとり

にふさわしい職務を与えることに長けている．OJTは，その企業文化の継承を担い，また，一人ひとりに応じた系統的で計画的な人員配置ができれば，その企業にしかいない，貴重な人材を育て上げられる．そして，そうした人々の昇進の都度に，役職別のOFF-JT(Off the Job Training)を用意することができれば，職業能力の確かな定着と組織における自らの役割の的確な認識を培うこととなろう．

近年における人事労務施策の動向は，ポスト工業化の歴史認識が共有され，日本的雇用慣行の強みを生かしながら，働く人達の成長と企業文化の発展とを重ね合わせる動きを生み出しているように思われる．

2) 今後の採用と人事評価の見通し

第I-3-18表により，これまで重視してきた人材確保の方法をみると，新規学卒者を定期採用し育成する企業割合が65.7％，専門的な知識やノウハウを持った人を中途採用するものが59.1％，高齢層の再雇用・勤務延長を行うというものが44.6％となっており，新規学卒者を基本においた人材確保が行われていることが分かる．今後については，これらいずれもが割合を落としているが，その順位には変化がなく，引き続き，新規学卒者を採用し，人材育成を行うことが基本とされていくものと見込まれる．なお，この傾向は大企業で強く，300人未満の中小企業では，新規学卒の採用と中途採用とが，ほぼ同程度に重視されていることが分かる．

一方，今後，重視するものとして，結婚，出産，育児などのために退職した女性を再雇用する割合が大きく高まっており，それぞれの企業に勤務し，その企業の状況を理解している人物は，企業にとっても貴重な人材であることがうかがわれる．

第I-3-19表により，企業が従業員を評価する場合の視点をみると，これまで重視してきたものとして，仕事に対する努力など取組の姿勢をあげた企業割合が80.1％，個人の仕事の成果・業績が75.0％，上司の指示を踏まえた的確な行動が52.4％となっている．一方，今後重視するものとしては，仕事に対する努力など取組の姿勢が69.4％，個人の仕事の成果・業績が69.5％と割合を下げ，所属する部門やチームの成果・業績が57.0％と割合を高めた．

第3章 労使関係と雇用慣行

第I-3-18表 重視する人材確保の方法（企業規模別） (単位：%)

	規模計		300人以上		300人未満	
	これまで重視してきた方法	今後重視する方法	これまで重視してきた方法	今後重視する方法	これまで重視してきた方法	今後重視する方法
全企業	100.0	100.0	100.0	100.0	100.0	100.0
新規学卒者を定期採用し，育成する	65.7	61.4	82.6	75.1	58.8	55.7
専門的な知識やノウハウを持った人を中途採用する	59.1	54.6	57.2	51.5	59.8	55.9
高齢層の再雇用・勤務延長を行う	44.6	37.5	45.7	40.6	44.2	36.2
結婚，出産，育児などのために退職した女性を再雇用する	4.0	8.6	4.0	9.8	4.0	8.1
任期付き社員を採用する	7.2	8.5	9.0	10.6	6.5	7.6
基幹的な業務で非正社員（パート，アルバイト等）を活用する	22.3	20.5	21.4	19.3	22.7	21.0
周辺業務で非正社員（パート，アルバイト等）を活用する	33.3	26.5	37.6	27.3	31.5	26.2
その他	2.6	6.3	1.5	4.2	3.1	7.1

資料出所：労働政策研究・研修機構「今後の産業動向と雇用のあり方に関する調査」（平成22年）
(注) その他には無回答も含む．

　また，これまでに比べ，今後重視するとして割合を高めたものに，中長期的に見た企業に対する貢献の蓄積があり，特に，大企業で上昇幅が大きい．
　今まで，企業経営では，業績・成果給の導入も含め，個々の従業員の成果を即時的に評価する傾向がみられたが，新規学卒者の採用を基本とした人材育成は，長期的，計画的な評価姿勢のもとで，企業組織全体を見渡しながら評価を行うことが重要である．これまでの賃金・処遇制度の問題点が明らかになるにつれ，企業の従業員評価の視点においても，個々の労働者をチームの中で評価し，組織に対する貢献を長期にわたって評価する視点が取り戻されつつあるように見える．
　こうした人材確保の方法や従業員評価の視点についての見方を踏まえた上で，**第I-3-20表**により，企業が重視する賃金決定要素についてみると，これまでについても今後についても，職務を遂行する能力と回答した企業割合が最も高

第 I-3-19 表　従業員評価のポイント　　　　(単位：%)

	規模計		300人以上		300人未満	
	これまで重視した点	今後重視する点	これまで重視した点	今後重視する点	これまで重視した点	今後重視する点
全企業	100.0	100.0	100.0	100.0	100.0	100.0
仕事に対する努力など取組の姿勢	80.1	69.4	82.9	70.6	79.0	69.0
個人の仕事の成果・業績	75.0	69.5	82.6	75.1	71.9	67.2
上司の指示を踏まえた的確な行動	52.4	45.5	56.0	46.6	50.9	45.1
仕事で蓄積した経験，ノウハウ	51.2	41.7	52.6	42.5	50.6	41.3
所属する部門やチームの成果・業績	47.5	57.0	51.0	59.9	46.2	55.9
身なりや勤務態度	46.0	37.9	46.1	38.2	46.0	37.7
良好な人間関係を築くコミュニケーション能力	42.5	46.0	48.3	51.1	40.1	44.0
チームワークの発揮に貢献する行動	40.9	44.6	48.3	48.9	37.8	42.8
中長期的に見た企業に対する貢献の蓄積	18.6	37.3	17.1	38.0	19.3	37.0
その他	1.2	3.9	0.7	3.2	1.4	4.1

資料出所：労働政策研究・研修機構「今後の産業動向と雇用のあり方に関する調査」(平成22年)
　　(注)　その他には無回答も含む．

く，今後も，長期雇用を基本に職能賃金によって人材の育成と評価を行うことが日本の雇用慣行における基本の姿であると見込まれる．

　また，これまで重視したものと今後重視するものとを比較すると，年齢，勤続年数，学歴などの個人属性については，その割合を大きく落としており，労働者の外形的要素から単純に賃金を決めていくことは難しく，労働者からも好まれていないものと思われる．長期雇用の中でも，一人ひとりの職務遂行能力を的確に把握し，賃金・処遇に具体的に反映させていくことが，今後，ますます人事労務の実務において問われることが予測される．一方，日本の賃金制度改革で注目されてきた，職務給的要素(主に従事する職務や仕事の内容)，業績成果給的要素(短期的な個人の仕事の成果，業績)も割合を落としており，今後，大きな広がりをもつことはないと予想される．長期雇用のもとで，様々な職務経験を積み重ねていく日本の組織人にとって，職務内容や短期的成果に直結した

第I-3-20表　重視する賃金決定要素　　　　　　　　　　(単位：%)

	規模計		300人以上		300人未満	
	これまで重視したもの	今後重視するもの	これまで重視したもの	今後重視するもの	これまで重視したもの	今後重視するもの
全企業	100.0	100.0	100.0	100.0	100.0	100.0
職務を遂行する能力	60.6	60.4	61.2	60.4	60.4	60.3
年齢，勤続年数，学歴などの個人属性	45.6	19.6	45.2	20.1	45.8	19.5
主に従事する職務や仕事の内容	42.1	35.5	39.9	34.8	43.0	35.9
短期的な個人の仕事の成果，業績	30.8	25.1	35.8	29.5	28.8	23.3
職位に期待される複数の職務群の遂行状況	19.6	30.9	22.7	32.0	18.4	30.4
中長期的な企業に対する貢献の蓄積	10.6	30.0	8.6	27.9	11.4	30.9
その他	14.9	19.4	15.8	19.4	14.6	19.3

資料出所：労働政策研究・研修機構「今後の産業動向と雇用のあり方に関する調査」(平成22年)
(注)　その他には無回答も含む．

「仕事基準」の賃金は馴染まないのであって，改革を喧伝した経済学者やコンサルタントは，日本社会に関する社会的認識，歴史的認識を欠いた人々であったと言えよう．

このほか，職位に期待される複数の職務群の遂行状況や，中長期的な企業に対する貢献の蓄積などの割合が上昇している．職位に期待される複数の職務群の遂行状況は，企業経営で高い職位についている管理職層の職務遂行能力を測るものであり，多くの職務範囲を担う管理職層へ，一般職員の職能賃金の考え方を応用する動きが生じているものと推察される．また，長い職業生活の中で企業への貢献を問うことは，昇進基準を問うこととほぼ同義であり，職務遂行能力の評価によって育てられてきた一般職員から，組織のリーダーを絞り込んで行くことが課題となる中で，賃金においても一定の対応が求められ始めていると考えられる．

3)　雇用慣行の中に再発見される意義

働く人達一人ひとりの希望と能力に応じた採用，配置がなされ，職務経験の

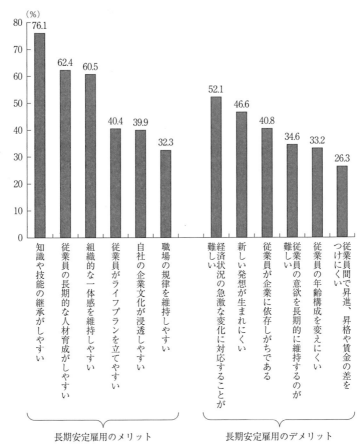

資料出所：労働政策研究・研修機構「今後の産業動向と雇用のあり方に関する調査」（平成22年）

第I-3-21図　長期安定雇用のメリットとデメリット

蓄積を通じて職業能力が高まり，その適切な評価のもとに賃金が決定される．そして，これら相互の密接なつながりによって，人々の働きがいが実現される．企業の人事労務施策においては，この採用，配置，育成，処遇の相互の結びつきが大切であり，その優れた対応は，企業活動をより活発化させることとなろう．

　今まで見てきたように，日本の職場には，長期雇用や職能賃金を広く認める

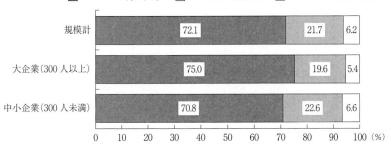

資料出所:労働政策研究・研修機構「今後の産業動向と雇用のあり方に関する調査」(平成22年)

(注) 1)「長期安定雇用のメリットの方が大きい」と「どちらかといえば長期安定雇用のメリットの方が大きい」の和を「メリットの方が大きい」とした.
2)「長期安定雇用のデメリットの方が大きい」と「どちらかといえば長期安定雇用のデメリットの方が大きい」の和を「デメリットの方が大きい」とした.

第I-3-22図　長期安定雇用に関する企業の評価

ことができるが,これらの背後には,新規学卒者を採用し,人事配置によって職務経験を積ませることで人材育成を図り,長期的な視野をもって賃金制度を運用するという日本企業の雇用慣行が存在している.職能資格制度のもとで支払われる職能給が長期にわたる人材育成を基礎においていることからも,日本的雇用慣行の本質は,長期雇用にあると言って差し支えなかろう.

第I-3-21図は,この「長期雇用」を「長期安定雇用」と呼んで,企業にそのメリットとデメリットを聞いたものであるが,そのメリットとしては,知識や技能の継承がしやすい,従業員の長期的な人材育成がしやすいといった回答が多い.長期雇用のもとでは,年長の社員は,新しく採用された若者を自分の技術,技能の継承者として人材育成に取り組むとともに,人事担当者も,本人の希望を踏まえながら,長期にわたる人事配置や育成計画を描くことになる.このようにして蓄積された人材の層の厚さこそが,多くの企業にとって,日本的雇用慣行の利点ととらえられている.

一方,長期安定雇用のデメリットとして,経済状況の急速な変化に対応することが難しい,新しい発想が生まれにくいなどの回答がある.景気の後退に伴い雇用調整が求められる場合があるが,日本企業は,残業規制などにより,解

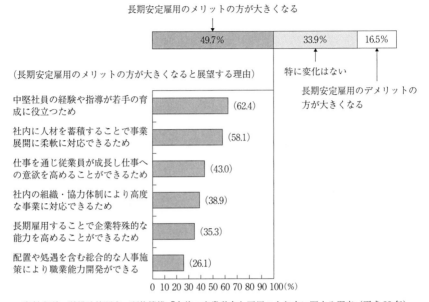

第I-3-23図　長期安定雇用の展望

雇などの雇用削減をできるだけ回避するように取り組んできた．このことは，企業内に蓄積してきた優れた人材を手放すことの損失を見極めてのことと思われるが，雇用維持の選択が企業にとって負担であることには違いはない．景気後退に伴う雇用への悪影響は大きいのであり，景気変動に対処する雇用政策や景気後退下の雇用維持支援策などは，日本の雇用慣行のもとで不可欠な政策対応であり，日本的雇用慣行に応じた社会システムとして，日本型雇用システムを整備することは重要な政策課題である．なお，デメリットとして，新しい発想が生まれにくいとされていることについては，その補完的措置として，他の企業文化で育った者を採用する中途採用も取り組まれており，長期雇用の慣行

を維持する上でさしたるデメリットであるとは思われない.

　第I-3-22図により,長期安定雇用の現状に対する企業の評価をみると,そのメリットが強く意識されていることが分かり,7割を超える企業がデメリットよりもメリットの方が大きいと回答している.

　また,第I-3-23図により,長期安定雇用の将来に関する企業の見通しをみると,デメリットとメリットの関係に特に変化がないとみる企業が33.9%であるのに対し,長期安定雇用のメリットが大きくなると見通す企業が49.7%に達している.長期安定雇用の将来像に積極的な意義を認める企業は,その理由として,中堅社員の経験や指導が若手の育成に役立つため,社内に人材を蓄積することで事業展開に柔軟に対応できるため,など人材育成面の理由をあげている.

　ポスト工業化が進展する中で,優れた人材を企業内に蓄積していく意義は経営においても強く意識され,そのための仕組みとして,今,日本的雇用慣行が持つ高い人材育成機能が再評価されているのである.

4) 賃金制度の現状と今後の見通し

　雇用の安定という労使に共有される価値観のもとで,長期の安定的な雇用は,日本的雇用慣行を構成する重要な要素として,今日,多くの人々の理解を得ているように思われる.一方,日本の賃金は,一般に年功賃金と呼ばれ,年功序列型の制度として働く人達の働きぶりを正しく評価することもなく,ただ年齢や勤続に結びついて賃金を払う仕組みとのみ理解されてきた側面がある.こうした通俗的な賃金理解が,日本の賃金を改革すべきという社会認識を増幅させ,市場経済学や構造改革論に力を与えたのではないだろうか.

　日本の賃金が平均賃金の姿として,年齢とともに上昇する年功賃金カーブを描くのは,その裏に,長期雇用の中で培われた職業能力があるからなのであり,その能力を評価する仕組みが雇用慣行に組み込まれていることを見逃してはならない.日本の職場は,企業組織に所属する従業員によって構成され,その組織の中で様々な職務を経験しながら職業能力を時間をかけて高めていく.このようにして育てられた人材は,ある特定の職種に対応する「労働力」とみなすことはできない.「仕事基準の賃金」では,ある特定の職種に対応する労働力

の価格を決めることができるが,組織の中での自らの位置づけを認識し,組織の使命を達成するために働く人間に「仕事基準の賃金」をあてはめることなどできるはずがないのである.

この日本的な働き方にふさわしい賃金を開発し,人々の働きがいに応えようとしたのが,「人間基準の賃金」として,職能資格制度に基づく職能賃金を生み出そうとした取組であった.しかし,西欧社会から持ち込まれた新古典派経済学は,このような日本の社会像や歴史観を共有しない.新古典派経済学の賃金論は,あくまで「仕事基準の賃金」であり,労働市場論に基づいて,同じ仕事の賃金は,同じ労働力の価格として全て同じ価格であると言い放つのである.このモデルの中で生きている新古典派経済学者は「人間基準の賃金」を決して理解することはできない.そして,理解できないからこそ,それを改めて,新古典派経済学のモデルの中で理解できる「仕事基準の賃金」にすることが,意義ある「構造改革」だと,本気になって主張することができる.

こうした賃金をめぐる文化摩擦は,これまでも度々繰り返されてきたが,日本社会が政府をあげて「構造改革」を推し進め,しかも,新古典派経済学者に改革の権力をも授けてしまったため,賃金についての認識や対応には,かなりの混乱が発生した.賃金制度における構造改革とは,職能給を改め,職務給,業績・成果給を拡大するということであったが,政治権力や学問の権威の前に,誤った認識を鵜呑みにし,改革を推し進めた労使関係者は少なくなかった.しかし,本章第2節の賃金制度の動向で分析したように,誤った認識がもたらした猛威も,ようやく峠を超えつつある.今後は,こうして荒れ果てた賃金制度を,どのようにして立て直し,組み立て直していくかが問われることとなろう.

第I-3-24図により,賃金制度に関する企業側の認識をみると,企業規模計にあるように,年齢,勤続などの個人属性に従って決まっていた個人属性重視型の賃金が,過去のものとなり,職能重視型の賃金に置き換わっていると認識されている.そして,現状において最も多いのが職能重視型賃金であり,今後もその割合が上昇すると見込まれている.

一方,今まで取り組まれてきた職務給については,職務重視型にみられるように,過去と現状を比較すると増加してきたことが分かるが,今後は減少すると見込まれる.また,業績・成果給については,短期成果重視型の動きに対応

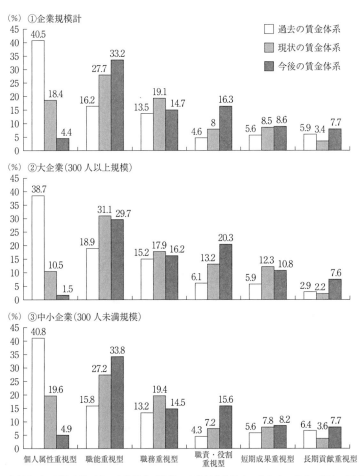

資料出所：労働政策研究・研修機構「今後の企業経営と賃金の在り方に関する調査」（平成21年）

(注) 1) 個人属性重視型とは年齢・勤続・学歴等個人の属性を重視すること．
2) 職能重視型とは本人の持つ職務遂行能力を重視すること．
3) 職務重視型とは主に従事する職務・仕事の内容を重視すること．
4) 職責・役割重視型とはある職位に期待される複数の職務群の遂行状況を重視すること．
5) 短期成果重視型とは1年以内程度の個人の短期間の仕事の成果・業績を重視すること．
6) 長期貢献重視型とは1年を超える長期間の会社に対する貢献の蓄積を重視すること．

第Ⅰ-3-24図　賃金制度の現状と今後の見込み

していると考えられ，過去と現状を比較すると増加してきたことが分かるが，今後は，あまり拡大しないと見込まれる．また，大企業についてみると，今後の短期成果重視型の割合は低下すると見込まれている．

　この他に，職責・役割重視型の賃金制度もあるが，これは年長の責任ある職位にある人達の職務遂行能力を複数の職務群から測るものであり，職能給が再評価される動きの中で理解されるべきものであろう．

　このように，現状では，職能給の再評価がみられ，構造改革が主張された時代状況から変わってきているように思われる．しかし，職能重視型賃金に期待されるものは，個人属性重視型賃金の割合が大きく低下する中で，単に，年齢や勤続という外形的要素ではなく，一人ひとりの労働者の能力を測り，賃金に反映するということであり，職能資格制度や職能賃金の運用に課せられた課題は厳しい．今まで，職務給や業績・成果給が期待されてきた背景には，一人ひとりの潜在的能力を測ることから逃げたいという意識が働いていたことは否定できず，企業の給与担当者からみれば，仕事の種類や成果の大きさで賃金を決めることは，容易であり，また安易な賃金実務であったといえよう．こうした現実に厳しく対峙しながら，職能給を正しく運用するためには，それぞれの職場で求められる能力を調べ上げ，職能資格表を機動的に改訂，作成するなど人材育成のあり方も含め，労使の協調，協力のもとに，それぞれの職場において納得いく職能資格制度を創り上げていかなくてはならないのである．

　年功的運用に堕することのない職能資格制度の運用という課題に加え，さらに，総額人件費を睨みながら，雇用延長にも応えなくてはならないという課題がある．職能賃金は，能力が伸張することを前提に賃金の引き上げを組み込んでいく仕組みであるが，雇用延長を前提とすると，全ての労働者について，職業生活の晩年期まで能力が伸び続けていくということを仮定するのは難しいのではないだろうか．第I-3-25図で，企業が見通す今後の賃金カーブをみると，今後については，早期立ち上げ高年層下降型を見通す企業割合が最も高く，若年期から中壮年期までの賃金上昇は想定されているとしても，高齢層の賃金は下げざるをえないと見込まれている．

　今後の労働運動では，人材育成にも積極的に取り組み，その成果をもとに能力評価を賃金制度の中に具体的に埋め込んでいくことを，賃金交渉として取り

第3章 労使関係と雇用慣行 — 125

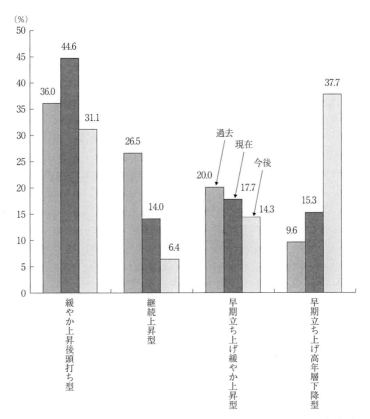

資料出所：労働政策研究・研修機構「今後の企業経営と賃金の在り方に関する調査」(平成21年)
(注) 賃金カーブの形状は次のとおり。

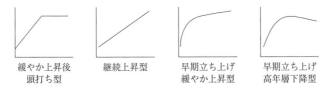

第I-3-25図 賃金カーブの現状と今後の見込み

組まなくてはならない．自らの企業の賃金制度に習熟し，また，職場の実態の掌握と組合員の意見集約とを怠りなく進めながら，賃金実務をも踏まえた，より高度な交渉を展開しなくてはならないだろう．また，ナショナルセンターは賃金制度を通じての交渉という実態を踏まえ，賃金制度全般に関する情報収集

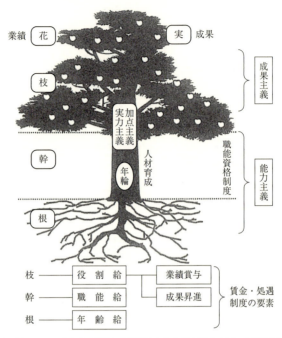

資料出所：楠田丘・石水喜夫「対談 労働経済白書と賃金研究60年」(産労総合研究所『賃金事情』(No. 2578, 2010年1月5・20日号))
(注) 楠田丘氏の資料による.

第I-3-26図　日本の賃金・処遇制度

と分析によって企業別労働組合を支援するとともに，人材育成や雇用の安定を社会的に充実させる政策の構築によって，人々の働きがいを高めていかなくてはならないのである．

　賃金に関する情報収集とその分析は，日本の社会関係の中に深く入り込み，人々の働きがいを高める取組そのものと密接不可分の関係にある．賃金研究に関する限り，社会関係の局外に立って，普遍的な解釈をなそうとするような研究は，無意味であるばかりか，おそらく，人間の認知能力で対応することもできないであろう．日本社会にあって，その歴史の流れの中で生きる人々が，働きがいを感じることができる賃金を主体的に創り上げるという，ある種の社会運動の中で認識される賃金論以外に，日本人にとって真実の賃金論はありえない．

第 I-3-26 図は，長年にわたり日本の賃金研究に取り組んできた人々が，日本の賃金の姿を表現したものである．戦後，職能資格制度の開発と普及に精力を傾けてきた人々は，日本にふさわしい賃金制度を根付かせたいという一心で賃金制度を研究し，その結果，職能資格制度という確信に到達した．また，その確信が，日本人の心を広くとらえたものであるからこそ，多くの労使関係者の賛同を勝ち得たのである．おそらく，こうした社会運動の輪の中で責任ある行動をとらない限り，個別企業の賃金の解釈どころか，賃金情報の収集すら満足に行うことはできず，賃金論の構築など全くおぼつかないであろう．

　戦後賃金論の第一人者は，賃金を木になぞらえた．なぜなら，木は大地に根を張り，春夏秋冬を乗り越えて力強く成長していくからだ．人間も成長する存在であり，その成長に答えられる賃金こそ，生命の喜びをかみしめることのできる働きがいある賃金なのだ．そのような物語こそ，労使関係者に共有される物語なのである．そして，その木の根が「年齢給」に当たり，成長の根幹である幹が「職能給」にあたる．これは，日本の賃金が，かつて生活給的色彩を帯びた年齢給であり，その年齢給を基礎としながら，職能給が生み出された歴史とも対応している．そして，この「木」は，構造改革として導入が図られた業績・成果主義も取り込んで，日本の賃金の歴史の中に同化させていく．つまり，業績・成果主義は，幹から伸びる枝であり，花が業績であり，実が成果であると解説したのである．こうした理解の広がりによって，日本の賃金は業績・成果主義を取り込みながら，職能資格制度を賃金制度の根幹において，今後も発展を続けていくものと思われる．

第Ⅱ部

理論研究の課題
~働く人達の主体性と思索のために~

第1章　現代経済学の分析と提言

　現実の経済を分析し，政策を構想していくためには，経済理論の助けが不可欠であり，経済学の実力は経済分析や政策構想の水準を根本から規定する．

　経済理論と経済学の意義は，一般に思われているよりもはるかに大きい．もし，どのような理論に基づこうとも，現状を分析する経済分析の仕事は誰でも同じように遂行できると考えられているなら，その考えは，エコノミストの実態を知らない決定的な誤りだ．

　経済活動とは人々の日々の営みそのものであるが，社会的に経済分析が必要とされる局面とは，国家レベルにおいて政策を用いて積極的に経済に働きかけようとする局面にほかならない．ここにおいて，日常生活の叙述を如何に積み重ねても，政策判断に資する分析とは成り得ない．国民一人ひとりの働きや生活を，生産，分配，支出へとつながる一連の国民経済的活動として，社会的に描き出すことが求められる．そして，この叙述のためには経済学の言葉が不可欠であり，経済学の言葉は，その経済学を体系づける経済理論とともに存在している．

　政策検討に貢献するため，経済分析では統計数値を用いて実証的に経済活動を叙述することが取り組まれるが，ここでも経済理論は大きな力を発揮する．多くの経済指標を用いて，総合的な経済分析に取り組むためには，あらかじめ統計数値間の相互の理論的関係が想定されていなくてはならない．もし，こうした意味での経済理論がなければ，現代のエコノミストは，無限とも思われる大量の統計数値の海におぼれてしまうこととなるだろう．

　このように，経済理論は経済を分析する者に不可欠な存在であるが，同時に，経済分析や政策態度を縛る危険な存在でもある．経済理論の背後には，理論が生み出された歴史的背景やその理論を創り出した経済学者の社会認識が潜んでいる．こうした中にあって，経済学が未来に向け創造的な役割を果たしていくためには，現代にふさわしい社会認識を創造することが，その本来的な任務で

第1章　現代経済学の分析と提言 ── 131

あることを見失ってはならない．経済学は，経済理論の研究，実証的な経済分析，現実的政策の構想という3つの活動を一体的に推進すべき宿命を負っている．

　分析，理論，政策の一体的な研究が求められる現代の経済学は，しかし，理想の姿からははるかに遠ざかっている．この第1章「現代経済学の分析と提言」では，現代経済学が労働問題について提示してきた分析を日本社会の歴史の中で検討することによって，今日における経済学研究の問題性を明らかにする．まず，第1節「戦後社会と雇用流動化論」では，アメリカの経済学や労働市場論の形をとった新古典派経済学が，日本企業における長期雇用の慣行を常に問題視してきたことを振り返り，太平洋戦争の敗戦に伴う日米文化摩擦の観点から考察する．次に，第2節「人口減少と構造改革論」では，21世紀初頭における日本の人口減少への転換が，経済学，経済政策の論壇において日本的雇用慣行批判と強固に結びつけられ，構造改革を不可避的なものとみなす現代的思潮が作り上げられた論理を分析する．そして，第3節「格差社会幻想論とその社会哲学」では，現代経済学が，構造改革の過程で危惧された格差問題をどのように取り扱ってきたか，さらに，経済学の権威と，構造改革を進める政治権力とが，どのように一体化していったのかを考察し，経済学の再生に向けた今後の取組を考える．

第1節　戦後社会と雇用流動化論

1）　占領下の雇用流動化論

　労働を経済，社会一般の動向の中で分析し，労働問題に関する基本的な認識を示す政府文書に「労働経済の分析」がある．この分析は占領下の昭和24（1949）年に旧労働省において創設され，その後，閣議報告文書として位置づけられ，政府の公式見解を示す「白書」の一つとして，「労働白書」又は「労働経済白書」と呼称されてきた．

　この白書の最初の公表にあたっては，認識のレベルで GHQ（連合国軍総司令部）との間に激しい摩擦が引き起こされ，そのオリジナル原稿の存在も取りざたされながら「まぼろしの白書」[1]と呼ばれてきた．当時は，戦後の復興計画

である「傾斜生産方式」がインフレーションを高進させたという認識から，物資動員的な経済復興方式が頓挫する転換点を迎えていた．GHQ の中で経済統制に親和的だった「ニューディーラー」の勢力を抑えるため，デトロイト銀行頭取の J. M. ドッジが GHQ 財政顧問として来日し，新しい政策の総体は「ドッジ・ライン」[2]と呼ばれ，その厳しい需要抑制策によって深刻な不況とさらなる失業問題が引き起こされていた．

こうした時代状況のもとで，GHQ と労働省の白書をめぐる対立は，これまで経済政策上の判断の違いによる対立とみられてきた[3]が，近年では，むしろ賃金や雇用慣行をめぐる社会認識の違いの方が大きかったという見方も提出されている．

戦後一貫して賃金研究の現場にあった楠田丘は，アメリカ側は日本の長期雇用や年功賃金は，学歴，性別，身分によって差をつける「ダーティー」(dirty) なものであるとのイメージを持っており，内部労働市場を外部労働市場へと改革し，雇用を流動化させることが，日本の労働改革であるとの基本認識があっ

---

1) 白書の原案(オリジナル原稿)は GHQ と未調整のまま昭和 24 年 4 月に新聞報道され，その後の GHQ と労働省との折衝は激烈を極めたとの伝聞はあるが，占領下のことでもあり真相は謎に包まれている．なお，労働省労働統計局労働経済課長の増田米二編著により同年 7 月に『戦後労働経済の分析』として出版された文書があるが，その内容は新聞報道された目次立てと概要をほぼ含んでおり，この文書が白書のオリジナル原稿に極めて近いのではないかと推論されている(依光正哲「2 つの政府白書―昔と今―」(『埼玉工業大学人間社会学部紀要』(第 8 号，2010 年 3 月)))．いずれにせよ，経済安定本部の都留重人(後に一橋大学学長)の筆による「経済実相報告書」(昭和 22 年 7 月，いわゆる「経済白書」)が傾斜生産方式の意義を述べ，GHQ の理解も得て，華々しく白書の創設を歌い上げたのとは対照的に，労働省の白書の歴史は最初から大変，厳しいスタートであった．

2) ドッジ・ラインによって単一為替レート(1 ドル＝360 円)が設定されたが，それに加え，復興金融公庫の廃止，財政補給金の廃止，国債の償還などを盛り込んだ超均衡予算の編成など，総需要の強引な削減が取り組まれ，都市失業者を増加させ，帰農する者や不完全就業者など，より広い意味での潜在的失業者をも増大させた．ドッジ・ラインは，インフレの収束という点においてのみ評価できるのであって，完全雇用の政策目標を放棄するものであったと言えるだろう．

3) 昭和 25 年 4 月に公表された戦後 2 冊目の労働経済白書(労働省「昭和 24 年労働経済の分析」)でも失業問題は分析されたが，ドッジ・ラインとの政策的な因果関係については白書に盛り込まれることなく，白書の執筆責任者であった増田米二(労働省労働経済課長)の個人論文として発表された(増田米二「安定計画下労働経済への一考察」(労働省労働統計調査部『労働統計調査月報』1950 年第 4 号))．こうした事実は労働省の公表する白書に GHQ や日本の政権中枢が神経をとがらせていたことによるものと思われる．

たと述べている[4]．

これに対する日本側の動きは，戦後労働改革によって創設された労働組合が，年齢給をもとに賃金体系を整えはじめ，その労働運動の実態からアメリカ側も次第に日本側の事情を飲み込んでいったものと推察される．

2) 日米貿易摩擦と雇用流動化論

アメリカ側は占領下において，日本の労使関係者や労働行政が，労働市場の整備に必ずしも積極的ではないことにいらだちをみせたが，長期雇用のもとで継続性，計画性をもって人事配置を行うことは，人材育成に資するものであり，アメリカ側の労働問題研究にも不十分さがあったことは否めない．

「労働市場」とは経済学，特に新古典派経済学が用いる理論上の概念装置であり，人が働くということを労働力の販売，そして，企業による労働力の購入とみなして，労働力に商品一般の論理を応用するものである．労働力という商品の売買が行われる市場が労働市場であり，その価格が賃金であるが，人が働くということに一般的な商品売買の論理を適用することには限界があることを心得なくてはならない．例えば，労働力は，他の商品とは異なり，その質の向上のためには人材育成が必要であり，その養成には時間もかかる．また，労働者は生存するために労働力を販売するのであって，その労働力を使わずに保管しておくこともできない．こうしたことから，一度，雇用された労働者はその

---

[4] 楠田丘は平成21年10月に行われた対談で自らのGHQとの折衝経験をもとに，賃金をめぐる日米文化摩擦にふれ，「GHQは日本の賃金は年功制度で邪悪であり，学歴，性別，身分に差別があってダーティーだとの認識をもっていた．占領下でのGHQの賃金改革案は成果主義であり，仕事基準賃金，職務給であったが，日本側は日本の風土に合わないと主張した．日本側の反論は，日本の労働市場は内部労働市場(internal labor market)であるということだった．日本は労働市場が企業内であり，労働者は会社を変わらないが，会社の中で仕事はどんどん変わっていく．もし，仕事で賃金を決めたら異動ができなくなり，組織も硬直化すると主張した．GHQ側は，日本の内部労働市場にみられた身分差別を改めなくてはならず，内部労働市場を外部労働市場(external labor market)へ改造し，雇用を流動化させることが必要な改革だとの認識を有していた．日本側は内部労働市場の意義をGHQに納得させなくてはならず，内部労働市場とは何かと問われた時，それは会社の中で社員を育成していくことで，それが企業内の労働市場の一番大切な意味なのだと説明した」と述べた（楠田丘・石水喜夫「対談 労働経済白書と賃金研究60年」（産労総合研究所『賃金事情』(No. 2578, 2010年1月5・20日号))での発言を要約)．楠田丘は大正12(1923)年生まれ．労働省労働経済課で最初の白書執筆作業に参加した経歴を持つ．

雇用が継続することを望むであろうし，また，職務の継続によって職業能力も向上することから，使用者にとっても利点がある．労働力の調達と排出に力点を置いた原理的，市場論的な理解は，働くことの実態を踏まえ何らかの是正が施される必要があった．こうした事情を受けて，企業内での人事配置に加え，雇用関係を継続したまま企業グループ内での配置転換や出向が行われることなども含め，有効な労働力配置の形態として「内部労働市場」という表現が用いられるようになっていった．一方，これに対する「外部労働市場」は，一般の商品売買と同様の原理的な労働市場の理解であり，雇用契約の締結と破棄によって労働力が調達され排出される労働力配置を指すものである．

日本の雇用は，「内部労働市場」の概念を用いて説明することが一般化したが，このことで，日本の雇用に関するアメリカ側の理解が深まったとは必ずしも言えない．

サンフランシスコ講和条約により独立を果たした日本は，ブレトンウッズ体制のもとで開放的な貿易環境の利点を積極的に活用し，国内における開発主義的な経済運営とも相まって高度な経済成長を実現した．一方，アメリカは，日本の輸出競争力の向上に次第に遅れをとるようになり，日米間に厳しい貿易摩擦が生じることとなった．

沖縄返還を外交政策の目標とした佐藤栄作内閣[5]は，日米間の摩擦を軽減させながら政権運営を行うことが課題となり，その経済運営方針を定めた「新経済社会発展計画」(昭和45年)では，①政府と民間の役割を明確にし，民間部門については原則として競争原理を尊重し，政府の保護を最小限にとどめること，②政府は民間の自由な競争が公正に行われるための環境を整備すること，③これまで国際収支の制約が大きかった時代に始まった各種の保護的措置を緩和，撤廃すること，などが盛り込まれた．これらの方針は，自由競争による市場調整メカニズムを用いて資源配分を行うことを強調するもので，アメリカ側の理解を得るために必要な経済運営上の宣言であったといえるだろう．

---

5) 佐藤栄作内閣は昭和39年11月から昭和47年7月まで．高度経済成長期に長期政権を誇り，経済運営の方針として，「中期経済計画」(昭和40年)，「経済社会発展計画」(昭和42年)，「新経済社会発展計画」(昭和45年)の3つの経済計画を策定した．

さらに，この「新経済社会発展計画」では，「経済の効率化を促進する視点に立って労働力の流動化を促進しなくてはならない」とも書き込まれた．これは日本企業にみられる長期雇用の慣行が，労働力を企業の中に抱え込み，市場の資源配分機能を活かしていないという認識に基づいている．日本的雇用慣行の意義を説明することなく，市場調整メカニズム活用一般の中に，「雇用流動化」の認識を書き添えたことは，アメリカ側が抱く日本的雇用慣行のネガティブなイメージのもとで，何らかの改革姿勢を示す必要に迫られたものと考えられる．

3）日本型雇用システムとレーガノミクス

日米貿易摩擦は，日米2国間での経済運営方針の調整によって対応されたが，その背景に，日本や西ドイツの工業生産力の拡大，さらにはアメリカの輸出競争力の相対的な後退がある以上，早晩，世界的な経済問題としてより大きな問題が表面化することは明らかだった．アメリカ経済の相対的な後退は，国際収支の赤字，さらにはドル危機へとつながることによって戦後世界の貿易・経済体制を揺るがすこととなったのである．

アメリカの政治的，経済的退潮の中で，日本は，労使関係にみられた長期雇用慣行を足がかりに解雇抑制的な雇用政策を展開し，昭和40年代後半から続いたニクソンショック，オイルショックなどの世界経済体制の動揺に対処した．この過程で取り組まれた政労使の対応は，総合的，体系的な政策対応へと発展していき「日本型雇用システム」の基本形を生み出すこととなった．その姿は次の3点にまとめられよう．

まず第1に，企業における長期雇用の慣行と解雇抑制的雇用政策が相まって，採用や雇用削減が景気変動に直結する短期的な視点に流れることを避け，長期的，計画的な視野をもって人材の採用，育成，配置，評価を行う姿勢が強まった．また，それと並行して企業内での職業能力評価制度を改善するという視点が重視され，職能資格制度の導入も進展した．

第2に，景気の落ち込みによって雇用の削減を行う場合でも，企業は公共職業安定所と連携した再就職支援のほか，出向や配置転換も含む労働力再配置に取り組み，産業構造の転換に対応した職業能力開発支援も強化されるなど，産

業構造転換に向けた政策的対応が積極的に取り組まれた．

　第3に，労使の信頼関係とその共通認識をもとに政策を構想する政労使コミュニケーションが重視され，労働省は労使の意思疎通，相互理解の増進に努め，全国，地域の様々なレベルで協議の場を設けるとともに，首相，労使首脳，学識経験者からなる産業労働懇話会を開催し，集団的労使関係の構築が取り組まれた．

　ニクソンショックから2つのオイルショックへと続く時代は，多くの先進工業国にスタグフレーションを発生させ，世界経済の動揺は激しかったが，その中にあって，日本経済は，高度経済成長から安定成長への移行を円滑に進め，第2次石油危機(昭和53年秋)の影響は比較的軽微なものにとどまり相対的に良好な経済パフォーマンスを示すとともに，さらなる工業生産力の向上をも獲得することとなったのである．

　一方，戦後経済体制が動揺する中でアメリカ社会がとった選択は，レーガノミクスであった．1981年に第40代のアメリカ大統領に就任したレーガンは，「小さな政府」と「強いアメリカ」を掲げて，対外的には対ソ強硬路線を打ち出すこととなった．また，その経済運営思想は市場調整メカニズムに強い信認を置くものであった．ただし，レーガノミクスの現実的な成果については，アメリカ国民によるレーガン大統領への高い政治的支持とは区別して理解することが重要である．レーガノミクスは「小さな政府」を掲げながら，大規模な国防支出によって財政支出を拡大させ，さらに，大幅な所得減税が消費支出の拡大と輸入の拡大を生み出すことで，財政赤字と貿易赤字を拡大させ「双子の赤字」を生み出すこととなった．また，ケインズ政策の否定として重視されたマネタリズム政策は，通貨供給量の削減を推し進め，高金利，ドル高傾向を生み出し，アメリカの製造業，輸出産業に大きな打撃を与えることになったのである．

　レーガノミクスが生み出した貿易収支の赤字は，アメリカのマクロ経済政策の帰結なのであって，アメリカが日本の貿易黒字のみを批判し，対日赤字が日本市場の閉鎖性に由来すると主張したことは，必ずしも合理的な根拠を有するものではなかった．その後，アメリカ側は，対日貿易赤字削減策として，為替市場への介入による円高誘導，日本の市場開放を求める日米構造協議，さらに

日本の内需拡大策などを要求することとなるが，これらはアメリカに生じた貿易赤字をドル安と日本の内需拡大，市場開放によって解消しようとしたものとみることができる．日本側には，こうしたアメリカの経済戦略に対抗できるだけの経済学がなく，不用意に始めた内需拡大策はバブルを発生させ，その後の混乱を招くこととなった．

　世界的な経済学研究のフォーラムやネットワークを持つアメリカに対し，日本の経済運営を根拠づける独自の経済学を対峙させることは決して容易ではない．しかも，日本の政治は，中曽根康弘内閣が「1980年代経済社会の展望と指針」(昭和58年閣議決定)[6]を定め，財政再建，行政改革，民間活力重視を打ち出したことで，アメリカと同じく市場調整メカニズムに強い信認を置いた経済思想へと埋没し，「日本型雇用システム」の正当性，理論的妥当性を主張する機会を逸することとなった．市場調整メカニズムを重視する経済学は，財政負担の軽減を狙う財政当局の立場からは重用されるが，本来，国家財政は，国民経済の発展や社会の安定のために運用されるべきなのであって，財政収支の均衡を目指した財政再建が自己目的化するもとで，市場調整メカニズムに信認を置いた新古典派経済学が主流派を形成し，民間活力に過大な期待をかける社会風潮を蔓延させることとなった．

4）　構造改革と雇用流動化論

　昭和の終わりから平成の初めにかけ，日本経済はバブルを生み出したが，日本の経済学は，その現実を正しく認識することも，ましてや適切に対処することもできなかった．そして，バブルが崩壊した後もバブル形成の原因自体を問うことなく，経済停滞を脱するための構造改革ばかりが喧伝されることとなった．

　日本はプラザ合意から日米構造協議にかけ，市場の閉鎖性を批判され続け，さらに，バブルが崩壊した平成3(1991)年には，ソビエト連邦の崩壊によって

---

6)　日本政府が閣議決定した戦後10番目の経済計画にあたるが，財政再建，行政簡素化，民間活力重視を打ち出すため，「経済計画」として社会理念を提示するこだわりを捨て，表題から「計画」が削除され，あえて「展望と指針」という名称が選ばれた．

アメリカの勝利のもとに冷戦が終結したことから，グローバルスタンダードを提供する存在として，アメリカの主張を無批判的に受け入れる傾向を強めたと言える．さらにバブル崩壊という事実自体が，その発生原因とは無関係に，日本人の自信や自尊心を奪い，自国の社会制度に対する不信感をいたずらに高めることにつながった．

　市場メカニズムの活用によって経済活性化をねらう構造改革の論調は年々強まり，平成7(1995)年12月，政府は「構造改革のための経済社会計画」を閣議決定し，構造改革を経済政策立案にあたっての基本思想とすることを宣言した．この文書は，「市場メカニズムの重視」，「規制緩和の推進」，「自己責任原則の確立」など新古典派経済学の基本的主張を簡潔に述べ，自由な市場経済システムが持つ調整力や機能性が発揮されるよう，その阻害要因となる，法律，制度，慣行を抜本的に改革するという確固たる姿勢を示したのである．

　こうした認識のもとに多数の新古典派経済学者が協力し，平成8(1996)年12月，経済審議会建議「6分野の経済構造改革」が取りまとめられ，①情報通信，②物流，③金融，④土地・住宅，⑤雇用・労働，⑥医療・福祉の6分野で構造改革の具体的項目が盛り込まれることとなった．特に，雇用・労働分野の改革では日本的雇用慣行の見直しと雇用流動化の主張が強く盛り込まれることとなった．

　こうして雇用流動化論は世論誘導にも成功し，労働法制の規制緩和と日本型雇用システムの解体が，大衆的な支持のもとで圧倒的な勢いを持って進められることとなったのである．

　なお，バブル崩壊後の雇用流動化論については，第2章「市場経済学と構造改革」でも取り上げ，特に，1992年に開始されたOECD(経済協力開発機構)の労働市場研究が，日本の経営者団体や日本政府の検討に浸透していった過程について詳細に分析する．

第2節　人口減少と構造改革論

1)　人手不足経済への転換という主張

構造改革を推し進める経済学は，長期雇用慣行を改め，労働力の調達，排出

を労働市場を用いて行うことが，資源配分の効率を高めると考えている．その主張によれば，労働者は，いつでも，勤める企業を辞め，また，企業もビジネスチャンスに応じて，応分の賃金を支払うことで求める人材が採用できるという姿が理想である．労働市場の市場調整メカニズムを活用することで適材適所を実現するというのが，雇用流動化論の主張である．

しかし，こうした労働市場の理解は，労働者保護の視点にもとり次のような問題が含まれている．

まず，第1に，労働力の売買にあたって労働者と使用者との関係が対等でないことが歴史的経験から知られている．労働者一人ひとりは，労働市場で単独で労働力を販売するが，企業は，その労働力を労働市場で一括して購入するのであり，その交渉力の差は歴然としているし，一般的に考えても，個人と企業が対等な関係にあるとは考えにくい．このため社会的な制度によって両者の対等な関係をつくり出すことが取り組まれてきたのであり，その制度の中心に，労働組合による労働者の団結権，団体交渉権，争議権が位置づけられている．

第2に，労働力は，労働者が生きる糧を得るために販売するものであるから，労働者はこれを使わないままにしておくということはできず，自らの労働力が高く売れるまで待つというような，自在な労働力供給の調整を行うことはできない．したがって，労働者は，労働力を購入する企業側の条件に合わせて供給する傾向をもっており，安心して職探しができるよう公的職業紹介による支援が提供されるほか，最低労働条件確保の観点から，労働基準法等による規制が求められるのである．

第3に，国民経済的にみると，労働市場の労働力需給は，景気循環から大きな影響を受けており，労働力需給が均衡するのは景気循環における好況局面に限られ，また，そのような好況局面においても，労働力は在庫がきかないため，在庫の取り崩しがありえず，需要超過部分はすべて賃金と物価の上昇につながり，需要超過の利益は労働者側には発生しない．一方，景気後退局面では，供給超過の不利益は失業の発生として労働者の負担となる．こうしたことから景気変動の調節もまた，労働者の生活を安定させるために不可欠な政策対応なのである

これに対し構造改革を進める経済学は，労働者保護を必要とした状況はすで

に過去のものであり,日本社会は労働力不足基調に転じていると強く主張した[7].人手不足であれば,働く側に交渉力が移ることになるから,労働者保護の観点から各種の規制を施す必要はない.働く人達も失業することを恐れる必要はなく,労働市場の市場メカニズムを活用することで積極的に転職機会をつかみ,自分にあった職場を探すことができる.

雇用流動化論は,長期雇用慣行をやめ,職業安定法の規制緩和を進めて民間の人材ビジネスの参入を促し,労働市場の市場調整メカニズムを活かすことで,企業も労働者も満足できる適材適所を実現するというシナリオを描いた.民間人材ビジネスが企業のニーズをとらえて適材適所を実現し,働く人達にとっても,自己実現の場がふんだんに用意されるような活力ある日本経済が夢見られた.

2) 歴史認識を欠く新古典派経済学

雇用流動化論の底流には,A.スミスの「神の見えざる手」に象徴されるような,市場調整メカニズムへの強い信認と人手不足経済への転換という2つの認識が横たわっている.

「神の見えざる手」とは,経済学の始祖A.スミスが彼の主著『国富論』で述べた市場の調整メカニズムであり,スミスの経済思想を正統的に継承する新古典派経済学は,価格調整に導かれる市場の資源配分機能に強い信認を置いている.一方,日本型雇用システムでは,長期雇用慣行のもとで,人事配置や賃金制度によって企業内部に人材を蓄積していくが,それは人事部や企業経営者が自らの主体的な判断のもとに行う「人の見える手」である.また,長期雇用慣

---

[7] 経済審議会建議「6分野の経済構造改革」(1996年12月)には次のように記されている.「我が国の労働市場を律する法制度は,第2次世界大戦直後に抜本的な改革が行われ,労働組合法,労働基準法,職業安定法などが制定され,今日に至っている.こうした法制度は,第2次世界大戦前にみられた封建的な身分拘束等の労働問題に対する根本的反省に立ったものであり,また,労働力供給超過状態の中で使用者に対し極端に弱い立場に置かれた労働者が「搾取」を受け易かった状況にふさわしいものであった.しかし,我が国経済はめざましい発展を遂げ,労働市場も1960年代には先進国型の労働需要超過基調へ転換し,いわゆる「不完全就業者」の滞留といった問題は解消した.そうした中で,第2次世界大戦直後に制定された制度と今日の労働市場との間には状況対応的な姿勢では対処できない懸隔が生じているが,その典型が職業安定法等に基づく労働力需給調整システムの在り方である」.

行を基礎に置く解雇抑制的雇用政策も，雇用維持に向けた労使関係への政策的支援であり，産業構造の将来像を国家レベルで見定めながら「人の見える手」によって遂行される．雇用流動化論は，こうした「人の見える手」を嫌い，市場調整メカニズムによって「神の見えざる手」を用いることが優れているという無自覚な前提の上に成立していると言えるだろう．

「神の見えざる手」によって力強く成長する経済は，労働力需要を無限に生み出していけるのであって，新古典派経済学の立場に立つ限り，労働市場の市場調整メカニズムに，何ら疑問を差し挟む余地はないのである．しかも，日本社会は平成7(1995)年に生産年齢人口がピークを迎え，平成10(1998)年には労働力人口がピークとなって，労働力供給の制約がはっきりしてきた．そして，今後は，総人口の減少が続くことになる．

このような労働力供給の制約は，少なくなる労働者をより有効に経済活動に配置し，経済活動を活発化させなくてはならないという考え方と結びつき，労働市場の資源配分機能への期待をますます高まらせながら，雇用流動化論を勢いづかせることとなった．

さらに，人口減少に転じた社会は失業の危険が減り大胆に規制緩和を行うことが可能になるという見方さえ提示された[8]．人口が減少する社会は，人手不足基調で推移するため，労働者側に交渉力が移る．そうすれば，労働者保護の観点から労働法制を整備する必要もなく，各種規制は不要となり，労働市場での資源配分機能が有効に働くようになると見通されたのである．人口減少社会への転換という歴史的事実は，雇用流動化論の理論的根拠と目され，構造改革論の中で繰り返し強調されることとなった．

スミスの『国富論』は，市場調整メカニズムに強い信認を置いており，自由な競争の結果，社会の構成員の福利が増進していくという社会観を提示した．

---

[8] 経済審議会を運営した経済企画庁のエコノミストの一人は，「労働力人口の減少によって労働力人口あたりの成長率は高くなる．労働力不足が圧力となって，これまで実現できなかった改革が進むからだ．一人当たりの所得の拡大には規制緩和や公的部門の改革を必要とするが，それは大きな苦痛をともなうわけでもない．規制産業にしがみつく人々の数が人口減少によって少なくなってしまうからだ」(原田泰『人口減少の経済学―少子高齢化がニッポンを救う―』(2001年，PHP研究所))と記している．こうした考え方は構造改革を進めた新古典派経済学者に共有されたものであったと推察される．

それは「予定調和観」と呼ばれている．新古典派経済学は，このスミスから始まるイギリス経済学の伝統を受け継ぎながら，効用価値説や限界分析などの新たな分析装置を用いて市場調整メカニズムの理論的解明に取り組む経済学の現代的学派であり，予定調和観などを含むスミスの社会認識は当然のものとして継承されている．

　日本社会においては，今日，新古典派経済学が諸学派の中で強い力を握り，主流派経済学を形成しているが，ここに改めて，『国富論』の歴史的位置づけやスミスの社会認識が問われる必要があるだろう．

　A．スミスは，力強い経済発展を続ける 18 世紀のイギリスに生きていた．『国富論』が公刊された 1776 年という年は，アメリカ合衆国がイギリスの植民地から独立した年であり，世界貿易を通じて市場経済は無限とも思える拡張を続けていた．アメリカに入植した人々は，ありあまる耕作地を手に入れ自らの生産物をほとんど自分のものとできるような，自由な市場経済の中に生きていた．こうした経済に生きる人々は，あらん限りの力を生産に注ぎ，そこから得られる利益を最大限に拡大しようとする誘因に駆られた．労働力の需要は極めて旺盛であり，日々の生活は改善を続け，結婚や出産がますます促され人口は増加していった．そして，その人口の増加自体が需要の拡大と市場の拡大を生みだし，自由な市場経済の拡張はとどまるところを知らないように見えたのである．

　このように 18 世紀の市場経済は拡張的な雰囲気の中にあり，人々は自由放任の市場経済の見通しについて楽観的な考えを持つことができた．スミスが「神の見えざる手」と述べた市場の自動調節機能は，18 世紀のイギリス経済と一体的に理解されるべきものである．

　ところが，今日の大学での経済学研究においては，経済理論はその歴史背景とは無縁のものとみなされている．経済史研究，経済学説史研究は，膨張する理論研究に圧迫され，新古典派経済学を経由してスミスの思想が現代によみがえったことは，大した問題とはみなされていない．こうした現代経済学の体質こそが，構造改革論の権力の源泉である．現代経済学にあっては，経済理論はその歴史背景とは無縁なのであって，絶対的な科学的存在として普遍的な真理を提示しているとみなされている．それが今日における経済学研究の偽らざる

現実であり，だからこそ，人口増加社会の経済学であるスミスの経済学が，その歴史的性格を問われることもなく，人口減少社会に適用されるというようなことが起こりうる．さらに，新古典派経済学の存在が主流派として揺るぎないものであれば，200年以上の時を隔てていることもお構いなしで，「人口減少」を労働市場の機能を発揮させる要件として堂々と掲げることさえ可能になる．

3) 人口減少社会と2つの経済学

経済学と経済政策の関係は**第II-1-1図**のように素描することができよう．

まず，経済学には，大きく分けて2つのグループがある．一つは自由な市場の調整メカニズムに強い信認を置く経済学であり，もう一つは政府による総需要の調整を重視する経済学である．前者は新古典派経済学であり，その思想的源流はA. スミスにある．一方，後者の経済学はJ. M. ケインズに思想的な源流を持つ．このいずれの経済学も，その経済学を生み出した理論家の歴史的，社会的背景を色濃く投影しているといえるだろう．

経済政策は，基本的にそれぞれの経済学の理論的体系に依存しており，経済政策はこの2つの経済学グループによって政策論争を行うことになる．ただし，今日においては，新古典派経済学の主流派経済学としての権勢は圧倒的に強く，経済政策の現場においては政策論争の基軸自体が消滅しているといってよかろう．それが，先に述べた通りの人口減少社会における構造改革論の蔓延であり，政策論争不在のもとで，誤った政策適用に陥っている疑いが極めて濃いのである．

イギリスの経済学者であるJ. M. ケインズは，1930年代の経済停滞を目の当たりにし，1936年，『雇用・利子および貨幣の一般理論』を出版した．この書物では，現代経済の欠陥として，所得格差の拡大と非自発的失業が強く指摘された．自由な経済競争は大きな所得格差を生み，豊かな人達に集中した富は過剰貯蓄を発生させ，有効需要の成長が妨げられ，さらに，そこから生じる雇用機会の収縮によって非自発的な失業が発生すると結論づけられた．そして，総需要の拡大と非自発的失業の解消に向け，政府の持つ資源配分機能を積極的に活用すべきことが主張されたのである．

ケインズ経済学は，1929年の世界大恐慌によって生じた事態をよく説明し，

144 ── 第Ⅱ部　理論研究の課題

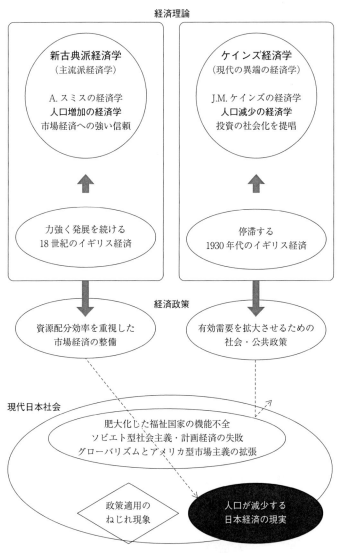

第Ⅱ-1-1図　経済学と経済政策

第2次世界大戦後は，先進工業国における福祉国家建設のための理論的支柱として用いられたが，自由な市場経済に利害を有する社会勢力からは，常に攻撃を加えられ続けた．しかも，戦後復興から1960年代にかけ，西側諸国がアメリカを中心とした自由貿易体制によって繁栄したことから，市場調整メカニズムへの信頼感は着々と復権し，ケインズ経済学の影響力は次第に後退していった．

さらに，1970年代に，物価上昇と失業増加が同時に進行するスタグフレーションを経験すると，そのような事態を招いたのはケインズ経済学が政府機能を肥大化させ，市場の規律を損ねたからだとする主張が強まり，ケインズ経済学の退潮と新古典派経済学の興隆が決定的なものとなった．特に，イギリスのサッチャー首相やアメリカのレーガン大統領など，国民的な支持が高く国際的にも影響力を誇った政治家が，福祉国家からの撤退を政治方針とし，反ケインズの立場を鮮明にしたことの影響は極めて大きかった．

残念ながら，日本の経済学研究は，こうした世界的潮流の中に完全に埋没しており，輸入学問の弱点を露呈している．日本の国民経済に立脚した経済学研究を評価する仕組みは皆無であり，また，そのことは日本の政治が国際社会の中で自立した意思を形成することを妨げるものになっている．国際性をもった経済学研究の中で，日本の歴史的，社会的基盤をもった国民経済学を構築し，日本の政策を主体的に構想するという，世界と日本の双方を睨んだ極めて難しい取組が，日本の経済学研究に課せられていると言えよう．

4) 人口減少と有効需要の原理

20世紀後半の歴史を通じてケインズ経済学は後退してきたが，そこにはケインズ経済学に内在する弱点もあった．ケインズ理論の骨格は「有効需要の原理」であり，現代の経済は有効需要の不足によって完全雇用に到達するだけの経済規模と雇用機会を創り出すことができず，非自発的失業を発生させるというものだった．確かに，有効需要の原理は1930年代の長期停滞と大量失業を上手に説明し，アダム・スミスや新古典派経済学が一瞥だにしなかった有効需要の不足という問題を人々に気付かせたという意味で大きな成果をあげた．

しかし，このケインズ理論を新古典派経済学に対峙させ，イギリス経済学の

伝統を刷新する真の革命とするためには，有効需要の不足という現象が現代経済の本質的問題であることを論じなくてはならない．ケインズ『一般理論』は確かに，有効需要の不足を指摘はしたが，では，なぜ成熟した現代経済で有効需要が不足するのか，決して満足のいく説明を与えていないのである．

ただし，この理論上の弱点にケインズ自身は気付いていた．『一般理論』公刊の翌年，1937 年 2 月 26 日に，ロンドンの優生学協会で「人口減退の若干の経済的結果」[9] と題した講演を行い，人口減少の傾向が有効需要の不足をもたらすことを明確に論じた．

その論旨を簡潔に記せば，投資の意思決定が企業家に任されている自由な市場経済は，成長を求め続ける経済であり，人口減少によって成長の制約が生じると市場経済の安定性と生命力に重大な障害がもたらされる，というものである．自由主義市場経済のエンジン役として，企業は様々なフロンティアを切り開くべく，未来を的にかけて積極的な投資行動に出る．設備投資は国内総支出を構成する有効需要の一つであり，投資の拡大は有効需要を拡大させ，雇用を増やし失業を吸収する．しかし，設備投資には，需要を構成するという面と同時に供給力をも拡大するという二面性がある．投資の進行によって社会には巨大な生産力が蓄積されていき，供給力の拡大はそれに見合った需要の拡大を要請する．このため，さらなる需要の拡大が必要となるが，設備投資のさらなる拡大は過剰資本に転化する危険をはらみ，設備投資の継続的な拡張にはもともと大きな無理がある．こうした困難を突き破り，自由主義市場経済に活力を与え続けたものは，人口の増加傾向と将来に対する楽観的な見通しだったのである．

一般に，企業の投資機会は，人口増加にしたがって拡大する．そして，企業の将来期待が高まれば投資の拡大を生み，投資の拡大がまた将来期待を高めるという相乗作用をもたらす．人口の増加は将来に期待する企業の楽観論を醸成し，多少の間違った過剰資本の蓄積があっても，人口増加に支えられた成長に

---

9) このケインズの講演録は塩谷九十九『経済発展と資本蓄積』(1951 年，東洋経済新報社)に翻訳の上，収録されている．なお，ケインズは，1937 年にケンブリッジで冠状動脈血栓による心臓発作で重体に陥り，一命は取り留めるが，本講演で示した認識を用いて経済学研究を再構成するための十分な健康を取り戻すことはできなかった．

よって一時的な過剰として速やかに解消される．ところが，人口減少に転じると全く逆のプロセスが発生し，需要は期待されたところをいつも下回り，ますますの悲観を醸成して，自由主義市場経済の根幹である資本蓄積システムに重大な障害を与えるのである．

5) 混迷する理論研究と政策研究

新古典派経済学と構造改革論に対し，改めてケインズ経済学を対置させ人口減少社会における政策論争を意義あるものに高めていかなくてはならない．平成14(2002)年に出版した拙著『市場中心主義への挑戦―人口減少の衝撃と日本経済―』は，このケインズの講演録を「埋もれた講演録」と名付け，新古典派経済学に対抗するケインズ理論研究の新しい足場とするとともに，ケインズの同僚であるR.ハロッドが，このケインズ講演をもとに『動態経済学序説』を創り上げたという道筋を重視して，一般に経済成長理論として理解されてきたハロッド理解の転換を促し，人口が減少する日本社会の研究にケインズ・ハロッド理論を応用することを提案した．特に，日本ではハロッドの著書が翻訳，紹介されたのが昭和28(1953)年であり，その後の高度経済成長政策に応用されていくことから，ケインズ理論やハロッドの研究が高度経済成長の中で消化されるというねじれが生じている．今日，もう一度，新たな視座を定めてケインズを読み直すことに，現代的意義が大きいことを強く訴えたものである．

ところが，この拙著に対する主流派経済学からの攻撃には真に驚くべきものがあり，しかも，その反論機会まで封殺されたことから，残念ではあったがこの論点を研究論点として十分に広めることには限界があった[10]．今日，経済学

---

10) 日本の労働経済学を代表する『日本労働研究雑誌』は平成14年7月号で拙著『市場中心主義への挑戦―人口減少の衝撃と日本経済―』(2002年，新評論)をとりあげ，「著者の労働市場と労働行政に関する理論的信念はマルクスの労働価値説と搾取の理論」であるとレッテルを貼った上で，「新古典派経済学をハロッドモデルで批判し，対置する政策が「計画」や「社会設計の思想」であるというのでは，経済政策をめぐる議論を半世紀ほど逆戻りさせる」と断じた．これに対し，拙著の理論的検討はあくまでケインズ理論に即したものであり，日本におけるハロッド理解が高度経済成長の文脈でなされた誤解を解きつつ，ケインズを読み直すことに新たな意義があることを再論したリプライを提出した．しかし，そのリプライは拒絶された．この経過を憂慮した心ある研究者の斡旋により，リプライ拒絶の経過も含めて連合総研での意見発表の機会が与えられた(石水喜夫「転換期の日本社会と政策研究―人口減少問題をめぐっ

研究には主流派の支配するパラダイムが強固に成立し，それに刃向かうことは若手研究者にとって死を意味する場合がある．しかも，そのパラダイムを科学そのものと信じて墨守する経済学研究が，実は，自由主義市場経済に利害を有する社会勢力から見えない力でコントロールされている疑いが払拭しえないのである．

　こうした中で，ハロッド理論を応用した別の研究が注目されベストセラーとなる．松谷明彦『「人口減少経済」の新しい公式―「縮む世界」の発想とシステム―』(2004年，日本経済新聞社)である．同書では，「これまでの企業経営では，先行きの需要増加をにらんで先行的に生産能力を引き上げておくというのが一般的な設備投資行動だった．先行投資が活発に行われた段階では，生産能力が需要を上回った状態になる．生産設備の一部が遊休化しているということだが，人口増加経済においては，こうした状況は長くは続かない．遊休設備があっても，企業が新規投資を控えて生産能力の増加を抑えていれば，やがては需要の方が追い付いてきて，遊休設備は急速に縮小する．しかし，人口減少経済になると状況は一変する．企業が新規投資を控えて生産能力を一定の水準に保っていたとしても，需要が傾向的に縮小するから遊休設備は増える一方となる」と記された．

　それまでは，人口減少社会でも構造改革によって労働生産性が高まり，成長が続いていくとされることが多かったのに対し，同書は，主要な経済予測との違いを大胆に打ち出し，人口減少社会での停滞の可能性を強く示唆することで，経済学研究に新たな論点を付け加えることに成功した．また，その際，用いられた将来予測の装置が，高度経済成長期に用いられたハロッド・ドーマーモデル[11]であったことも一般に驚きをもって受け止められた．

て―」(連合総合生活開発研究所『連合総研レポートDIO』No. 197，2005年9月))．

11) R.ハロッドはケインズの直接の影響のもとに，政策予測のための経済モデルの開発(一般に，短期経済分析の長期化，『一般理論』の動学化などと呼ばれる経済理論研究)に取り組んだが，同時期にアメリカのE. D.ドーマーも同様な研究を行っていたことから，その経済分析は両名の名前をとってハロッド・ドーマーモデルと呼ばれるのが通例となった．また，日本の経済運営当局は，このハロッド・ドーマーモデルを活用し，日本の経済成長に求められる要件の検討と高度経済成長政策の立案にあたり，この過程で日本の官庁エコノミストにケインズ理論の一部が吸収された．高度経済成長の文脈の中でハロッド・ドーマーモデルを用いた日

もちろん,『一般理論』から,ケインズ講演「人口減退の若干の経済的結果」を経て,ハロッドの『動態経済学序説』に行き着く道筋を,ケインズ理解の本筋とするなら,松谷説の将来予測は驚くべきものではない.松谷説においては,ケインズ,ハロッドの学説史的検討は行われていないが,それにもかかわらずハロッド・ドーマーモデルを用いて,経済の長期的停滞の予測を成功的に再現したことは,『「人口減少経済」の新しい公式』における経済分析が,モデル分析として極めて正確に行われたことの証左である.

むしろ,イギリス・ケインジアンの理論的継承関係からハロッドを理解しようとする立場からすれば,松谷説の政策提言の方がはるかに驚愕すべき内容であった.すなわち,「需要と労働力の縮小に合わせて生産設備を適切に縮小していくことが今後の企業経営のカギとなるが,個々の企業にとってはかなり困難な課題である.経済全体,労働力全体ということであれば,かなり確度の高い予測が可能だとしても,個々の企業ということになると不確定要素が多すぎて設備投資計画に適合した長期の予測をたてることは到底困難.その点については,個々の企業の枠を超えて経済全体として対応するというのが一つの方法である.すなわち生産設備にかかるリース事業の拡大である.個々の企業にとっては設備投資にかかるリスクの分散となり,日本経済全体としても,より適切な生産設備の水準を確保できることにもなる」と記されたのである.

ケインズが取り上げた人口減少の危機は,資本蓄積の危機であり,自由主義市場経済の原理的な政策の遂行は,かえって資本蓄積を停止させてしまうということであった.この危機感から,「投資の社会化」という時代認識も生まれてくる.ケインズは『一般理論』において,自由主義市場経済を崩壊させないためにも,政府機能の拡張が不可欠だと論じており,もちろん,ハロッドも同じ立場にある.ところが,松谷説の結論は,リースという新たな業態の拡大が日本を救うと言っている.そして,ここでリース事業が取り上げられたことから十分に類推できるように,市場メカニズムによって民間活力を呼びさますことで日本経済を発展させるという提言が随所に盛り込まれた.民間の知恵によ

本のケインジアンに,ケインズやハロッドが抱いていた経済停滞に関する社会認識が必ずしも共有されていないことには,注意する必要がある.

る資本蓄積の推進から始まり,成長産業の選択は市場に委ねられるべきであり,労働市場でも市場調整メカニズムを発揮させるべく,終身雇用をやめて雇用流動化を押し進めるべきことが結論づけられた.

松谷明彦『「人口減少経済」の新しい公式』がベストセラーとして高い社会的評価を受けたのは,まさに,この政策提言内容そのものによっていると思われる.ケインズやハロッドが危惧した自由主義市場経済の長期停滞傾向の懸念も新古典派経済学のパラダイムの中に巧みに回収され,消滅した.

6) 新古典派経済学のパラダイム

科学史家のトーマス・クーンは「パラダイム」という概念を提示した.ケインズは新古典派経済学に対峙し新たな社会認識をもたらす経済学を創設しようとしたが,今日,その取組は,完全に頓挫している.そして,現代経済学の数々の業績は新古典派経済学へとますます吸収され,経済学研究の枠組みはほとんど新古典派経済学によって組み立てられるに至っている.このような意味で,新古典派経済学は,現代経済学の今日的なパラダイムを形成しているとみて差し支えなかろう[12].

パラダイムは,研究活動に参加する個々の研究者の,生きていくためのフィールドを形づくる.学会誌が設けられ,大学や研究機関の人事はそのパラダイムのもとに行われる.一度,成立したパラダイムは人と予算を吸い寄せ,その求心力はますます拡張していく.また,パラダイムは,その構成する広範な研究分野を開拓していくため,専門分化を強化する.細分化し林立する専門性は,同じパラダイムの中にありながらも細部についてはもはや当人以外は誰も評価できないところまで行き着くだろう.そして,ここにマーケットとマスコミの強大な権力が立ち現れる.同じパラダイムに所属しながらも,相互にその研究業績を知り得ないような狭い専門性に生きている研究者達にとって,ある業績

---

[12] トーマス・クーン(1922~96年)は,ある特定の業績を中核として科学者集団が形成される原理を研究して,その中核的な業績を「パラダイム」と呼んだ.パラダイムには,他の対立的な科学的研究活動を捨ててそれを支持しようとする魅力があり,また,それによって科学者集団が取り組むべき問題が全て網羅されるという特質が備わっている(トーマス・クーン『科学革命の構造』(1962年)).

に高い市場価値がついた時，あるいはマスコミから分かりやすい言葉で，その持つ意味を大衆に説明してもらえた時，初めて自らの苦労が報われる．そして，パラダイムの中核にいる権威ある人々は，研究の最先端を担う人々も，同じパラダイムの中にあることを，マーケットやマスコミを通じて確認することができる．

もし，このマーケットやマスコミの動きが契機となって，パラダイムに何らかの論理的な乱れが生じた場合，あるパラダイムが他のパラダイムへとシフトするきっかけになる可能性はあるかもしれない．しかし，新古典派経済学が形づくるパラダイムに限っては，そうした形でのパラダイムシフトは起こりえない．なぜなら，新古典派経済学はマーケットが形成する市場価値を至上のものとしており，パラダイム自体が持つ価値規範と市場が形づくる貨幣価値とが，同根のものであるからだ．特に，現代日本社会にあっては商業マスコミが提供する価値は，マーケットにおける価値形成を基本に置いていると言って差し支えなかろう．確かにマスコミは短期的には反主流派の言説に肩入れすることがあるかも知れないが，それは面白くて売れるという範囲にとどまるだろう．残念ながら大衆は飽きやすいので，エンターテインメント性は一時のビジネスにしかならない．マスコミも長期的には，市場経済の秩序を壊さぬよう，賢くそろばんを弾いているものと思われる．継続的な市場価値の形成を基本にニュースをつくり出していくことが，最も安定した利益基盤となることは間違いない．

経済学研究においてパラダイムシフトを実現するためには，マーケットとマスコミ以外に基盤を有する，強固な公共的空間が必要なのだ．

第3節　格差社会幻想論とその社会哲学

1）　格差社会論と格差社会幻想論

平成10(1998)年，その後の格差社会論を巻き起こすこととなる，橘木俊詔『日本の経済格差―所得と資産から考える―』(岩波新書)が出版された．同書は，所得と資産について国際比較と時系列分析を行い，日本に存在する所得格差の大きさは国際的にみて大きく，また，その格差は時系列で見ても拡大していると結論づけた．日本では平成9(1997)年4月に消費税率が5%に引き上げられ，

急激な消費需要の減退に見舞われていた．しかも，そこに同年夏から始まったアジア通貨危機が重なり，厳しい経済後退が発生した．こうした中で，このようなセンセーショナルな著書が出版されたことは，多くの人々に衝撃を与え，消費税の持つ逆進性への批判を伴いながら，いやがおうにも社会不安をかき立てることとなった．

　しかし，後になって明らかになるが，この著書の統計利用や分析手法には著しい欠陥が含まれ，専門家の目からすれば，とても論争の出発点にできるようなものではなかったのである．冷静になってよく考えてみれば，戦後，福祉国家の理念のもとに労働立法や社会保障制度を充実させてきた日本社会が，かのアメリカンドリームの社会と比べて格差が大きいという結論は，常識のレベルで棄却されるべきものであっただろう．

　格差はいつの時代にも存在する．賃金，所得，資産にも様々な統計があり，統計指標によっては格差の拡大を示すものもあり，方や，格差の縮小を示すものもある．経済学者として格差論争を始めるのであれば，どのような意味でその格差を問題とするのかという視座の確立が不可欠である．社会問題の一つとして，所得格差の問題性を正当に論ずることができていたなら，統計処理の誤りはひょっとしたら帳消しにされ，その後の論争の中で名誉ある先覚者の地位が与えられたかもしれない．しかし，そのためには新古典派経済学の中で絶対視される「市場競争」というものに，徹底的な批判精神をもって挑む必要があっただろう．競争とは，誰かが勝ち誰かが負けるという仕組みのことである．格差論争は本来，経済学のパラダイムに関わる論争でなくてはならなかった．

　格差社会論を提起した著者に，新古典派経済学に代わるパラダイムの構想がなかった以上，その論争は，最初から新古典派経済学に回収される運命にあった．しかも，その仕事は，主流派にとっては容易なものであったと言って良かろう．新古典派経済学のパラダイムに何ら攻撃が加えられていない以上，さらなる理論研究は不要であり，格差社会論の統計処理上の誤りを人々に示すことができれば，論争は直ちに終了するからである．

　平成12(2000)年，日本の労働経済学を代表する『日本労働研究雑誌』は7月号に大竹文雄「90年代の所得格差」を掲載し，橘木俊詔『日本の経済格差』の統計処理上の誤りを極めて的確に説明した．所得格差の日米比較に用いられ

た所得は，日本の場合は公的年金の受取を含まない所得再分配前のものであり，アメリカの場合は所得再分配後のものであった．国際比較を行うのであれば，所得再分配がなされる前の当初所得で比較するか，あるいは，所得再分配後の所得で比較するか，一応は所得概念の統一を行ってから国際比較しなくてはならない．厳密な意味での所得概念の統一は不可能であるとしても，統計の概念的な検討がなされなくてはならず，この研究上の不備が問題として指摘された．

経済学が科学である以上，極めて的確な指摘と言わねばならない．問題の著書の論点を正確につかみ，その問題点を腑分けし，統計分析上の心得までも含めて誰にも分かりやすく説明したこの研究業績は，今日における日本の経済学研究の現実を踏まえた場合，高い意義を有することを認めない訳にはいかない．

所得概念の一応の統一を行って改めて国際比較を行えば，日本の所得格差は先進国の中で中くらいであると推察され，もちろん，アメリカのものよりは，はるかに小さいことが分かる．

平成17(2005)年，大竹文雄『日本の不平等—格差社会の幻想と未来—』(日本経済新聞社)が出版された．この著書は，橘木が提起した格差社会論の論拠について検討を続けた論考を集大成し一書にまとめあげたもので，その副題に「格差社会の幻想」というメッセージを添えて出版された．

この著書の出版は，主流派経済学から高い評価を得て社会的なインパクトを持つこととなったが，その主張の総体を「格差社会幻想論」と呼ぶことができよう．

橘木の格差社会論では，格差の拡大傾向を示す経済指標が取り上げられたが，格差社会幻想論では，所得格差の最も代表的な指標であるジニ係数について，日本においてジニ係数が上昇しているのは，所得格差が相対的に大きい高年齢者世帯の割合が，人口の高齢化に伴って上昇しているからだと指摘された．

格差拡大の論拠として用いられるジニ係数の上昇は，そのかなりの部分が高齢化によって説明できるとされ，格差社会論の主張には，ほとんど推進力がなくなった．もちろん，この分析は，高齢化以外に格差拡大の要因があることを否定してはいないが，格差社会論が，格差拡大の社会問題性に踏み込めていない以上，格差は言われているほど拡大していないというメッセージさえつくり出せれば，格差社会論の推進力は著しく低下する．しかも，その格差社会論は，

国際比較に決定的な統計的誤りを抱えており，人々からの信頼は日増しに低下していった[13]．

格差拡大の社会問題性を鋭く指摘した研究としては，たとえば，佐藤俊樹『不平等社会日本―さよなら総中流―』(2000年，中公新書)，山田昌弘『希望格差社会―「負け組」の絶望感が日本を引き裂く―』(2004年，筑摩書房)などの優れた作品があった[14]．佐藤説では，高度情報化社会へと突き進む日本において，情報を処理する知的能力が経済的富の創造を決定することに触れ，知的エリートの世代的な継承が所得格差の拡大につながるメカニズムを示した．また，高学歴の知的エリート層が自己を正当化する論理として，新古典派経済学が広く受容されていく様を側々と描き出している．さらに，山田説は，若年層における不安定就業の拡大が将来的に大きな格差拡大につながる危険を描き出し，速やかなる若年雇用対策の実施が訴えられた．

統計的にみられる格差の大きさ自体が問題なのではなく，今，生じている格差の社会問題性をつかみ，訴えていくことが大切なのである．社会学の分野から佐藤説，山田説など優れた問題提起がなされたが，これらの研究を社会的に支援しながら，少しずつ新たな経済・社会政策を構想していくことが労働問題研究の本筋であったろう．ところが，経済学の分野でセンセーショナルに格差社会論争の火ぶたが切って落とされたことから，格差社会幻想論が橘木説を下したことによって，格差論争全般を格差社会幻想論が制覇することになってしまったのである．

2) 現代経済学の社会哲学

構造改革は，規制緩和とともに行政の各種事業の縮小，廃止を行うが，今ま

---

13) 日本のナショナルセンターである連合(日本労働組合総連合会)は格差社会論の根拠として橘木説を用いる場合があったが，労働組合の主張を封じ込めるためにも徹底した橘木説批判が求められた面があった．今日，労働組合の理論武装や経済分析能力には社会運動を展開するという観点から極めて不安なものがある．
14) これらの作品は今後の労働問題研究の発展のために，繰り返し読まれ，検討されることが大切であり，ここでも，より詳細な検討を行いたいが，紙幅の都合で割愛する．これらに関する筆者の認識については，拙著『ポスト構造改革の経済思想』(2009年，新評論) p. 117～121及び同書巻末資料を参照頂きたい．

第1章　現代経済学の分析と提言── 155

で直接，間接の手助けを受けてきた人々には痛みを伴う．本来，このような改革を推進するには，改革の内容とその必要性とを明示することが手順であった．ところが，そのようなことは行おうにも行えなかった．なぜなら，構造改革とは，新古典派経済学の認識に立って市場メカニズムを活かそうと主張することにほかならないのであって，改革の行き尽くした先に何があるのか，その社会ビジョンを語ることなどできないからである．もともと経済学における「神の見えざる手」の思想とは，そうしたものなのだ．したがって，構造改革の推進は現状を放置し改革を行わないことが将来社会にとって如何に危険なことなのかを言いつのるキャンペーンにならざるをえない．

　日本の政治家が財政当局の思惑や現代経済学の論理に飲み込まれ，政治的な苦心を背負って出発した構造改革にとって，最大の難関は格差が拡大しているという批判であった．本来，国民の生活を守り豊かさを増進させることを使命とする政治が，構造改革を理由に格差や貧困の拡大を放置しているというのでは許されない．しかも，構造改革自体が格差を拡大させているとの批判も出てきた．

　苦境に陥った政治に対し，見事な救いの手をさしのべたのが，格差社会幻想論だったのである．大竹文雄『日本の不平等─格差社会の幻想と未来─』は，現代日本社会にみられる格差指標の数値的上昇はみせかけのものであり，格差社会の主張は幻想に過ぎないというメッセージの創出に成功した．現代の主流派経済学である新古典派経済学は，構造改革の政策論を提供したばかりでなく，構造改革批判に対しても有効な反論を開発し，日本の政治権力を強力にバックアップした．格差社会幻想論は，まさに時代精神を体現した現代の経済思想なのであって，そのメッセージを著書の内容にそって描き出してみることには意義があろう[15]．

　まず，格差社会幻想論は，結果として生じた格差は受け入れようというメッ

---

15)　大竹文雄『日本の不平等─格差社会の幻想と未来─』(2005年，日本経済新聞社)は，①「結果として生じた格差は受け入れよう」，②「運とあきらめるよりリスクを管理しよう」，③「労働市場の非伸縮性を改めよう」という3つのメッセージをつくり出したと考えられるが，紙幅の都合もあり，詳細については拙著『ポスト構造改革の経済思想』p. 125～128及び同書巻末資料を参照頂きたい．

セージを，社会に対し鮮やかに提供した．

　同書には「宝くじ」のたとえが出てくる．若い世代は宝くじを買ったばかり，一方，高齢層世代は宝くじの当選が決まった世代である．当然，宝くじの当選が決まれば，賞金を得た人と外れた人との間で大きな所持金の差が生まれる．こうして，格差のほとんどない若年層，格差の大きい高齢層という構図が鮮やかに描き出される．宝くじの当選が決まった世代が増加すれば，世代全体の格差も大きくなる．「宝くじ」のたとえは日本経済全体に適用され，様々な不確実性が確定した高齢層の間で格差が大きいのは「自然なこと」であり，若い世代が多かったときに平等にみえたのは「みせかけ」であり，さらに，高齢世代の増加で「元来の不平等」が表に出てきているだけなのだ，という解説になる．

　これは機会の平等が確保されるのは重要だとしても，市場競争によって生じた結果の不平等は受け入れるべきだと言っているのに等しい．結果として生じた格差は受け入れよう．何故なら日本は自由主義市場経済の国だからだ，というメッセージが生み出された．

　こうして格差社会幻想論は日本の格差の拡大は高齢化による人口構造要因が大きく，格差の拡大はみせかけだと論じたが，現代日本に生きる人々は格差の拡大を実感し，格差社会論の方に共感を示してきた．格差社会幻想論からすれば，日本人は，何故，それほど格差も拡大していないのに，ここまで大きな問題として格差を意識するのだろうかということが，大きな謎として浮かび上がってくる．

　格差社会幻想論は，格差社会論を回収するために，何故，人々は格差社会論に共感したのかという問いをつくり出した．そして，これに回答を与えることが知的なパズルを解くことだと語った．その答えは，日本人は所得格差は能力や努力によってではなく，運で決まっていると思っているのではないか，というものだった．所得の高低が結局は運によるものだと思われているなら，結果としての格差も，なかなか受け入れがたいものがあろう．だからこそ，能力や努力によって高い所得を得ることができる実力社会に組み替えることが必要なのだと，構造改革の意義が説かれることとなる．

　ここでおもしろい分析が登場する．天気予報である．天気予報の降水確率が何％以上の時に傘を持って出かけますか，と言って調べてみると，降水確率が

低くても傘を持ち歩く人が少なからず存在する．そのような人々は「危険回避度」が高い人々だ．格差社会幻想論では，危険回避度が高い人は所得格差が将来拡大することを心配し，格差問題への関心がかき立てられるという心理分析が行われた．この分析は，日本人の精神性一般の問題として，リスクをとって高い所得を実現しようとする気概が乏しいことを嘆いているように読める．日本の国民性は，自由主義市場経済の原理になじんでおらず，この面からも構造改革が求められることとなろう．

現代には誰もが活用できる情報として天気予報がある．天気予報の情報を活用することで，晴れる日には雨の心配などせず，身軽に活動的な一日を送って欲しい．これと同じように，現代には，リスクを分析しリスクを管理する優れた経済学がある．日本の国民は，その基礎的教養として現代経済学を身につけ，運に支配された社会から，実力主義による活力ある社会へ移行せねばならない．格差社会幻想論は，経済学主流派を担う中心的存在として，現代経済学の論理に対する高い自負心に満ちあふれている．

それでは，格差社会幻想論にとって労働問題の課題とは何なのだろうか．

格差社会幻想論は，日本型雇用システムを解体し，労働力配置は，自由な労働市場の資源配分機能に委ねようと言っているようにみえる．何故なら，新古典派経済学が教える非伸縮的賃金が生み出す失業について言及しているからだ．新古典派の労働市場論では，失業が存在するもとで賃金調整が進まず，賃金が下がらなければ，企業の労働力需要は十分に実現せず，失業問題はいつまでも解消しないと教えられている．そして，この労働市場の伸縮性，柔軟性を損なうものこそ，日本企業の長期雇用慣行であり，日本型雇用システムなのである．

日本的雇用慣行では，今，企業に雇われている労働者の雇用と賃金は守られているが，新しく働き始めようとする人々は雇用機会に恵まれない．市場調整メカニズムを積極的に活用し，既得権益を打破し，失業問題を解消しなくてはならない．日本的雇用慣行は，長期雇用のもとで労働者の格差拡大を抑制しているようにみえるが，それは，今，働いている人々の中での格差縮小なのであって，働けない失業者まで含めれば，所得のない人は多く，格差はずっと拡大する．市場調整メカニズムによって，低い賃金で失業者が吸収されるということは，実は，格差を縮小することにつながるのだ，というのが，新古典派の労

働市場論の論理的道筋なのである.

　格差社会幻想論は,新古典派の正統な流れをくみ,市場調整メカニズムの結果として生じた格差は受け入れよう,そして,市場調整メカニズムが働かないことから生じる格差こそ,日本社会が真に取り組むべき課題なのだ,というメッセージを創り出した.

　格差社会幻想論は,構造改革批判に対しては,言われるほど格差は拡大していないと述べ,構造改革の政治勢力を勇気づけた.さらに,日本社会の真の課題は,自由主義市場経済にふさわしい国へと日本を構造改革することなのだという堂々たる社会哲学をも完成させたのである.

3) 政府公式見解の成立

　言うまでもないことだが,大竹文雄『日本の不平等—格差社会の幻想と未来—』は,現代経済学のパラダイムを体現し,構造改革の推進に努める経済政策に強固な理論的基盤を提供した.このような著書と著者の取組は,新古典派経済学と構造改革論のもとにある日本の論壇において高く評価されるのが道理である.

　まず,労働経済学の有力者達が,この著書に次々に賛意を示した[16].また,平成17年度には,この著書に対し,第48回日経・経済図書文化賞,第27回サントリー学芸賞,第46回エコノミスト賞など,数々の賞が立て続けに贈られることとなった.そして,こうした現代経済学による壮大な言論運動はついに政府を動かし,格差社会幻想論を政府の経済的判断として採択するところまでこぎ着けたのである.内閣府は,平成18(2006)年1月19日の月例経済報告等に関する関係閣僚会議に資料を提出し説明したが,その資料には「格差拡大の論拠として,所得・消費の格差,賃金格差等が主張されるものの,統計データからは確認できない.所得格差は統計上緩やかな拡大を示しているが,これは主に高齢化と世帯規模の縮小による.高年齢層ほど所得格差が大きく,高齢者世帯の増加はマクロの格差を見かけ上拡大させる.核家族化の進行や単身世

---

16) 大竹文雄『日本の不平等—格差社会の幻想と未来—』を高評する書評は多く,その内容等については拙著『ポスト構造改革の経済思想』p. 123及同著巻末資料に収録した.

第II-1-2表　構造改革と所得格差に関する小泉首相の国会答弁

「構造改革」によってめざす社会について
　私は格差が出ることは別に悪いこととは思っておりません．今まで悪平等だという批判は多かった．能力のある者が努力すれば報われる社会．総論として，そういう考え方は多いと思います．
　企業も国も地域も個人も，自助と自律，自らを奮い立たせて自分のことは自分でやるんだと．自助と自律の精神は，どの時代であろうともどの国であろうとも，どの地域においてもどの社会においても個人においても変わらない大事な精神だと思っております．
　努力をしても報われない社会じゃどうしようもない．努力が報われる，創意工夫が発揮される社会をつくるということで改革が必要だ．
　多くの人が活力を発揮できるような，自らの持っている潜在力を顕在化させることができるような，自分の能力が生かせるような，チャンスの機会の提供．チャンスをつかむ機会をたくさん提供することが大事である．

「構造改革」に対する，いわゆる「抵抗勢力」について
　改革をしようとすると，現状がいい，現状において恵まれている人は常に現状維持がいいというのは当然だと思います．改革を進める際に，現状の権益が阻害されるグループは必ず抵抗なり反対します．
　私の就任当初から改革に対する反対，抵抗が強かったわけでありますけれども，ようやく今，光が見えてきた．光が見え出すと影のことを言う．しかし，今まで影ばっかりだと言われたところをようやく光が出てきたんですから，この光を更に伸ばしていく．で，影と言われた部分に手当をしていくというのが大事だと思っております．

「構造改革」が「格差」を拡大させたという批判に対して
　小泉構造改革によって格差が拡大しているのではないかとのお尋ねですが，この点について，近年，ジニ計数の拡大に見られるように所得の格差が広がっているとの指摘がありますが，統計データからは，所得再分配の効果や高齢者世帯の増加，世帯人員の減少といった世帯構造の変化を考慮すると，所得格差の拡大は確認されないという専門家の報告を受けております．

「格差」に関する認識について
　企業においても格差がある．個人においても持てる力の違いがある．個性もある．そういう格差というものを認め合いながら，それぞれの力が発揮できるような社会をつくっていくことが望ましい．
　最低限のセーフティーネットが整備されていれば，みずからの能力がどんどん発揮できるような人をどんどん出すということは，仮に格差が広がっても，私は悪いことではないと思っているんです．成功者をねたんだり，能力のある者の足を引っ張る風潮というのは好ましくない．
　どの国においてもどの時代においても格差はあります．そういう中で，私は業績を上げた人，成功した人に対して，ねたむような風潮とか，あるいは能力のある人の足を引っ張るような風潮は，これを慎まないといけないと．成功者をねたんでも自分が成功するとは限りません．能力のある人の足を引っ張っても，自分が能力が高まるわけではありません．

（注）　第164回通常国会（会期は平成18年1月20日から6月18日）における小泉純一郎内閣総理大臣の答弁から抜粋．

帯の増加は，所得の少ない世帯の増加につながり，マクロでみた格差を見かけ上拡大させる」と書き込まれた[17].

　第164回通常国会は平成18年1月20日より開会され，1月23日には早くも野党より政府を批判する立場から，構造改革や所得格差に関する質疑がなされたが，これに関する現代経済学の考え方は格差社会幻想論のもとに，既に強固に練り上げられていたことから，小泉首相の答弁は明快であり，構造改革や所得格差の認識についても逃げることなく堂々と提示された．

　第II-1-2表は，国会議事録をもとに構造改革と所得格差についての小泉首相による答弁をまとめたものであるが，構造改革によって目指す社会については，「能力のある者が努力すれば報われる社会」であると答弁された．先に現代経済学の社会哲学で記したように，市場競争の結果として生じた格差が受け入れられるためには，その社会が実力社会に組み替えられている必要があるが，構造改革は資源配分に市場メカニズムを活用し，経済活性化を図るとともに，それが国民各層に納得をもって受け入れられていくよう，成果配分にも市場メカニズムが十分働くことが大切なのである．

　また目指すべき社会に照らせば，構造改革は，政策面ばかりでなく，日本人の社会，生活面でも，まだまだ不十分な状態にある．そして，こうした構造改革を十分に行き渡らせた暁には「格差が出ることは別に悪いことではない」という首相答弁は，構造改革論の本旨を述べる，まさに正鵠を得た表現であったといえるだろう．

　さらに，構造改革が格差を拡大させたという批判に対しては，先の月例経済報告等に関する関係閣僚会議での分析にしたがって，格差社会幻想論が堂々と答弁された．

4) 現代経済学の問題性

　小泉政権以降，すでにかなりの時が経過し，多くの政権の入れ替わりと与野党の交代もあった．しかし，日本の政治が経済政策の基本線を動かすほどの実

---

[17] 格差社会幻想論が首相官邸に届けられた経緯については関係者の証言がある（拙著『ポスト構造改革の経済思想』巻末資料参照）．

力を備えていないことは明らかである．

　経済政策とは，経済学が提供する社会認識に基づいた政府の能動的行動にほかならない．現状を分析し，政策課題を示すためには，経済学の理論が不可欠であって，現代経済学のパラダイムに変化がない限り，経済政策を変えることなどできるはずがない．政治は，国民一般から責任を追及され，その変転は激しいが，経済政策の基本線は引き続き経済学主流派に押さえられ，経済学側では，連綿と続く主流派の活動の中で理論と政策の自己彫琢が加えられている．経済政策を表現する政治は常に矢面に立たされるが，経済政策をつくる経済学は責任を追及されることのない安全地帯なのである．

　こうして，新古典派経済学は，その権威とともに，政策にかかわる権力という面からも，今日，望みうる最高の地位を獲得した．そして，現代日本の大学教育，大学研究において，制度化された教科書と教授法のもとに，新古典派の分析手法と思考方法を身につけた若者が大量に生産され，この学派の再生産と自己増殖はとどまるところを知らない．

　若者の武器は，本来，その体力とともにみずみずしい感性にあると思うが，制度化された教育と研究の中で，若手研究者は既存の業績に接合されうる狭く細い道を歩まされる．しかも，人口減少にもかかわらず，大学院で学ぶ者はますます増加し，その就職環境は厳しく，研究成果の厳正な審査のために，教育と研究の制度化がさらに進行するという恐るべき事態が繰り広げられている．このような秩序と序列の中で育ってきた主流派の学徒達に新古典派に対する批判精神などわくはずがない．なぜなら，それこそが，彼らの権威の源泉であり，彼らの研究人生そのものであるからだ．

　現代社会では情報通信技術の革新が進み，高度な情報機器が生産システムや社会システムに導入されている．今日では，情報を処理する知的能力は，経済活動の成功を左右する根幹的な能力と言えるだろう．そして，知的能力が経済的な富を生み出す能力として重みを増していけば，教育機会の格差を通じて，収入や地位の格差が生じる可能性は高く，知的エリートの世代間再生産につながることも十分に予測される．

　教育に多額の費用が必要とされ，親が子に施すことのできる教育機会の格差は現に広がっていることから，教育機会の格差から階層閉鎖性が強まることは

十分に起こりうるシナリオである．ところが，こうした見方をあえて否定する見解は大学研究において少なくない[18]．

　知的エリートは，その地位を獲得するまで，大学入学試験など数々の試験を乗り越え，組織にあっては昇進の努力を怠らない．学歴にせよ昇進にせよ，必ず本人の努力が注ぎ込まれている．ここに自らの地位や収入を正当化する学歴というものの魔力がある．現代における厳格な試験制度のもとで，学歴を獲得するための努力は，もちろん本人の努力であることには間違いない．しかし，その成功の陰に，家族や社会の支えもあることは否定できないのではないだろうか．

　現代経済学や構造改革論は，本人の努力や能力によって高い所得を得ることができる実力社会に組み替えることを要請しており，その主張は知的エリートの耳に快く響く．しかも，それは現代経済学の権威によって威容を備え，新古典派経済学の叡智によって比類ない美しさで体系化されている．そこから外へ一歩も出ないのであれば，何の疑問も生まれないし，社会は，新古典派経済学の教える通りに構造改革されるべきだとの主張を自分のものとできれば，論理と行動の一体性は心地よく保たれる．

5) 市場経済学から政治経済学へ

　経済学は，その形態から2つの経済学に分類される．一つの類型は「市場経済学」であり，市場の自動調節機能を中心に経済現象を抽象化して分析する純粋経済学である．今まで論じてきた新古典派経済学は，この市場経済学の最有力学派である．これに対し，もう一つの類型は「政治経済学」であり，現実の人間関係や社会関係を踏まえて，社会制度や政治過程までもを含めて経済現象を分析する経済学である．

　新古典派に力点が置かれる市場経済学は，現代の経済学と経済政策に，計り

---

18)　たとえば，佐藤俊樹『不平等社会日本―さよなら総中流―』(2000年，中公新書)は，高度情報化によって知識社会が生み出されつつある中で高学歴の社会階層の形成が経済的格差に直結していく危険を「社会階層と社会移動全国調査」(SSM調査)をもとに指摘したが，平成7年のSSM調査を組織的に代表する盛山和夫(「階層再生産の神話」(樋口美雄＋財務省財務総合研究所『日本の所得格差と社会階層』(2003年，日本評論社)に収録))からは批判されている．

知れないほど大きな影響力を行使している．今日，日本の大学の多くの経済学部で，この市場経済学が徹底して，若い人達に教え込まれている．国民経済が崩れ，資源や資金ばかりか人までも国境を越え移動するグローバルな市場経済のもとで，経済エリートは，それぞれの国の社会制度や政治機構と関わりなく膨大な富を手にしている．市場経済学は，生産要素までもが国に関わりなく自由に移動するグローバルな仕組みのもとで，ある種のリアリズムを備え，若い人達は必死になって，この経済学を学んでいる．そして，実際にそれを習得した頭脳明晰なエリート達は，グローバル経済の中で富を実現する手段として，経済学の知識を有効に使いこなしている．市場経済学は，とてつもなく大きな貨幣価値を生み出しながら，激しい市場競争と個人主義とを徹底して押し広げていくのである．

　しかし，日本の現実の社会制度のもとで地道に働く工場労働者，あるいは，地域社会で日々サービスを提供するサービス労働者が，何を思い，どのように働き，そして，日本社会をどのように成り立たせているかを，市場経済学によって実態的に描き出すことはできないだろう．グローバルエリートと呼ばれる存在やその論理に対抗し，働く人達の政治経済学を創造していくことが，今こそ強く求められているのではないだろうか．また，そうした取組なくして，経済政策の転換などありえないだろう．この現実的な取組を，今日，一つのパラダイムを成立させてしまった大学研究だけに任せることは，もはや不可能である．しかも，このパラダイムは，マーケットとマスコミュニケーションの厳しい支配下に置かれている．

　働く人達が社会の公共性に訴え，着実に育て上げられてきた日本の労働運動が，次のターゲットに経済政策の転換を掲げ，経済分析と経済理論研究に歩を進めていくことを期待したい．

第2章　市場経済学と構造改革

　米ソが展開した冷戦は，いずれの社会体制を選択するかという闘争であったが，アメリカの勝利のもとに冷戦が終結したことは，自由主義経済体制の勝利，市場メカニズムの勝利ととらえられ，市場経済への信認を大いに高めることにつながった．

　冷戦構造の時代，労働問題は特に失業問題を中心に自由主義市場経済の欠陥としてとらえられ，そこへの対処に慎重さを欠けば，体制的危機を招来するものとして理解されていた．したがって，市場メカニズムに信認を置く新古典派経済学が，労働問題の具体的な対応に積極的な発言を行うなどということは考えられなかった．新古典派経済学の持つ危うさは，かつて，社会主義政党が国内政治に現実的な力を持ちえた日本社会にあって，政治的に正しく理解されていたと言えるだろう．

　ところが，冷戦の終結は，経済学や政策理論の見取り図を一変させた．力を得た新古典派経済学は，政策提言のための機会を着々と拡張させ，労働問題の統計的・計量的分析という手段を用いながら，市場メカニズムを活かす構造改革を積極的に説き始めたのである．その世界的な提言活動は，パリに本部を置くOECD(経済協力開発機構)の「労働市場研究」として遂行され，「雇用戦略」にまとめられた．そして，その提言内容は，日本の経済学者や政策担当者に大きな影響を及ぼすこととなったのである．

　この第2章「市場経済学と構造改革」では，前章での検討を受けて，新古典派が展開した市場経済学によって構造改革論が形づくられていった経過を詳細に分析するとともに，OECDの権威のもとに膨張した日本の労働経済学についても検討する．まず，第1節「OECDの雇用戦略」では，OECDの労働市場研究と政策提言活動の経過を振り返りながら，それらに対する関係者の対処についても見た上で，日本の労働外交が抱える課題を指摘する．第2節「日本の構造改革論」では，OECDの雇用戦略が日本の政策に浸透していった過程

を検討し，日本社会を構成する様々な集団が，構造改革に対しどのような利害を有していたのかを分析する．そして，第3節「労働経済学の本質」では，構造改革論を推し進めた日本の労働経済学は，如何なる歴史と理論構造を有しているのかを分析し，今後の労働問題研究のあり方について考える．

第1節　OECDの雇用戦略

1) 新古典派の労働市場研究

1980年代後半，欧州は大きな変革の中にあった．1988年，ソ連共産党が東欧諸国への内政不干渉を明言したことは，ポーランド，ハンガリー，東ドイツ，ルーマニア，ブルガリアなどでソ連型の一党独裁体制を放棄する契機となった．1990年10月には東西ドイツが統一され，1991年7月にはワルシャワ条約機構（東欧相互防衛援助条約機構）が解散，同年12月には，ついにソビエト社会主義共和国連邦が崩壊し，74年間にわたった社会主義国家建設の壮大な実験は，失敗のうちに幕を閉じた．

こうしたソ連・東欧諸国の社会・政治体制の激変は，自由主義市場経済体制の優位性を示したものととらえられ，1990年代におけるグローバルな自由市場の拡大が予想された．実際，かつて東側陣営に所属したチェコ，ハンガリー，ポーランド，スロヴァキアなどの諸国は，1990年代半ば以降，相次いでOECDに加盟し，自由主義市場経済体制のもとで，新たな経済発展の道を模索し始めた．

1990年代のOECDは，西側陣営を主導した国際機関として自らの活動に自信を深めていた．1992年5月に開催されたOECDの閣僚理事会では，雇用政策に関する総合的な研究の必要性が話し合われ，その要請によって，「労働市場」概念を用いて行う新古典派の市場経済学研究が開始された．その研究成果は，2年余りの検討期間をおいて，1994年に「雇用戦略」として取りまとめられた．

第2次世界大戦後，西側工業国では，福祉国家として完全雇用を目標に経済運営を行うことを基本に，総需要管理政策を用いて適切に経済成長を誘導しながら雇用機会の創造によって失業を吸収することが，雇用政策の通念となった．

ところが，市場経済学の研究を通じて OECD が提言した雇用戦略は，新古典派経済学の労働市場論そのものであった[1]．すなわち，「規制緩和」や「企業家精神の発揚」によって労働力需要を喚起しつつ，一方で，労働力の供給側には柔軟性を持たせ，労働力の需給調整に市場調整メカニズムを積極的に活用することによって，失業問題の解消を図るというものであった．

たとえば，雇用戦略においては「労働市場の弾力化のための政策」として，雇用保障の法的規制を緩和し，経済的に必要な解雇を認めるようにすれば，労働者を雇う側も硬直的な制約をおそれず，もっと積極的に雇用するようになるという認識が盛り込まれた．また，「積極的な労働市場政策」として，職業紹介をもっぱら公的職業紹介に委ねるのではなく，民間の職業紹介サービスを導入することで，職業紹介の活性化が図られるとされた．これらの対応は「労働力の有効な配分のための構造改革」と位置づけられた．

新古典派の市場経済学の認識は急速に広がり，それぞれの国の労働法制や雇用慣行をグローバルな市場経済システムに統合することが目指された．OECD の雇用戦略の登場は，世界規模で構造改革が要請される時代の幕開けを意味していた．

2) EDRC による対日審査

OECD は，自らの提言を具体化するために，経済発展審査委員会(EDRC)による審査を実施している．1996 年には日本経済の審査が行われ，日本の雇用慣行と雇用政策に対する提言が行われた．その基調は，新古典派経済学の論理展開に沿い，先の「雇用戦略」において検討された事項を具体的に日本経済に応用するものであった．OECD の日本経済に対する審査は，まさに日本に構造改革を迫るものだったと評して差し支えなかろう[2]．

---

1) 本節では，1994 年の OECD による雇用戦略，1996 年の EDRC(経済発展審査委員会)による対日審査報告，1997 年の TUAC(労働組合諮問委員会)による反対声明を順次説明するが，紙幅の都合で詳細な引用は割愛するので，具体的には拙著『ポスト構造改革の経済思想』(2009 年，新評論)p. 88〜94 及び巻末資料を参照頂きたい．

2) 2000 年 11 月，筆者はパリの OECD 本部を訪ね雇用分析政策課の N. パワーズ課長に面会し，雇用戦略をめぐって意見交換を行う機会を持ち，「それぞれの政府はすでに主体的に労働市場の規制緩和を進めており，OECD としては，その状況を積極的に経済分析し，取り上

まず，審査では，長期雇用や年功賃金制度などの日本の雇用慣行は，高い成長率と労働力の増加を前提としているとされ，成長率が低下し労働力の高齢化が進む今後の日本経済には，ふさわしくないという総括的な認識が示された．

　年功賃金制度のもとで雇用が安定していれば，労働者は転職する必要に迫られることはないが，このことは，市場経済学の原理的理解からすれば，勤勉に働き技術を習得しようとする動機を弱めるものだと指摘された．多くの国々では，有能な新入社員は早い時期に選抜され昇進するのに，日本では採用されてから最初の15年間は同期の従業員との間で昇進する速さにほとんど違いはなく，地位と賃金は年齢と勤続年数によって上昇すると，日本の雇用慣行のある一面を際だたせて説明した．そして，このような慣行は，有能な人材を低い地位の仕事に就かせるという「高コスト」を払っていると批判した．

　さらに，日本の労働者は失業することが少ない反面，労働投入の調整方法が偏り，所定外労働時間や賃金の大きな変動が発生し，配置転換が頻繁なものになるなど労働者の負担が大きいと指摘された．そして，企業内での配置転換は労働者の適性や好みに合わない場合があることも付言され，外部労働市場を用いて，市場メカニズムによって資源配分を行うことは，労働側にもメリットがあると強調された．

　こうした認識と分析に基づいて，労働市場の柔軟性を促進するために，日本では「労働市場政策の変更が必要である」とされた．具体的には，民間職業紹介と労働者派遣事業を拡大させることがあげられ，外部労働市場を活かすために人材ビジネスを拡張することが不可欠であるとされた．そして，正社員の解雇に対する厳しい基準を緩和することが，労働市場の柔軟性を確保する上で重視された．特に，この解雇規制の緩和に関しては，「日本の労働者は非常に安定した雇用の恩恵を受けている．法律は所定の解雇手続を踏むことによって従

げたということで，必ずしもそれを推奨している訳ではない」との発言に接した．各国政府の政策の選択は，最終的には，それぞれの国民の主体的な判断によるものであるから，この発言はもちろん嘘ではないのだが，国際的な世論形成を行いうる機関にあって，ある特定の角度からの分析を行い国際的アピールを行うことの影響は大きい．OECDエコノミストによって示されたこの認識は，国際的な力とネットワークを持つ新古典派経済学者の欺瞞に類するもののように思われる（この現地調査の内容は，石水喜夫「OECDとILO―「雇用戦略」をめぐって―」（『労働統計調査月報』Vol. 53 No. 9, 2001年9月）を参照）．

業員を解雇することを認めているが，裁判所はこの権利を行使する企業に制限を課している」と日本の判例法理にまで言及する異例のものであった[3]．

EDRC でなされた日本経済に関する分析や提言は，あくまで OECD のものであり，日本政府にも意見を述べる機会は十分に与えられていた．ところが，この対日審査の内容について，日本政府は EDRC の討議の場において反対意見を述べることはなかった．EDRC の討議において特段の意見対立がみられなかったことから，国際社会は，日本政府が OECD の対日提案に同意し，今後は，提案された構造改革を実施する準備があるものと受け取った．

国際交渉の場においては，いずれの国の政府も，自国の社会の実情を踏まえ，その立場を主張するのが普通である．ところが，日本政府は EDRC の対日審査報告書の原案の討議にあたって，反論すべきところを反論するという取組に欠けていたことが疑われる．国際機関や国際会議の場では，本来，それに参加する国の政府，関係機関は積極的に発言し，検討や討議に主体的に参加することを通じて，自国に不利な事項を徹底的に討論しなくてはならない．もちろん，自己主張だけでは国際社会には通用せず，妥協点を探る協調の努力は欠かせないが，主張，妥協，協調という経過をたどることで，採択された文書であっても，国際社会の中で，それを相対化することは十分に可能なのである．

対日審査の検討にあたっては，少なくとも次の3点が討議されるべき論点として残されていたと思われる．

第1に，日本的雇用慣行を見直すべきとされた点についてである．日本の労使関係にみられる長期雇用慣行には，雇用を安定させ，長期的な視点から人材を育成し評価する機能が備わっている．外部労働市場により市場調整メカニズムを活かすというのは，新古典派経済学からする市場経済学の演繹的な結論に過ぎない．このような特定の経済学からの演繹によって，具体的に一国の雇用

---

[3] OECD による日本社会の理解は表面的であり，歴史的に形成されてきた判例法理の見直しまでをも日本政府に迫ったことは，かえって判例法理を成文化する社会的な動きを惹起した．これは OECD の理解をはるかに越え，新古典派経済学の研究テーマとして盛んに議論されるようになったが，その出発点からして的外れに思われる．国際機関が，それぞれの政府の基盤にある社会や歴史に不用意に言及することは，その政府を倒壊させる意図がない限り，避けることが賢明なのではないだろうか．

慣行を改造するという，EDRC報告書の組み立ては果たして妥当であるのか，国際的に討議される必要があっただろう．

第2に，解雇抑制的な雇用政策を見直すべきとされた点についてである．EDRC報告書では，解雇規制の緩和により労働力の調達，排出が円滑に進み，雇用の拡大と失業の吸収が可能となるとされたが，これも第1の論点と同様に市場調整メカニズムに強い信認を置いた新古典派経済学の論理的な演繹であり，事実は，それぞれの国の歴史や社会に即して検証される必要があった．特に，日本の場合は，景気変動に対して所定外労働時間によって柔軟な調整が行われており，雇用が維持されることで生活の安定を通じて消費需要を安定させるなど景気の安定にも役立ち，さらに，育成された人材を企業としても温存できるなど，数多くの利点がある．EDRCの分析は日本的雇用慣行の持つ意義を不当に貶めている疑いをぬぐうことができないように思われる．

第3に，労働力の需給調整を民間人材ビジネスの導入によって活性化すべきとされた点についてである．民間の職業紹介は，人材の斡旋に成功すると，その採用企業から成功報酬を得て事業を成り立たせるビジネスである．このような仕組みは，高い技能を持った労働者の採用には有効であるが，失業者の就職促進とはほとんど無関係である．日本の公共職業安定所は，現に，失業者の再就職の促進には有効に機能しているのであって，失業の根本的な原因は，有効需要の不足にある．民間システムに委ねることが全ての問題の解決につながると思わせたEDRCの立論は人々の幻想を煽ったもののようにみえ，立論そのものの妥当性が問われるべきだったのではないだろうか．

3) TUACによる反対声明

このように討議すべき重要な論点が存在したにもかかわらず，対日審査の検討にあたっては，日本政府からの主体性をもった発言はなされず，しかも反論はなかったことから，OECD事務局が示したペーパーは正式にEDRC報告書となった．この報告書は，その後の日本における構造改革の端緒を開くものとなった．日本人は今後，国際社会において如何なる地位を占めるのか，そして，国際社会の進歩に如何なる貢献を果たしうるのか，日本の労働外交に多くの課題を残した，重大な歴史的事実であったと思われる．

一方，極めて重大な問題を抱えた報告書に，日本政府が同意を与えたことは，他の加盟諸国に大きな波紋を及ぼすこととなった．OECDの労働組合諮問委員会(TUAC)は，グローバル化の名のもとに各国の雇用慣行を安易に改変することの危険を指摘した上で，対日審査による雇用戦略のフォローアップは，「負の柔軟性」の論点を過度に強調しているとして，そこに基本的な欠陥があるとの厳しい反対声明を発することとなったのである．

　これは日本政府とOECDとの合意に関わりなく，対日審査の内容が雇用戦略のフォローアップとしてふさわしくないとの判断を，TUACの立場をもって示したものである[4]．

　TUACの声明では，次のように述べられている．

　「企業の利益が改善しているにもかかわらず，「グローバリゼーション」のキャッチワードのもとで，競争的になるために生活水準を低下させる必要があるといった誤った主張がなされている．また，いくつかの政府では，対策をとれない言いわけに利用されている．さらに，そうした政策の欠如の結果も現れてきている．

　現行のOECD諸国の労働市場は，社会的な一体性を損なわせる一層不平等なものになりつつある．いくつかの企業は，OECD域外国からの低賃金の競争圧力を伴う激しいグローバルマーケットにおいて，時代遅れの生産，競争の形態に囚われている．さらに，競争し合っているのは企業同士というよりは，

---

4)　本声明は，EDRCの審査結果を受けて，それがOECDの雇用戦略のフォローアップとしてふさわしくないとの判断をTUACの立場において示したものであった．この声明発出には様々な背景が考えられるが，それに関する証言の一つとして日本の労働運動の側に次のような発言がある．「当時の連合は，このOECDの対日審査報告書について労働省や通産省などに抗議し，またOECD・TUACの会議等で強く反論し，その動きが1997年のTUACによる反対声明に繋がったと私自身は認識している．このOECDの雇用戦略をめぐる連合の闘いはその後も続けられ，最近では2009年のOECD閣僚理事会の際の政労使コンサルテーションやラクイラ・サミットの直前のG8サミット議長(2009年はイタリアのベルルスコーニ首相)とG8労働組合代表との協議の場などでもOECDガリヤ事務局長や雇用・労働問題担当局長を相手に強い糾弾の議論を行い，少なくとも「雇用戦略」とりわけ「対日審査報告書」の内容の無謬性に疑問が呈されていることを伝えられたと思っている．このように1994年のOECDの雇用戦略の日本における影響はきわめて大きなものであり，いまだにその影響をひきずっている」(髙木剛「冷戦構造の崩壊がもたらしたもの―「労働市場」の意味を考えさせられて―」(旬報社『労働法律旬報』(No.1713, 2010年2月上旬号))．

違う国の労働者同士が，それぞれの国の経営者が提供する限られた雇用機会を手に入れようと，労働者同士で競争し合わなければならなくなってきている．

他方，絶え間なく知識と革新が取り入れられ，付加価値の高い労働組織の新しい形態へ移行した企業も存在する．これらの高い技術，高い信頼を持つ組織は，労働者が生き残る唯一の方向を提示している．よい慣行はサービスや公務を含む経済の全域に適用されなければならない．

労働組合は経営側とともに，変化するための，この質を高める取組の作業を構成する中心的な役割を担っている．労働市場の規制緩和は中心的な論点ではない．労働組織の変化に対応した，労働者の内部的な職務の柔軟性が企業にとってより重要である．雇い入れや解雇の柔軟性及び賃金の切り下げは，いくら好意的に考えても的外れなものと言わざるをえず，低賃金，低技能により競争力を高めようとする方向を促進してしまうものであろう．OECD雇用研究のフォローアップにおいて，この「負の柔軟性」の論点が過度に強調されていることは基本的な欠陥であり，変更されねばならない」[5]．

声明では，「グローバリゼーション」という言葉はキャッチワードに過ぎず，誤った主張の導入のために用いられていると警告されている．そして，世界的な激しい市場競争の中で，低賃金，低技能の労働力を用いて企業利益ばかりを拡大させる傾向を促し，それが各国における社会的な一体性を損なわせることに強い懸念が表明された．絶え間ない技術の進歩を取り入れていくため，働く人達に求められるべき「柔軟性」はあるが，それは，特定の職務分野に自らの役割を狭く固定することなく，社会の変化に合わせて柔軟に職務内容を見直していくことにほかならない．労働者の職務内容に直接的に賃金額を対応させることを避け，労働者の潜在的な能力に賃金を対応させることで，柔軟な職務分野の見直しを可能としてきた日本の雇用慣行は，企業の付加価値創造能力を高めることに役立っている．大切なことは，こうした経営と労働の質を高めるための取組なのであって，日本的雇用慣行にも利点があり，一方的に非難されるだけの存在であるはずがない．解雇規制の緩和や賃金の切り下げは，経営と労

---

5) この声明は1997年に発出されたもので，その全文翻訳は，依光正哲・石水喜夫『現代雇用政策の論理』(1999年，新評論) p. 201〜208に掲載してある．

働の質を高めるための取組に逆行する大変危険な柔軟化政策であり，TUACは，これを「負の柔軟性」と呼び，強く批判するとともに，雇用戦略の基本的欠陥として，その撤回を求めたのである．

第2節　日本の構造改革論

1)　グローバル化と構造改革

グローバル化とは，様々な財や情報が国境を超えて自由に行き交い，さらには人の移動までもを含めて経済効率化を世界規模で図ろうとする世界潮流のことである．こうした動きは，冷戦構造の終結とともに一気に広がった．しかし，TUACが警告したように，「グローバリゼーション」とはキャッチワードであり，冷戦終結後のある種の政治標語，ないしは宣伝文句のようなものであったと理解する必要があっただろう．

冷戦構造の終結までは，それぞれの国にそれぞれの歴史に根ざした経済機構があり，その国独自の特徴ゆえに，その経済機構の運営は，基本的に国家を単位として行われるというのが通念であった．そして，世界秩序は，その異なった背景を持つ国々の政府が，外交手段を用いて意思疎通を図り，相互の協力関係のもとに構築されるべきものと理解されていた．これは「国際協調主義」と呼ばれる思想である．

このことは，国際的(international)という言葉の成り立ちによって理解できる．国家や民族，すなわちnationを基本単位とし，その相互の関係，すなわち，inter-の接頭語によって示される関係によって，nationとnationが結びつけられるのである．インターナショナルとは，国と国の違いを認め合った上での世界秩序を示した言葉であった．

ところが，冷戦終結後に一大潮流となったグローバル化(globalization)とは，様々な国や地域が存在する現実の世界を，天体としての地球(globe)として表現する言葉である．冷戦後の世界においては，こうした物理的な概念によって，結果的に地球の一体性が不用意に強調されることとなった．グローバル化の思潮は，政治・経済の論壇の中で中核的な位置を占め，しかも，日本においては，ほとんど無自覚のうちに「国際化」という言葉を「グローバル化」という言葉

に置き換えてしまったのである．

　日本は，冷戦終結後の時代をグローバル化の時代として認識し，冷戦後の世界は一つの市場経済に束ねられるという見通しのもと，地球規模で想定される新たな富の創造に積極的に参画することを経済運営の方針とした．市場経済学に基づく構造改革を推進した日本政府の経済運営の裏には，この「グローバル化」という世界認識があり，さらに，それは，冷戦構造の勝利を我がものとしたアメリカ政府の認識と寸分違わぬものであったと言えるだろう．

　アメリカのものの見方を通じて世界を認識するという方法は，太平洋戦争に敗北した日本人が身につけた戦後の処世術であり，OECDの雇用戦略をめぐる国際労働外交にも，その弊害が如実に現れている．こうした戦後外交の弱点は，日本の経済学研究において，新古典派の市場経済学の勢力が強まり，アメリカを中心としたネットワークの中で評価される研究者が，日本の世論形成に影響力を高めるにしたがって，ますます問題を深めている．

　戦後日本外交の基軸は，自由主義市場経済諸国，特にアメリカ合衆国との友好的な関係を維持，発展させることで，そこから得られる経済的利得を最大限に引き出すところにあった．アメリカの描く世界秩序の中にあって，拡大する自由貿易の利益を最大限に取り込み，輸出を増やし，高い総需要の伸びを作り出しながら，日本は高度経済成長を実現したのである．しかし，それは，敗戦後の日本が独立を勝ち取り，経済的に自立していくための一時代の外交方針に過ぎず，決して普遍的なものではない．そして，国際関係が変化すれば，その方針は柔軟に変更されなくてはならない．ブレトンウッズ体制が崩壊し，レーガノミクスを通じて変質したアメリカの経済運営をみる限り，日本の主体性をもった経済認識，世界認識の形成は，ますます強く求められている．また，そのためにも，アメリカの政治的・経済的ネットワークに埋没する新古典派の市場経済学から抜け出し，日本独自の経済学研究に精力を傾ける必要があるだろう．

　国際機関や国際会議の舞台を単に友好を増進するための場ととらえ，何ら主張することもなく大勢の追認を繰り返すだけでは，今後の日本社会の発展を望むことはできないだろう．特に，OECDの会議に臨むにあたっては，この機関がアメリカ的な経済システムと親和性が高く，アメリカの世界秩序を実現す

る戦略的な活動にあたってきたことを忘れてはならない.

　経済協力開発機構(OECD: Organisation for Economic Co-operation and Development)の前身である欧州経済協力機構(OEEC: Organization for European Economic Cooperation)とは, 第2次世界大戦後に立案されたアメリカのマーシャルプラン(欧州復興援助計画)を受けて, 欧州側がそのプランの要求と資金を受け入れるために発足させた機関なのである.

　1945年5月, ドイツが降伏すると, アメリカはただちに欧州援助に乗り出した. 初期段階の援助は, 戦争による直接的な被害をしのぐためのものであったが, アメリカは次の段階として, 欧州の産業の復興と貿易の再開のための仕組みづくりが必要であると考えていた. 1947年6月, アメリカ国務長官 G. C. マーシャルは, ハーバード大学の卒業式記念講演の壇上で欧州復興に関するアメリカの支援計画を明らかにした. この欧州復興援助計画はマーシャルの名をとって, マーシャルプランと呼ばれた.

　演説の力点は, 欧州側に適切な受入態勢づくりの協力を求めるところにあり, 形の上ではソ連にも門戸を開いていた. しかし, ソ連はアメリカが提示した受入条件を拒否し, ここに東西欧州の分裂が明確化し, 1948年にマーシャルプランの協力受入機関として OEEC が発足した. 一方, ソ連と東欧は翌1949年に経済相互援助会議(COMECON)を発足させ, これに対抗した.

　その後, 欧州の西側陣営では復興とともに輸出競争力が回復し, 1950年代末にはアメリカの国際収支が逆調を示すようになった. アメリカ側に OEEC 加盟国との間で経済的な諸政策をより緊密に調整する必要が生じ, 1961年に OEEC は拡大的に改組され, アメリカ, カナダをも正式加盟国とした OECD が発足した[6].

　このような歴史を持つ OECD にとって, 冷戦がアメリカの勝利のもとに終結したことは, 戦後展開してきた自らのシンクタンク機能に強い自信と自負の念を呼び起こしたに違いない. 1992年に始まる「雇用戦略」の取組はこの文

---

　6)　日本は, 昭和39(1964)年に21番目の加盟国として参加したが, それは西欧と北米以外の地域からの初めての参加であり, OECD にとってはアジア地域も含めた西側世界の拡大であり, 日本にとっては, 高度経済成長の実現による先進工業国への仲間入りという特別の意味を持った.

脈の中で理解されるべきものであり,市場経済学の原理によってグローバルな市場経済システムの構築を目指す新古典派経済学の研究に一層の弾みがついたのである.

1991年,COMECONは解体され,先述したように1990年代後半には東欧諸国が相次いでOECDへと加盟した.OECDエコノミストにとっては,自由な市場経済競争のもとで,市場メカニズムの恩恵をグローバルに発現していくことこそが,理想の姿であると理解されたことであろう.こうした世界認識を共有する日本の主流派経済学は,OECDの「雇用戦略」をもとに日本の政策当局に対し,次々と改革プログラムを押しつけたが,それらは日本社会の実態とは著しくかけ離れた,虚妄に近い提案の数々だったのである.

2) 構造改革と日本社会

「雇用戦略」として議論されてきた新古典派の市場経済学とその改革プログラムが,日本において明確な形をとったのは,平成7(1995)年の「新時代の「日本的経営」」[7]であった.その公表のタイミングは,OECDの「雇用戦略」が取りまとめられた後,OECDの対日審査が準備されていた時期と重なっている.

そこでは,「能力・成果重視の人事処遇が求められているが,かりに企業での能力発揮が満たされなかった場合,働く個々人の能力を社会全体で活用するために,企業を超えた横断的労働市場を育成し,人材の流動化を図ることが考えられなければならない」とされた.この考え方は,まさに,前章「現代経済学の分析と提言」で説明した「雇用流動化論」にほかならず,日本社会にあっては,占領下における第1回目,高度経済成長期の日米貿易摩擦に伴う第2回目に続く,第3回目の雇用流動化論の流行期を迎えることになった.そして,それは,OECDの対日審査などとも相まって,過去2回の流行期とは全く異なる様相を見せることとなった.

雇用流動化論は,人材を長期的,計画的に育成し,企業内に蓄積していく日

---

7) 日経連(日本経営者団体連盟)が平成7年5月に発表したレポート「新時代の「日本的経営」―挑戦すべき方向とその具体策―」(「新・日本的経営システム等研究プロジェクト報告」).

本的雇用慣行の意義を軽く見て，外部労働市場の機能を，より積極的に活かす改革を主張した．すなわち，企業外の横断的な労働市場を整備し，人材の移動を活発化させ，市場メカニズムを活用することで全体としての労働力配置機能を高めることができると提案したのである．もし，雇用流動化を通じて，人材の適材適所の配置が実現できるのであれば，それは企業にとっても労働者にとってもメリットがあり，そうした改革には，労働者も積極的に取り組むべきだということになる．果たして，そのようなことが外部労働市場の活用によって実現可能であるかについては，労働側から何らかの疑問が差し挟まれてしかるべきだったように思われるが，雇用流動化論は，転職によるやりがい，働きがいを訴えることによって，経営層ばかりでなく，労働側からも一定の支持を受けることとなった[8]．

このように，平成の雇用流動化論は，過去2回の雇用流動化論とは違い，その論の運びは極めて周到に組み立てられていた．そこに，新古典派経済学の世界的なネットワークの中で，普遍的な市場経済学の論理を磨き上げてきた，主流派経済学の力量を感じないわけにはいかない．こうして，経営者と経済学者が足並みをそろえ，かつ，労働側の多くの部分を引きずり込みながら，雇用慣行と雇用政策の改革が押し進められることとなった．政府は，平成7(1995)年12月に「構造改革のための経済社会計画」を閣議決定し，「市場メカニズムの重視」，「規制緩和の推進」，「自己責任原則の確立」などの市場経済学の論理を政府の基本方針として明文化した．しかも，それは日本社会党委員長である村山富市首相を首班とする内閣での出来事だった．そして，雇用流動化論は，この構造改革論の中心的なプログラムに位置づけられていったのである．

---

[8] 日経連「新時代の「日本的経営」」には，日本的雇用慣行の問題として「同質性の高い組織風土が，従業員の自主性，自立性，独創性の欠如や責任の希薄化を生む土壌となっているのではないか」，「企業偏重型生活スタイルからの脱却の困難が社会や家庭のバランスを壊しているのではないか」といった論点が書き込まれた．日本的雇用慣行が「会社人間」を再生産しており，真に実りある職業生活を実現するためには雇用慣行と雇用政策の見直しが避けられないと訴えた，この日経連のレポートは，発表当時，多くの人々の心をとらえる語り方をもっていたと言える．経営側のレポートに，企業文化に対する自己批判が盛り込まれたことは，労働運動側にとっては，ある種の目くらまし的効果をもったかもしれない．

3) 日経連の主張と連合の対応

「新時代の「日本的経営」」における日経連の主張は，日本の雇用形態が，今後，三層構造を持つと見なし，その適切な組み合わせによって「自社型雇用ポートフォリオ」の実現を提言したものであった．

「今後の雇用形態は，長期継続雇用という考え方に立って企業としても働いて欲しい，また，従業員としても働きたいという長期蓄積能力活用型グループ，必ずしも長期雇用を前提としない高度専門能力活用型グループ，働く意識が多様化している雇用柔軟型グループに動いていくものと思われる．つまり企業と働く人のニーズがマッチしたところに雇用関係が成立する」．「大競争時代を迎え，常に仕事，人，コストを最も効果的に組み合わせた経営が求められている．これからは，経営環境の変化に応じてどの仕事にどのような人が何人必要かといった"自社型雇用ポートフォリオ"を検討し，対応していく必要がある」とされた．

日本の雇用実態には，正規雇用とそれ以外という2つの区分があり，企業が雇用する労働者の構成を論ずること自体は，この報告書が公表された時点においても珍しいものではなかった．日経連の主張のポイントは，雇用を三層に分け，「高度専門能力活用型グループ」を打ち出したところにある．すなわち，職業能力の形成やその評価が同一企業での長期雇用を前提としている現実のもとで，企業内育成を経ずに高度な専門的能力を備えた人材層を形成することが可能だと主張したのである．このような人材は，ある特定の企業で評価されなくても，社会的には十分に通用するのであって，企業を超えた横断的な労働市場が形成されることによって，社会的に人材配置がなされることになる．

日経連が「新時代の「日本的経営」」によって創り出したメッセージとは，「高度専門能力活用型グループ」を層厚く形成することによって，企業は，必要な時に高度な専門能力を備えた人材を外部労働市場から調達することができ，一方，労働者にとっても，転職が容易になることで，企業に隷属せず，自律性をもった，やりがいあふれる職業生活が約束されるというものであった．

日経連の報告書には，日本の雇用の新しい形として，経営者にも，また同時に，労働者にも訴えかけるビジョンが示されていた．ここで問題とされるべきは，提示されたビジョンの妥当性であり，その検討の背後にある新古典派経済

学の理論構造そのものに踏み込んでの批判が求められていた．

ところが，日本最大のナショナルセンター(労働組合の全国中央組織)である日本労働組合総連合会(連合)の雇用流動化論批判は，労働条件の形成という点に絞られ，いかにも視野狭窄であった．連合は，雇用流動化論は総額人件費の抑制をねらうものであるとの批判をもとに反対の立場を表明した[9]．

雇用流動化論は，市場メカニズムの活用によって経済活性化をねらう構造改革論の中心的プログラムである．ナショナルセンターとしての連合の反論が賃金論での反論のレベルにとどまったことから，構造改革論としての雇用流動化論に歯止めをかけることのできる社会勢力は，日本の中にほとんど見あたらなくなってしまった．こうして，新古典派の市場経済学に導かれ，日本的雇用慣行と解雇抑制的雇用政策の否定，労働者派遣事業の規制緩和，公的職業紹介制度の見直しへと突き進まざるをえない状況が生み出されたのである．

4) 雇用流動化論の推進勢力

雇用流動化論は，確かに，社会ビジョンとしての形を整えていたが，その裏に，それを推進した様々な社会勢力の存在があった．その論理の表面上の統一感や体系性とは裏腹に，雇用流動化論を推し進めたそれぞれの社会勢力にはそれぞれの思惑があり，雇用流動化論を現実に推進することは，日本社会を解体する危険をはらんでいたのである．

雇用流動化論に与した社会勢力を，その意図を推察しつつ整理すると次のようなものであったと言えるだろう．

まず，第1に，日経連に大きな影響を与えた大企業は，バブル崩壊後の経済停滞のもとで，高度経済成長期に大量採用していた「団塊の世代」層の処遇に頭を悩ませていた．当時，40歳台から50歳台へと進むその人口塊の人件費を

---

[9] 日本労働組合総連合会「新時代の「日本的経営」論に関する連合の考え方」(1995年10月)．その後の日本の雇用と賃金の動きをみると，非正規雇用の増加に伴って，労働者全体でみた平均賃金が低下していくことから，連合の批判内容は決して間違ってはいなかったのであるが，日経連が提示したものが日本の雇用関係，さらには，日本の経済，社会システムにまで踏み込んだ社会的なビジョンであったことから，それに対峙するだけの反論としては迫力はなく，また，その後に向けた対抗軸の提供もできなかった．

抑制する手段の一つとして，大企業は雇用流動化論に与することになった．労働者の排出を円滑にする横断的な労働市場の形成は，人件費負担の重い層の人員削減に効果があるように見え，雇用流動化論に期待された．また，その期待は，現実にそのような市場が形成されることよりも，労働者の離職が促せるような社会的ムードの広がりに意味があったと言えるだろう．そして，企業の本音としては，離職してもらいたくない中核的な人材を如何に引き留めるかも並行的な関心事であったに違いない．なお，このような半身の雇用流動化論支持は，企業業績が回復すれば，方針の転換が容易に起こる可能性を含んでおり，現に，その後，団塊の世代が高齢世代となり，処遇問題を乗り越えて行くに伴って，この層の雇用延長が求められることとなった．

　第2に，職業紹介などを行う民間の人材ビジネスは，雇用流動化論に強い利害を有していた．労働移動の拡大は，これらビジネスの売上拡大につながるのであり，職業安定法などの規制緩和と雇用流動化論は，事業者の利害にかなうものであった．ただし，人材ビジネスにとって職業技能の蓄積が十分でない労働者を対象とした事業は収益性に乏しい．社会ビジョンとしての雇用流動化論が，広範な転職市場の整備や失業者の就職促進への取組などを強調したことには，内心では同意しがたかったと思われる．規制緩和に向けた世論の動きをにらみつつ，採算に合わない公的，社会的な責任を負わされないように巧みに振る舞っていくことが，これらの事業者に求められたビジネスセンスであったと言えるだろう．

　第3に，平成13(2001)年1月の中央省庁再編[10]に向けて，労働省の所管する公共職業安定所の機能縮小と民間ビジネスの伸張は，通商産業省の目には所管行政拡大につながる好機と映った．また，国家財政をスリム化し，財政負担を極力抑制するために，大蔵省が規制緩和に協力的な姿勢をとったことも影響し

[10) 省庁再編前の労働省は，厚生省と統合され厚生労働省となり，通商産業省は経済産業省へ，大蔵省は財務省へと再編された．なお，中央省庁再編の基本方針を定めた中央省庁等改革基本法(平成10年6月12日公布，施行)では，旧労働省の新たな行政組織への再編に当たっては，「労働関係の変化に対応しその調整に係る行政を見直し縮小すること」，「職業紹介事業に対する規制を緩和することにより労働市場を通じた需給調整の機能の発揮を促進すること」などが定められた．中央省庁再編において労働省の発言力は小さく，それに対し経済官庁が大きな影響力を行使したであろうことが想像される．

たと推察される.特に,平成9(1997)年の消費税率の引き上げは,厳しい世論の前に,財政のスリム化に積極的に答えることが,税制改革の前提として重要だとの判断があったに違いない.財政当局としても,市場メカニズムを重視し,財政負担を回避するOECDの雇用戦略や新古典派経済学の論理は都合が良く,雇用流動化論の立場から構造改革が行われることは,行財政改革にとっても極めて親和性が高かったのである.

第4に,市場メカニズムに強い信認を置く新古典派経済学の,特に理論研究に力点を置くグループが,雇用流動化論を主張した.ただし,そこには,今まで見たような隠れた思惑と言えるようなものはなく,まさに自らの学説を主張することが,政策論においても重要だという素直な思いこみがあったとしか言いようがない.大企業,経営者団体,人材ビジネス,経済官庁などでは,それぞれの動機と主張の間には距離があり,裏と表,本音と建前がある.そして,それらは使い分けられる.たとえば,大企業は,一般論として雇用流動化論を言いながらも,自社としては中核的人材の温存は至上命題であるし,人材ビジネスは事業拡張をねらいながら,失業者の職業紹介など公的,社会的責任を背負い込むことがないよう駆け引きを行い,経済官庁は労働分野の規制緩和を言いながら,自らの行政分野の拡張を虎視眈々とねらっている,というようなことが想像される.ところが,そのような社会の裏を見抜く力がなくとも,社会的に大きな発言力を持ちうるのが学者なのである.理論研究の演繹的展開にばかり頼った理論経済学者の政策検討は,時に暴走を引き起こす可能性があるが,様々な思惑を有する社会勢力が,自らの思惑への誘導のために大学研究の権威と学者の発言力を都合よく利用したために,雇用流動化論の膨張にはほとんど歯止めがきかない,暴走状態を生み出してしまった.

第5に,日米構造協議が日本の様々な慣行を改革の対象にあげ,国際機関が雇用流動化論を主張したことにも,外国勢力の思惑があっただろう.日米構造協議自体が,日本の市場開放のためにアメリカが主導した枠組みだったとの見方があり,対等な政策協議ではない可能性がある.これらは,アメリカが自らの国益を実現するために巧妙に仕掛けた内政干渉のための仕組みであったとさえ見ることができ,アメリカを中心とした新古典派経済学のネットワークの中に日本の主流派経済学が埋没していることは,日本の主体的な政策形成に著し

い困難を与えている．

5) 構造改革の顚末と日本の経済学

　雇用流動化論の高まりによって，日本的雇用慣行を否定的にとらえる風潮が広がり，企業の人事労務施策や国の雇用政策に様々な見直しの手が入ることとなった．それに伴う変化は，必ずしも新古典派経済学が意図したものではなかったため，今日，その事態と顚末に，学者としての責任を感じていない者は多いと推察される．しかし，雇用流動化論という，およそ日本社会とはかけ離れた虚妄の改革プログラムを唱えたこと，また，その説の推進のために群がった社会勢力の思惑を見抜けなかったことなどは決定的なミスであり，新古典派経済学は，その存在自体が問われなくてはならない．日本の経済学者は，日本経済の課題を総合的に描き出し，日本の実情にそった経済運営を国民各層の協力のもとに実施に移していくことができるよう，適切な検討の枠組みを提示する社会的責任を背負っている．雇用流動化論の顚末を見れば，雇用流動化論に協力した経済学の問題性は覆い隠しようはなく，経済学本来の責務を果たすべく，経済学の研究と教育のあり方は，根本から改められなくてはならない．

　雇用流動化論は，有効需要の不足によって失業が生じているという現実を覆い隠し，労働市場の労働力配分機能を用いれば，失業を減らすことができるという誤った考え方を広めてしまった．このため，日本の雇用慣行や雇用システムを改造することで，働く人々の地位が向上するという，とんでも無い誤解が日本社会に蔓延し，人々に様々な不幸がもたらされた．しかも，それが，学問や大学研究の権威のもとに推し進められたことから，人々は，もはや何を信じて良いのか分からなくなっている．大学進学率の継続的上昇にあぐらをかき，さらに，今日，海外留学生の受入拡大で自己改革を先延ばしする日本の大学において，経済学研究は，今なお，従来の権威を平然と保っているように見えるが，雇用流動化論を吹聴した経済学研究の欺瞞性が，大学に通ったことのない人々にまで広く共有されてしまえば，経済学研究ばかりか日本の大学の権威そのものが瓦解することとなろう．日本の主流派経済学の中に，引き続き，世界的な新古典派経済学のネットワークを頼りに，日本を非日本的なものへと改造することを画策する勢力があるが，それは，こうした研究と権威の瓦解の責任

から逃れるために，人々の目をごまかし続ける必要性を身に迫って感じているからなのではないだろうか[11].

経済学に自己改革が求められていることには間違いはないが，その改革は，決して容易なものではない．

第3節　労働経済学の本質

1）労働経済学の問題性

現代経済学は，統計的・計量的な方法によって経済事象を表現する傾向を強めている．経済学は，科学の一分野として「科学」らしさを演出するために，その形式要件の整備に今後も注力するものと予測される．さらに，OECDなど国際機関での経済研究では，加盟国の統計整備と歩調を合わせながら，統計数値を用いて国際比較を行うことが一般化しており，この研究動向にそって若手研究者が職を得るためにも，数理的な経済学の人気は今後も根強いものと見なくてはならない．

労働経済学は，こうした現代的な研究基盤のもとに拡大している．人が働くということを，労働力の提供と見なし，一人ひとりの精神的，肉体的行為を，労働力という概念で一般化することで，数理的な経済学の研究対象へと還元した．また，そこでは，労働力という商品の需給調整が他の市場と同じように「労働市場」という市場で行われるという経済モデルが，新古典派経済学によって用意されている．「労働市場」の概念を用いて行う市場経済学には，新古典派経済学へと傾斜していく強い誘因が働いている．

労働経済学は，労働力の量を，雇用者数と労働時間という数値に，労働力の

11）新古典派経済学の欺瞞性やOECD雇用戦略の誤りは，今日，労働組合の多くのメンバーに理解されつつあり，その解決に向け，日本のナショナルセンターとTUACとの関係もますます強化され，平成24(2012)年2月には日本労働組合総連合会主催によるシンポジウム・TUAC「新たな経済成長モデル」が開催された．このシンポジウムでTUAC事務局長ジョン・エバンスが，雇用戦略を進めるOECDのエコノミストが新古典派経済学の労働市場研究の態度を改めないのは，新古典派経済学者としての研究ポストを失いたくないからだと述べたことは，シンポジウム参加者を驚愕させた（石水喜夫「3.11が投げかけたもの」（日本郵政グループ労働組合JP総合研究所『JP総研research』vol. 17, 2012年3月）参照）．

価格を賃金という数値に代表させることによって，統計的・計量的方法によって労働市場研究を行う市場経済学の一分野を確立した．そして，今日では，統計の整備，コンピュータによるモデル分析の普及，国際的な経済研究動向に促され，新古典派経済学の中へと完全に埋没した．もはや働く人達の立場になって労働問題を見つめてみるという経験はなくとも，新古典派の経済モデルの中で全ての操作を完了することができ，労働問題の数限りない分野において，新古典派経済学の労働市場分析が無限に量産される体制が完成した．

　人々の行為を，統計的・計量的なものへと還元し，一般的描写を行うことは，問題の本質を見失わせる危険を内包している．そのことは，日米文化比較の名著として知られる，ルース・ベネディクトの『菊と刀』(1946年)において，次のように巧みに表現された．

　「日本がその生活様式をその上に築き上げているさまざまな仮定をあばき出そうとする研究者は，統計的に確認するよりもはるかに困難な仕事を課せられている．彼に要求されている大きな仕事は，これらの公認の習慣や判断が，いかにして日本人がそれを通して生活を見るレンズになるか，を報告することである．彼は彼らの仮定が，彼らが人生を眺めるさいの焦点と遠近法とに，どんなふうに影響するか，を述べなければならない．彼はこのことを，人生をまるで異なった焦点で見ているアメリカ人にわからせるようにせねばならない」．

　「アメリカの社会研究は従来，文明国の文化が立脚している諸前提の研究を志さないものが多かった．たいていの研究は，これらの前提を自明なことだと仮定している．社会学者や心理学者は，世論や行動の分布ばかりに気を取られている．そしてその常套の研究技術は統計的方法である．彼らは膨大な調査資料，質問書や面接調査官の質問に対するおびただしい数の回答，心理学的測定などを統計的分析にかけ，そこからある要因の独立性や相互依存関係を引き出してこようとする」．

　「アメリカ人はアメリカ人の意見を投票によって調査し，かつその結果を理解することができる．しかしそれはその前に，あまりにもわかりきったことだから，誰も口に出す人はいないが，もう一つの段階があればこそできることなのである．すなわち，アメリカ人はアメリカにおける生活の営み方を知っており，それを当然のこととして仮定しているのである．世論調査の結果は，すで

にわれわれが知っている事柄について，さらに，それ以上の知識を与えるにすぎない．他国を理解しようとするに当たっては，その国の人たちの習慣や仮定に関する質的研究を組織的に行った後にはじめて，数量的調査を有効に利用することができるのである」(第1章「研究課題―日本―」より)．

先に，OECD の雇用戦略や EDRC の審査で見たように，雇用や賃金の統計数値を国際的に比較する作業が手軽に行われているが，その結論は，多くの国々と比較した日本社会の違いの強調であり，OECD の観察者からみて合理的だと考えられる雇用慣行や雇用政策に向けて構造改革が行われるよう提案された．現代の市場経済学に，ルース・ベネディクトのような精神が宿っていないことは明らかである．そして，市場経済学の中で労働分野を受け持つ労働経済学は，統計的・計量的分析をふんだんに用い，様々な提言を行っているが，その前提となる日本人の生き方，働き方に関する文化的な面からの究明作業は決定的に欠如している．

かつて，ルース・ベネディクトのような研究者がおり，あの優れた作品が生み出された背景には，どのようなものがあったのか．それは，この書物の冒頭に記された次の一節から明らかである．

「日本人はアメリカがこれまで国をあげて戦った敵の中で，最も気心の知れない敵であった．大国を敵とする戦いで，これほどまでにはなはだしく異なった行動と思想の習慣を考慮の中に置く必要に迫られたことは，今までにないことであった」．

この研究は，太平洋戦争終結に先立って日本占領に必要とされる知識を得るために，アメリカ軍機関の要請によって開始された．アメリカ軍に徹底的に抗戦した日本人への畏怖の念が，この作品を生み出した原動力であったことは言うまでもない．日本は，太平洋戦争において敗北を喫したのであるが，日本占領には，日本人への深い理解が求められることを理解させ，占領後，わずか6年あまりで日米友好のもとに日本の独立が達成されたことは，この「第1の敗戦」が，必ずしも日本文明の敗北ではなかったことを示している．

これに対し，日本の労働経済学が，新古典派経済学の国際的ネットワークとともに推し進めてきた構造改革は，日本文明そのものの改造運動であった．アメリカ側から押しつけられた雇用流動化論を，占領下においてはね除けること

のできた日本社会が，平成期に雇用流動化論に染まったのは，今まで見てきたように，日本の労働経済学が主導した内なる改革志向を抜きにして理解することはできない．

バブル崩壊以降の日本の有様が「第2の敗戦」と呼ばれることがあるが，第1の敗戦が必ずしも真の敗北でなかったことに対し，第2の敗戦は，日本文明の敗北であると言える．労働経済学によってしか自らの職業生活を表現することのできない日本社会は，国際社会において日本文明の意義を表現する力を喪失してしまったのだ．

2) 労働経済学の歴史

かつて，日本の労働問題研究は社会政策論の伝統の中にあった．

社会政策論はドイツの経済学によって生み出された．ドイツに社会政策学会が創設されたのは1872年のことであった．ドイツは後発工業国として遅れて世界貿易に参加したが，はるか昔に産業革命を終えたイギリスに太刀打ちする産業競争力を備えているはずもなく，必然的に様々な労働問題に直面することとなった．

経済学では，A. スミスから始まるイギリスの経済学が，市場での自由競争や自由貿易によって国を富ませる経済思想や経済政策を押し広げていた．しかし，この論理の中に埋没してしまっては，ドイツの工業化を達成することも，ましてやドイツ国民の生活を向上させることなど到底不可能であった．そこで，スミスの自由貿易主義に対峙し，自国の経済政策を主体的に創造しつつ，その正当性を広く主張することのできるドイツの経済学を生み出すことが，ドイツの国民的課題となったのである．

こうした国民的課題を担って誕生したドイツの経済学は，国の経済発展段階を踏まえた歴史学派経済学[12]として展開され，スミスの述べるような経済法則の普遍性を否定する立論を行い始めた．このような学風の中に育った経済学者達によって創設されたのがドイツ社会政策学会であり，そこでは労働問題を中

---

12) 歴史学派経済学の始祖としてはF. リストがおり，主著は『政治経済学の国民的体系』(1841年)．

心に国のとるべき社会政策についての提言活動が行われた．

日本の社会政策学会はドイツに範をとり，明治29(1896)年から活動を開始した．後発工業国であり，国際競争力の相対的に低い国家として，日本の置かれた状況はドイツと酷似しており，日本ではドイツの経済学動向に関心を持つ経済学者は少なくなかった．なお，労働問題を研究する方法としては，イギリスの経済学者マルサスが18世紀末に出版した『人口論』によるものもあった．この立場は過剰人口からくる貧困研究であり，人口抑制が重視された．しかし，いずれにせよ，A.スミスに始まる自由貿易主義や効用価値説・限界分析を取り入れ市場メカニズムの解明に力を注いだ新古典派経済学に馴染んだ学者は，日本の労働問題研究者の主流ではなかったのである．

日本の社会政策学会は第2次世界大戦前に活動を停止させられ，戦後，再建されるという歴史をたどったが，労働問題研究は，基本的には，この社会政策論と人口問題研究の伝統の中にあった．

日本の労働問題研究に，労働経済学が紹介され，その活用が提案されたのは高度経済成長の入り口に立った時代であった．昭和29(1954)年，隅谷三喜男の論文「賃労働の理論について―労働経済学の構想―」の公表によって日本の労働経済学は産み落とされた[13]．同論文は，人が働くということを労働力商品の提供と見なすことによって，労働問題に市場経済学を適用しようとしたものであり，社会政策論の伝統の中に育った人々に少なからぬ反発を生んだ．しかし，社会政策論の側でも，氏原正治郎や高梨昌などのメンバーが，同論文において，労働力を人間から切り離して研究することの問題点が考察され，労働力商品の特殊性を踏まえて慎重に労働経済学を運用する態度が示されたことを評価し，隅谷三喜男の問題提起を受け止めたことから，労働経済学は着々とその地位を高めていくこととなった．

社会政策論の内部に，労働経済学に対する反発があったにもかかわらず，あえて労働経済学を用いようとする動きが生じたことには，占領から独立にかけての時代における社会政策学会の特殊な事情を踏まえて理解する必要がある．

---

13) 東京大学経済学会『経済学論集』第23巻第1号に公表されたもの．後に，同著『労働経済論』に再掲された．

戦後，再建を果たした日本の社会政策学会は，社会政策本質論争と呼ばれる激しい路線対立を引き起こしていた．戦後日本社会は，労働立法や農地改革などの戦後改革に取り組んだが，こうした取組の歴史的な意義を評価しないグループも存在した．これに伴う対立は，日本の独立回復のための講和条約のあり方や，社会体制の選択まで含め，この時代の政治的状態を反映したものであったが，学会の運営における障害であったことは間違いない．氏原正治郎や高梨昌のグループは，そのような政治的対立を回避しつつ，実証研究と政策研究の充実を図り，戦後労働政策の発展に具体的な貢献を行うことを模索しており，隅谷三喜男の問題提起を受け止め，「労働市場」概念を用いて実証研究を行うことに一定の評価を行ったものであった[14]．

　また，高度経済成長期においては，その政策論として「労働市場」概念を用いることに一定の意義があった．農村の相対的な過剰人口を都市工業へと流し込み，短期間で成長と工業化を達成しようとすれば，労働力を流通可能な商品として規格化し，市場を通じて労働力配置を行うという発想に，時代の合理性を認めないわけにはいかなかった．この時代の労働政策は，労働市場政策でなくてはならず，大量の労働移動を円滑に実施し，しかも，その市場取引を通じて労働者の安全や健康を維持，増進するという政策構造を取らざるをえなかったのである．

　こうして，日本の労働問題研究の中心は，社会政策論から労働経済学へと横滑りを起こしたが，そこには2つの問題が隠されていた．

　第1の問題は，日本の労働経済学が高度経済成長期に定式化されたことから，完全雇用を無自覚に前提としてしまったということである．もともと新古典派経済学の労働市場論では，「非自発的失業」の分析を行うことができない．この点については，次の第3章で詳述するが，こうした限界をもった経済理論が広く行きわたり定着してしまったのは，高度経済成長という，当時の勢いのある経済環境を抜きにしては考えることができない．労働経済学は，高度経済成長のもとで実態をよく説明しているようにみえ，また，実際の労働政策にも活

14）高梨昌「私の労働問題研究45年の歩み―社会との関わりのなかで―」(『信州大学経済学論集』第30号，1993年3月) を参照．

用されたことから，学問的権威を確立していったと言える．

　第2の問題は，労働問題研究の領域から政治経済学の伝統が失われ，市場経済学へと傾斜したということである．人間と社会の問題を対象とする労働問題研究は，その体系化に著しい困難を抱えている．それは，人間という存在が，一人ひとり個性ある多様な存在であるからで，人が働くということを労働力という普遍性を持った商品として擬制的にとらえ，その流通に関する研究を行うというのは，著しい単純化であり，一種のフィクションであった．また，そうした単純化故に，労働経済学の理論は美しく体系化され，科学的なものとして賞賛を得ることもできたのである．しかし，この方法は，労働問題研究から政治過程を放擲してしまった．人間関係を基礎として構築される社会は，その運営のために，一人ひとりの個性の違いから生じる価値と価値のぶつかり合いの中から，新たな価値形成と社会選択を行う政治過程を不可欠の要素としている．したがって，労働問題研究は，この政治過程の分析を抜きにして考えることはできない．労働問題研究の中心にあった当時の社会政策論は，常に政治的な動きに翻弄される宿命を持っていた．これに対し，市場経済学を労働問題研究に持ち込んだ労働経済学は，市場価値という単一の価値尺度をもって，研究体系の構築に成功した．しかし，それは，社会政策論の伝統を引き継いだ人々にとって素直には承服しかねる解決方法だったのである．

　ところが，日本の労働問題研究は，このような問題性をもった労働経済学へと完全なる横滑りを起こした．その背景として，多くの研究者の間に，労働経済学を活用することによって社会政策論の中に生じた激しい政治的対立を回避したいという心理が広がったことがあっただろう[15]．

　労働経済学は，日本では，隅谷三喜男の提案によって開始され，氏原正治郎

---

15) 労働問題に関する経済学研究をどのように考えるかであるが，この研究分野では研究を志す研究者自身が，分析の対象となる労働や社会の構成要素なのであって，その局外に立って，労働関係を客体化させ，普遍的，網羅的な研究を行うなどということは，もともと不可能と思った方がよいのではないだろうか．現実的な労働問題研究とは，我々が雇用のことを考えたり，労働条件を定めるなどの必要に応じて意見を集約し，合意を形成することに役立つものでなくてはならず，意見対立の中にあってもどこかに自らの研究の立脚点を置かざるをえない．そのような覚悟の持てない者は，労働問題研究という経済研究分野は志さない方が良いように思われる．

や高梨昌の同意によって，社会政策論に代わるほどの勢力にまで膨張した．しかし，氏原正治郎や高梨昌の意図は，実証研究によって戦後労働改革の歴史前進的意義を正しく評価し，その上に戦後労働政策を発展させることにあり，労働経済学の方法論に全面的な賛意を示したものとは考えにくい．しかも，労働経済学の「労働市場」概念が市場経済学のインキュベーター(孵化器)として作用し，新古典派経済学に主導された労働経済学の成立を許したことは，全くの誤算であったに違いない[16]．

　労働経済学は，新古典派経済学の力によって美しく体系化されたが，その理論の現実への適用にあたっては，極めて慎重な態度が求められる．ところが，日本の労働問題研究が社会政策論の伝統から労働経済学へと大きく横滑りを起こして以来，すでにかなりの時間が経過した．初期の労働経済学は自らの歴史や限界を認識していたかもしれないが，現代においては，もはや，そのような認識は残されていない．労働経済学の世代交代が進み，市場経済学の原理的な理解によって学会の自己再生が行われた結果，労働経済学から人間や社会の問題を扱うという現実的な感覚がますます薄れ，今や，自らがつくり出した抽象世界に振り回され，現実との関係を見失う研究者さえ生み出された．しかも，そのような研究が大学の権威のもとに遂行されるため，その居心地のよい内部世界の認識だけを信じ込み，実務に携わる人達の研究を低くみて，批判し排除するという恐るべき保守性，反動性を示すに至ったのである．

---

[16] 高梨昌は，平成23年8月に亡くなったが，その直前に次の証言を残した．「もともと私が経済学を勉強し始めたときの一番の関心は「労働は商品ではない」というテーゼです．私はそれについていろいろ読みましたが，大河内一男先生の社会政策の理論などを読んでいましたし，私が学ぶべきものはここにあると思ったのです．私は大河内先生の門をたたいて，大河内ゼミに入れてもらいました．私が大学での勉強を始めたとき，それはまさにILO(国際労働機関)のテーゼでした」．「市場経済になじみにくいものを商品にしてはならないのです．経済学が堕落した理由は，たとえば，リーマンショックで明らかになったように，金融論がいつの間にかエンジニアリングの対象になってしまったということです．金融論はたしかに資本主義の基本の原理ですが，貨幣は市場経済にもっともなじみにくい商品だと言ってよい．「金」の場合は，もともと希少価値によって価値が生み出されているので，流通しにくい．それが紙幣になって，プリントできるようになったから，自由に流通するようにみんなが勘違いした．私はこれが堕落の始まりだと見ています．経済学の誤りは，市場経済になじまない労働力と貨幣を商品としたことにあります」．「労働力，土地，貨幣など商品になじまないものを無理に市場経済学の枠組に取り込んだことがいけなかった」(高梨昌・石水喜夫「対談 労働経済分析に期待されるもの」(旬報社『労働法律旬報』No. 1759＋60, 2012年1月合併号)より要約)．

3) 労働問題研究の展望

現代社会では，様々な分野で専門化が進行し，その専門分野はますます細分化している．一方，そうした高度な専門的技術力を用いて，物質的な富はますます増大し，経済活動の巨大化傾向はとどまるところを知らない．

この細分化と巨大化という両極端の傾向は，人間が持つ本来的な力を引き裂き，また，押しつぶし，人間の精神に極めて大きな悪影響を及ぼしている．この現代病によって，一人ひとりの人間は，社会と歴史における自らの位置を見失い，手に入れたはずの技術力と経済力とを正しく利用することができなくなってしまった．しかも，技術と経済に関わる高度な知識を有するエリート層には退廃的傾向が現れている．この社会と学問の惨めな有様は，マックス・ウェーバーの筆によって，すでに100年以上も前に，予言的な言葉によって記されていた．

「近代資本主義の精神の，いや，それのみではなく近代文化の本質的構成要素の一つたる職業的観念の上に立った合理的生活態度はキリスト教的禁欲の精神から生まれた．しかし，今日では禁欲の精神はこの外枠から抜け出してしまっている．勝利をとげた資本主義は，機械の基礎の上に立って以来，この支柱をもう必要としない．今日この「使命たる職業の遂行」が直接に最高の精神的文化価値に関連せしめられえないところでは——あるいは同じことだが主観的にも端的に経済的強制としか感じられないところでは——各人はその意味をおよそ詮索しようとしないのが通例である．今日営利のもっとも自由な地方であるアメリカ合衆国では，営利活動は宗教的・倫理的な意味をとりさられているために，純粋な競争の感情に結びつく傾向があり，その結果スポーツの性格をおびるにいたることさえ稀ではない．

そして，こうした文化発展の「最後の人々」にとっては，次の言葉が真理となるであろう．「精神のない専門人，心情のない享楽人．この無のものは，かつて達せられたことのない人間性の段階にまで登りつめたと自惚れるのだ」と」[17]．

---

17) マックス・ウェーバー『プロテスタンティズムの倫理と資本主義の精神』，第2章「禁欲的プロテスタンティズムの職業倫理」，2「禁欲と資本主義の精神」より要約．

現代社会を生み出した人々の合理的な経済活動とは，もともとは宗教的な精神性や伝統的な生活態度に基礎を置いていた．ところが，機械やエネルギーの力を借り，また，社会的な制度が整備され，それに基づいた合理的な経済活動が運営されるようになると，社会は，もはや宗教性や伝統性などを不要のものとし，それらをそぎ落としながら，経済合理性自体が自己目的として追求されるようになったのである．このことを人が働くことに即して考えれば，かつて伝統的社会において働くということは，必ずしも貨幣所得を得るということだけが目的ではなかった．人が働くということは，人々がともに社会の価値を共有し，協同的な社会生活を営む活動として，人々の人格と行動の中に織り込まれていたのである．ところが，産業革命後の工業社会においては，社会の分業が著しく進展し，その細分化された労働が市場価値として評価された時，初めて職に就き，賃金が得られるという現実が浮き上がってきた．

　現代社会では生きていくために，仕事に就き賃金を得なくてはならない．厳しい雇用失業情勢のもとで，そのことが，さらに切々と求められるようになると，市場価値によって人が評価されることに，ますます重みが増していく．こうして，かつて歴史的に形成されてきた社会的価値の中にあった人々の気風や倫理は廃れていく．その行き尽くした社会において人間が共通に認めることができる価値，それは市場価値だけになってしまう．人々が認め合う価値が市場価値しかないということは，ニヒリズムのほか何物でもなく，現代の社会が退廃的傾向に沈んでいきつつあることは言うまでもない．

　今，改めて，働くことの意味を社会的に問い直すことが求められているのである．

4）働くことの意味を求めて

　労働問題研究の眼前には，働くことの意味を社会的に，あるいは歴史的に問い直すという現代的な課題が横たわっている．このような学問的取組なくして，人間と社会の今後の発展はない．

　ところが，このような性格を持った人間味のある学問は，形式的な科学主義へと傾斜する今日の大学研究には，およそ似つかわしくない．そもそも，今日の経済学研究では，市場価値の研究とその効率的達成が主要命題とされ，研究

者同士で市場価値とは異なる次元で価値を語り合う言葉がない．それは主流派経済学が，政治経済学から市場経済学に完全にシフトしてしまったということであり，労働問題研究の重心が，社会政策論から労働経済学にシフトしてしまったということでもある．

労働経済学は，日本の社会に構造改革を命じ，労働市場の市場調整メカニズムを活かすことを失業問題の処方箋とした．人々には，自らの市場価値を高めるための取組が推奨され，雇用を生み出す企業の活動への期待から規制緩和策が続々ととられた．賃金決定も，その時々の市場価値に即してスピーディーに行われなくてはならず，業績・成果主義的賃金制度が推奨された．こうして市場調整メカニズムに投げ込まれた人々にとって，労働経済学はリアリズムを持ち，労働問題研究はますます労働経済学へと傾斜し，働くことの市場化，長期雇用慣行の否定，日本型雇用システムの改変を押しとどめることはできない．

このような労働問題研究の現状に鋭く対峙し，みずみずしい感性と若い力をもって市場経済学を超克していくことこそ，若い研究者の社会的責任にほかならない．ところが，そのような取組を自らに課すことは，主流派経済学のパラダイムの前に，自らの研究生活を閉ざすことになるかもしれないという，とてつもない矛盾を抱えている．

しかし，それでも，若い研究者はそれに取り組まねばならない．なぜなら，このままでいけば，職を得ようとする大学そのものの社会的権威が瓦解するのは，そう先のことではないからだ．パラダイムの覗き筒で大学をみるのではなく，社会的な立脚点をもって，自分の目で大学をみなくてはならない．

労働組合は今，市場価値ばかりに傾く日本社会にあって，社会的な価値を再構築する意義ある活動に取り組み始めた．企業内労使関係にあって，日本の職場の実態に即し，働く人々の「働きがい」を掲げた運動は，その所属する組織，企業の使命の自覚と結びつき，労使協調のもとに企業の社会的意義を訴える広範な活動へと結実していくに違いない．

そして，その個別労使関係の取組は，ナショナルセンターによって社会的，集団的な労使関係へと高められ，賃金交渉だけに限られないより広範な政策形成へと突き進んでいくことが期待される．こうした社会的取組が，人事，労務の実務者だけで達成しえないことは言うまでもなく，集団的労使関係の現場に

は，優れた経済学の研究者をも必要とする．労働組合は，日本の大学と若手研究者の置かれた実情を良く理解し，政策研究充実と研究者の養成とを表裏一体のものとして推し進めなくてはならない．

　労働組合は，労働問題研究をも内包して，働くことの現代的意義を問い続けなくてはならない．それは，人々の人間性を回復させていく社会運動であり，この取組によって労働運動が，極めて重要な歴史前進的意義を有していることが，万人に理解されることとなるだろう．

第3章　現代雇用理論の構築

　市場メカニズムに高い信認を置く新古典派経済学の思想的源流は，A. スミスの「神の見えざる手」と予定調和観にある．スミスの『国富論』には，一人ひとりの自由な行動が社会全体の発展を生み出すという力強い言葉があふれている．しかし，現代に生きるエコノミストは，それはあくまでスミスの時代のものであって，現代には，現代独自の課題があることを強く意識しなくてはならない．

　A. スミスは，18 世紀のイギリスに生き，経済拡張の勢いを増すイギリス社会の実状に即して『国富論』を著した．それから 200 年以上の時が過ぎ，現代日本社会において，スミスの精神は主流派経済学の思潮を支配し，構造改革という名の経済運営を主導している．まず，規制緩和によって市場メカニズムを発揮させ，企業家精神を発揚させることが目指されている．また，日本の雇用慣行に見られる長期雇用慣行を改め，労働移動を通じて市場での労働力配分機能を活かすことが求められている．さらに，グローバルに拡張する市場経済に積極的に参加し，世界的な市場競争の中で経済的富を手にすることが命じられている．

　このような市場メカニズムを重視する経済思想は，経済学の歴史的展開の中で現れた，ある一面が過度に強調されたものだと言えるだろう．現実の日本経済の運営にあたっては，経済学の持つ歴史性，社会性を認識し，さらには，その限界をも良くつかんだ上で，慎重な検討が行われなくてはならない．

　経済学の歴史をひもとけば，そこには様々な学説と経済思想があり，イギリス経済学に限っても，スミスの『国富論』(1776 年)に対しては，J. M. ケインズの『雇用・利子および貨幣の一般理論』(1936 年)による鋭い対抗軸の提示があった．両書の性格を歴史的に考察すれば，『国富論』は市場経済における自由な資源配分に強い信認を置いた経済学であり，『一般理論』は，自由放任の弊害に対する政府機能の強化を掲げた経済学であった．2つの経済学は，それぞ

れの時代の課題を踏まえ，国家運営のための政策理論の究明にあたったものと言えるだろう．

今日，日本の経済運営には，新古典派経済学が圧倒的な影響力を及ぼしており，『国富論』の経済思想に対する『一般理論』の牽制はほとんど効いていない．経済学の歴史的展開を深く学ぶことなく，片方の経済思想だけが暴走し，経済運営を偏らせる状況が生み出されていると言って差し支えなかろう．

経済学の成立には，歴史的，社会的背景がある．日本社会における経済学の活用にあたっては，日本の社会の特徴や歴史的段階を考慮し，適用すべき政策理論の性格をも正しく認識した上で，慎重な態度のもとに政策検討を行うことが不可欠である．この第3章「現代雇用理論の構築」では，ケインズ理論成立の歴史的，社会的背景を探ることを通じて，構造改革論に代わる，現代的な雇用理論の構築に向けた検討を行う．まず，第1節「新古典派の労働市場論」では，新古典派経済学の理論的前提を，『一般理論』で提示された方法によって再検討する．ケインズは，イギリス経済学の伝統の中に生きており，その意義と限界とを内在的に論ずることのできる貴重な歴史的位置を占めている．ケインズの視点を借りることによって，新古典派の労働市場論を内在的に批判し，現代社会において，もはや新古典派経済学を，そのままの形で現実に適用することが不可能になっていることを論ずる．第2節「ケインズ理論の意義」では，スミスの『国富論』と対比させながらケインズの立論を追うことによって，『一般理論』が現代にふさわしい社会認識を生み出すべく取り組まれた経済学研究であったことを改めて示し，ケインズ雇用理論の現代的意義を論ずる．そして，第3節「完全雇用と社会権の確立」では，経済学と経済思想の歴史的展開を基本的人権の展開過程に即して理解することで，ケインズ『一般理論』を社会権確立のための政策理論としてとらえ直し，この社会思想史的理解のもとに，それが労働行政に対し持つ意味についても付言する．

第1節　新古典派の労働市場論

1)　労働市場の模型

J. M. ケインズは，現代にふさわしい雇用理論を提示するために『雇用・利

子および貨幣の一般理論』を著したが，それは，同時に新古典派経済学の誤りを乗り越え，新たな政策理論を構築することでなくてはならないと考えていた．ケインズのこの意図を正しく理解した人々は，ケインズ『一般理論』の成立を「ケインズ革命」と呼んだ．

ケインズは，新古典派経済学は，基本的に古典派経済学の理論構造を継承した学派と考え，『一般理論』では，古典派経済学に新古典派経済学も加えて「古典派」[1]と呼んでいる．ケインズが「古典派」として定式化した労働市場論は，新古典派の労働市場論のことと理解でき，その内在的批判を通じて，古典派経済学以来変わらぬ経済学の基本的立論を，現代的なものに改めることをねらったものと考えられる．

ここでは，ケインズの認識に従って，『一般理論』で「古典派」と呼ばれたものをもとに新古典派経済学の理論構造を描写していく．

新古典派経済学は，効用価値説や限界分析などに基づき市場調整メカニズムの解明にあたり，市場において商品の自由な取引が行われ，その価格が柔軟に変化すれば，需要と供給が相互に調整され均衡すると結論づけた．この理論を応用し，人が働くということを労働力という商品の供給とみなせば，労働者が労働力を販売し，企業が労働力を購入するという労働市場を想定することができ，労働力の価格である賃金が柔軟に変化すれば，労働力需給が相互に調整され，均衡すると結論づけられる．新古典派経済学の労働市場論では，労働力を購入する企業の労働力需要は，企業の生産関数によって決まり，労働力を販売する労働者の労働力供給関数は，労働者の効用関数によって決まるとされており，これら労働力の需要と供給が均衡するよう賃金が調整され，雇用量が決定される．

この関係を縦軸に賃金(実質賃金)w/p，横軸に雇用量 N をとった図表上に表

---

[1] J. M. ケインズは『雇用・利子および貨幣の一般理論』，第1章「一般理論」で「「古典派経済学者」とはリカードウ，ジェームズ・ミルおよび彼らの先行者たち，すなわちリカードウ経済学において頂点に達した理論の建設者たちを総称するために，マルクスによって発明された名称である．私は，おそらく語法違反ではあろうが，たとえば J. S. ミル，マーシャル，エッジワースおよびピグー教授を含めたリカードウの追随者たち，すなわちリカードウ経済学の理論を採用し完成した人たちも，「古典派」の中に含めるのを習慣としている」と述べている．

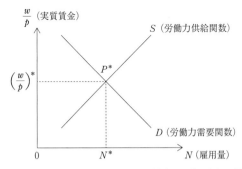

(1) 労働力は企業が購入する．労働力需要は賃金の関数であり，賃金が低いほど企業はより多くの生産活動を行い，労働力需要は多くなる．
(2) 労働力は労働者が企業に対し販売する．労働者は，賃金が高いほど多くの労働力を供給する．労働者は働くことを苦痛と感じており，その不効用が貨幣であがなわれるかぎりは労働力を提供する．より多くの労働力供給を得ようとすれば，企業はより高い賃金を払わなくてはならない．
(3) 企業と労働者は労働力需要と労働力供給がちょうど均衡する賃金水準によって，労働力の販売・購入を行う．

第 II-3-1 図　新古典派経済学の労働市場論

すると**第 II-3-1 図**のように，労働力需要関数 D は賃金の低下に伴い増加する右下がりの関数となり，労働力供給関数 S は賃金の上昇に伴い増加する右上がりの関数となる．そして，両関数が交わる交点 P^* において，社会の雇用量 N^* と賃金水準 $(w/p)^*$ が決定される．

こうした新古典派経済学の労働市場論をケインズは『一般理論』の第 2 章「古典派経済学の公準」において次のように定式化した[2]．

「古典派の雇用理論は単純かつ明白なものと思われているが，私の考えでは，実際には議論こそ行われていないけれども，次の 2 つの公準に基礎を置いていた．すなわち，

(I) **賃金は労働の〔価値〕限界生産物に等しい**．

いいかえれば，1 雇用者の賃金は，雇用を 1 単位だけ減少させたときに失われる価値に等しい．ただし，この均等は，競争と市場が不完全な場合には，あ

---

[2] 以下，第 1 節の引用文は，特に注釈を付さない限り J. M. ケインズ『雇用・利子および貨幣の一般理論』，第 2 章「古典派経済学の公準」からの抜粋である．また，傍点は原著によるもの，〔　〕で示された語句は訳出にあたって訳者(塩野谷祐一)が補ったものである．なお，本節における引用では引用者の強調は太字を用いている．

る原理に従って攪乱されるであろう．

(II) 一定量の労働量が雇用されている場合，賃金の効用はその雇用量の限界不効用(marginal disutility)に等しい．

いいかえれば，1雇用者の実質賃金は，現実に雇用されている労働量を提供させるのにちょうど十分なものである．ただし，競争の不完全性が第1の公準を修正するのと同じように，各労働単位についてのこの均等も，雇用可能な労働単位の側の団結によって攪乱されるであろう」．

ケインズは第1公準(I)を用いて，企業の労働力需要は賃金と労働の限界生産物が一致する点において決まると述べている．労働力の投入によって生産量は増加していくが，経済学では，労働力という資源投入と生産量との間に「限界生産力逓減」という関係が想定されている．労働力の投入量に伴って生産量は確かに増加していくのだが，その生産量の増加のテンポは次第に鈍っていくと想定されている．これを「限界生産力逓減」と呼び，労働力の追加的投入に対応する生産量の増加部分を「限界生産物」と呼ぶ．この限界生産物を価値額で表せば，追加的に投入する労働力に対応する賃金に比べ，限界生産物が大きい限り，企業には生産拡大の誘因が働く．投入する労働力のコスト（賃金）よりも追加的に生産される価値額（限界生産物）が大きければ，生産拡大に伴う利潤の拡大が見込めるからだ．ところが，限界生産力逓減によって，限界生産物が次第に小さくなり賃金より小さくなってしまえば，生産するほど利潤の大きさが減少してしまう．企業は利潤を極大にしようと思えば，賃金と限界生産物とが一致する点で生産量を定め，生産活動を行わねばならない．

これらの関係を前提とすると，企業は，賃金が低ければ，限界生産物がより小さくなるまでさらに大きな生産活動を達成することが可能となる．したがって，労働力需要関数は，賃金が低ければ低いほど労働力需要が増加する右下がりの形状を示すこととなる．

一方，ケインズは第2公準(II)を用いて，労働者の労働力供給は，賃金から得られる効用と働くことに伴う限界不効用が一致する点において決まると述べている．経済学では労働者は働く場合，はじめのうちはそれほど苦痛はないが，仕事の量が増えてくれば累増的に苦痛が増していくと想定されている．賃金によって得られる効用が働くことの苦痛を補って余りあるうちは労働力の供給が

なされるが，限界的な労働力の不効用が，得られる賃金からの効用を超えてしまうと労働者は労働力を供給しなくなる[3]．

すなわち，賃金が高ければ，労働者はより多くの労働力供給を行うということであり，労働力供給関数は，賃金が高ければ高いほど労働力供給が増加する右上がりの形状を示すこととなる．

そして，この労働力需要関数と労働力供給関数の交点において，賃金と雇用量が決定される．このことは，利潤の極大化を図る企業と，効用の極大化を図る労働者が，労働市場において労働力商品の自由な取引を行うことができれば，両者が満足しうる均衡状態に到達することを表している．

2) 新古典派の失業類型

新古典派経済学の労働市場では，十分に伸縮的な賃金調整が行われる限り，労働者が自らの意思に反して失業するという「非自発的失業」が存在することはないと考えられている．自由競争のもとでの市場メカニズムの解明を主題とする学派としては，当然の帰結であり，労働市場においても，自由な競争と柔軟な賃金調整が実現されれば，非自発的失業は存在しない．

ただし，新古典派経済学も，自由な競争条件が確保され，如何に賃金が柔軟に調整されたとしても，全ての失業が消滅するといっているわけではない．第II-3-2図に示されるように，労働力需要関数 D と労働力供給関数 S の交点 P^* の均衡状態においても，なお存在する2つの失業が想定される．

一つは「摩擦的失業」であり，現実の経済・社会構造の中で，離職した者には再就職のために一定の求職期間が必要となることから，その職探しのために避けられない失業が発生する．もう一つは「自発的失業」であり，求職者が労働市場の均衡状態に照らし高すぎる賃金を要求するなど，求職者側の労働市場

[3) 現代の経済学では，労働者の労働力供給を説明する場合に，労働に伴う不効用を直接想定する代わりに，労働しないことから得られる効用，すなわち「余暇」の効用を想定することで，労働から得られる貨幣所得の効用と余暇から得られる効用との代替関係によって労働力供給を説明するのを一般的な方法としている．この方法は，不効用というものを想定せずに，より一般的に労働力供給を説明するという点で優れているが，労働者の内心における選好関係によって労働力供給を説明するという点において理論構造に違いはなく，ここでのケインズ理論の展開には本質的な影響を及ぼすものではないと考えられる．

200 ── 第Ⅱ部　理論研究の課題

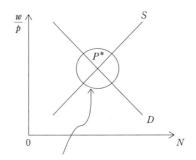

摩擦的失業：経済・社会構造の中で離職者に一定の求職期間が発生することによるもの．
自発的失業：求職者が高すぎる賃金を要求するなど求職者側の要因により発生するもの．

第Ⅱ-3-2図　新古典派経済学の失業理論
●失業には摩擦的失業と自発的失業の2つしか存在しない

の無理解によって発生する．これら新古典派経済学の失業認識は，ケインズによって次のように定式化されている．

「ここで不効用というのは，個人あるいはその集団が，彼らにとってある最低限より低い効用しかもたらさない賃金を受け入れるよりは，むしろ彼らの労働を差し控えた方がよいとみなすあらゆる種類の理由を含むものと理解されなければならない．

　この公準(II)は，「摩擦的」失業("frictional" unemployment)と呼びうるものと両立する．なぜなら，この公準の現実的な解釈に当たっては，調整のさまざまな不正確さのために持続的な完全雇用の実現が妨げられる場合を認めてもさしつかえないからである．たとえば，誤算や断続的需要の結果，特殊化された資源の相対的数量の間に均衡が一時的に失われることによる失業とか，不測の変化にともなう時の遅れによる失業とか，一つの雇用から他の雇用への転換がただちには行われず，したがって非静態的な社会においては，つねにある割合の資源が「仕事と仕事との間で」利用されないでいるという事実による失業などがそれである．

　この公準は，「摩擦的」失業と両立するばかりでなく，さらに「自発的」失業("voluntary" unemployment)とも両立する．後者は，1単位の労働が，法律とか，社会的慣行とか，団体交渉のための団結とか，変化に対する反応の遅れと

か，単なる人間の頑固さとかの結果として，その労働の限界生産力に帰せられる生産物の価値に相応した報酬を受け入れることを拒否したり，あるいは受け入れることができないために生ずる失業である．しかしこのような「摩擦的」失業と「自発的」失業という2つの種類が失業のすべてである．古典派の公準は，私たちが「非自発的」失業("involuntary" unemployment)と定義する第3の種類の可能性を認めないのである」．

3) 新古典派の失業認識

新古典派経済学は，労働市場における失業を，この2つの失業概念によって認識することから，その失業対策も摩擦的失業と自発的失業を減らすことを主眼としている．すなわち，職業紹介など労働力需給調整の仕組みを改善し，効率的にマッチングさせることで摩擦的失業を減らすとともに，労働者に労働市場の状況を正しく理解させ，ふさわしい賃金水準を受け入れさせることによって自発的失業を減らすことが目指されている．

歴史的経験に照らし，また，現代社会の実情から察すれば，これら2つの失業概念の他に，雇用機会が少ないために労働者が不本意に失業するという「非自発的失業」を付け加えることができそうにみえる．しかし，新古典派経済学の枠組みの中で正確に状況を表現するとすれば，一見，「非自発的失業」とみえるものも，「自発的失業」に含めなくてはならない．ケインズは，新古典派経済学の体系においては，摩擦的失業と自発的失業の2つしかなく，非自発的失業の存在は，次に示すように，論理的に否定されるものと解説している．

「人々は一般に現行の賃金のもとで働きたいと思うだけの仕事をほとんどしていないという事実から見て，上述の〔2つの失業の〕種類がすべてであるということが正しいだろうか．なぜなら，明らかに，貨幣賃金は現行のままであっても，労働需要さえあるならば，通常，より多くの労働が出現するからである」．

「古典派は，次のように論ずることによって，この現象を彼らの第2公準に適合させている．すなわち，現行の貨幣賃金のもとでの労働需要が，その賃金で働こうと欲するすべての人々の雇用される以前に満たされることがあるかもしれないが，このような事情は，労働者の間にそれより低い賃金では働かない

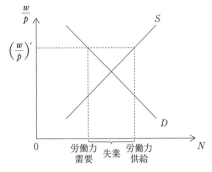

(1) 現行の賃金のもとで，労働力需要が少なく労働力供給が超過している場合もある（上図）が，そのように発生する失業を「非自発的失業」とみるべきではないと新古典派は考えている．

(2) 実質賃金を切り下げることができれば，労働力の新たな需要が現れるのだから，高すぎる実質賃金 $\left(\frac{w}{p}\right)'$ が失業の原因であると考えられる．よって，労働組合が市場均衡に応じた実質賃金の切り下げに応じれば，失業は解消することができると新古典派は考えることとなる．

第 II-3-3 図　新古典派経済学の失業対策
• 新古典派の理論では「非自発的失業」はありえない

という公然または暗黙の合意があるためであって，もし全体としての労働者が貨幣賃金の引き下げに同意するならば，より多くの雇用が出現するであろう，と．もしこのことが事実であるとすれば，そのような失業は，一見したところ非自発的なもののように見えるが，厳密にはそうではなく，団体交渉の効果その他によって生ずる上述の「自発的」失業の種類に含められなければならない」．

この論理を，第 II-3-3 図を用いて整理すると，労働組合の存在によって均衡状態を超える賃金が存在し，その賃金を下回る賃金で労働者が働かないとすると，その賃金水準で働きたいと考える労働者は多く，一方，企業が提供する労働力需要は少なくなる．均衡状態に比べ高い水準にある賃金は，労働力供給超過を生み，労働力供給と労働力需要のギャップが失業として発生する．このような失業は，労働側が高すぎる賃金を要求することから生じる「自発的失業」の一種であり，「非自発的失業」という新たな失業概念を付け加えることはできないという結論になる．

均衡状態において非自発的失業は存在しないのであって，市場均衡に到達す

るための労働市場の柔軟性を確保することが，失業対策の主眼ということになる．この新古典派経済学の失業認識は，現代に至るまで頑強に続いており，前章でみた OECD の雇用戦略も，この論理の中にすっぽりと包まれている．

4) 新古典派の論理矛盾

ケインズ理論の新しさが，「有効需要の原理」を用いて非自発的失業を論証したという点に求められることがあるが，その認識は間違いではないにしても，ケインズの意図したことを完全にとらえきってはいない．ケインズが，あえて新古典派経済学の労働市場を定式化した上で自らの理論を提示したのは，失業認識をめぐって新古典派は明らかな論理矛盾を来しており，現代の経済理論として，もはや成り立っていないと主張することに研究の眼目があったからだ．経済理論研究におけるケインズの意図は，残念ながら，現代において理解されていないと言わざるをえない．ケインズ理論の，理論としての革新性が正しく理解されていたなら，現代に OECD の雇用戦略のような労働市場論が復活するはずがない．ケインズ理論の理論的革新性は，今日においてもなお，経済学共通の理解には至ってはおらず，だからこそ，新自由主義が強まり，福祉国家が後退するという政治空間の変化が生じただけで，平気で新古典派経済学が復活し，「非自発的失業」をないがしろにした経済政策が跋扈する事態が発生してしまうのである．

ケインズの意図とは，新古典派は失業認識をめぐって論理矛盾を来しており，新しい現実は，自らの理論によってはじめて整合的な解釈を与えることができる，と言うことだった．

新古典派経済学は，労働市場において柔軟な賃金調整が行えれば，均衡状態を導くことができると結論づけた．それでは，もし仮に，労働市場に参加する労働者と使用者が，この新古典派経済学の論理を理解して，新古典派経済学の教える通りに行動したとしたら，どのような論理的帰結を迎えることとなるのだろうか．

ケインズは，そのことを新古典派の論理矛盾として次のように論じ始めた．

「第 2 公準は，労働の実質賃金は労働者が企業と行う賃金交渉に依存するという考え方から発している」．

「古典派理論は,労働者は貨幣賃金の引下げを受け入れることによって,つねに実質賃金を引き下げることができると想定しているのである.実質賃金が労働の限界不効用に一致する傾向があるという公準は,労働者自身が彼らの労働報酬である実質賃金を決定することができる,ということを明らかに仮定しているのである」.

「要するに,伝統的理論は企業者と労働者との間の賃金交渉が実質賃金を決定すると主張するのである.すなわち,使用者の間に自由競争が行われ,労働者の間に制限的な団結が存在しないとすれば,労働者は,欲するならば,彼らの実質賃金を,その賃金のもとで使用者によって提供される雇用量の限界不効用と一致させることができるというのである.もしこのことが正しくないなら,実質賃金と労働の限界不効用との均等化の傾向を期待する理由はもはや存在しない」.

労働市場において賃金の改定を行う労使がともに了解し,新古典派経済学が教える通りに,失業を解消するための賃金の引下げを行ったとしよう.ところが,ここで重要なことは,労使が交渉する賃金とは名目賃金(貨幣賃金)だ,ということである.名目賃金の引下げが,実質賃金の引下げにつながる保証はどこにもない.もし,名目賃金の引下げが,物価の下落(デフレーション)を惹起したとしたら,名目賃金は下がっても,実質賃金は下がらない.

経済学者は,大学の教室で,もっともらしくマーシャリアン・クロスを描く.右上がりの労働力供給関数に労働者の行動を,右下がりの労働力需要関数に企業行動をのせて,軽やかに白いチョークを滑らす.そして,その交点から離れた高い賃金は,労働者のためにもなりませんと,説教めかしていうのだろう.しかし,それは,ただのお絵かきに過ぎず,間違ったメッセージさえ含んでいる.分かりやすい理論,イメージ化された理論の危険性は,もう一度真剣に考慮される必要があるだろう.

ケインズの立論は,**第Ⅱ-3-4図**のように整理することができる.新古典派経済学の言うように仮に労働市場というものを考えるとすれば,市場に参加する労働者と使用者が交渉により調整する価格は,労働力商品の価格である名目賃金にほかならない.そこで,名目賃金 w を縦軸に,雇用量 N を横軸にとって,右上がりの供給関数と右下がりの需要関数を描き,その交点が均衡点とな

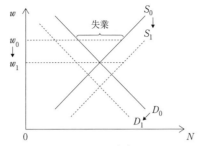

(1) 労使により交渉される者は実質賃金 $\left(\frac{w}{p}\right)$ ではなく名目賃金(w)である．
(2) 労使交渉により，名目賃金を引き下げても，労働力需要関数，労働力供給関数がともに下方にシフトして，失業は解消しない（商品価格の構成要素としての賃金の割合は大きい）．
(3) 実質賃金と雇用量を決定するものは，労働市場における調整ではなく，別の原理に従っている（有効需要の原理）．

第 II-3-4 図　ケインズによる内在的新古典派批判
・新古典派経済学は論理矛盾を来たしている

る．そして，その均衡点の賃金水準を w_1 とすれば，現在の賃金が w_0 であるために，労働力の供給超過，すなわち失業が発生していることになる．

新古典派経済学の教えに従えば，賃金を切り下げなくてはならない．そこで，労働者はより低い賃金でたくさん労働力を供給すべく，労働力供給関数を S_0 から S_1 へシフトさせる．ところが，名目賃金の低下は，一般物価水準に影響を与えないではおかない．物価の構成要素として賃金の影響は大きく，名目賃金の低下は物価の低下をもたらし，労働力需要関数を D_0 から D_1 へシフトさせることになる．

名目賃金の低下は，物価水準をも低下させ，労働力供給関数も労働力需要関数もともに下方へシフトして，結局は失業は解消しない．新古典派経済学者は，問題を説明するためにマーシャリアン・クロスを描いたのであるが，実は，それは何も説明しておらず，実質賃金を決定する経済学，雇用量を決定する経済学が決定的に欠如していたのである．

ケインズはこのことを次のように記している．

「実質賃金の一般水準が使用者と労働者との間の貨幣賃金交渉に依存するという想定は明らかに正しくない．実際，そのことを立証したり反駁したりする試みが，従来ほとんどなされなかったのは不思議である．というのは，この想

定は，価格は貨幣で表された限界主要費用によって規定され，限界主要費用を主として規定するものは貨幣賃金であると教えてきた古典派理論の一般的な趣旨とまったく合致しないからである．**もし貨幣賃金が変化するなら**，人々は古典派が次のように論ずるのを期待したことであろう．すなわち，**価格はそれとほとんど同じ割合で変化し，実質賃金と失業の水準は事実上以前のままにとどまり**，労働者にとってわずかな利益または損失があるとすれば，それは限界費用の構成要素のうち不変にとどまった他の要素の犠牲または利得によって生ずるのである，と．

ところが，彼らは，一つには，**価格は貨幣量に依存するという考えがおそらく先入観となって，この思考の線から離れてしまった**ように見える．そして，労働者はつねにみずからの実質賃金を決定することができるという命題に対する信念は，ひとたび採用されてしまうと，次の命題と混同されることによって維持されてきたのである．労働者はつねに，いかなる実質賃金が完全雇用，すなわちある与えられた実質賃金と両立する極大雇用量に対応するかを決定することができるという命題がそれである」．

ケインズは，この記述によって，新古典派経済学がつくり出した様々な命題が，実は著しい内部矛盾をはらんだものであることを説明している．新古典派の労働市場論は，失業の解消に向け，自由な競争と柔軟な賃金調整を用いるように要請しているが，賃金の調整は物価の調整を伴い，労働市場論は，実質賃金を調整する枠組みを提示していない．実質賃金と雇用量とがあたかも相互に調整可能であるように組み立てられた労働市場の模型は全くの虚構であったのだ．しかも，新古典派自身が，名目賃金が物価の構成要素であることを論理の基礎においていることから，この労働市場論の虚構性は，新古典派経済学に内在する論理的な矛盾に端を発している．このことをさらに踏み込んで言えば，今日，大学教育において圧倒的な影響力を誇る新古典派経済学は，著しい権威を帯びてはいるが，学問としては破綻している，ということに等しい．かつての権威によって定式化された労働市場論の結論が，現代の社会生活に押しつけられる有様は，教条主義的な教え，すなわちドグマとしか言いようがない代物である．

労働市場論がドグマであるとすれば，貨幣数量説もドグマと言えるだろう．

労働市場において，実質賃金と雇用量が相互に調整されるという虚構は，名目賃金の調整と一般物価水準の決定機構が別であるとのドグマが導入されれば，かろうじて救われる．その救い主が貨幣数量説である．貨幣数量説は，貨幣量が，その社会の一般物価水準を決定すると教えている．新古典派経済学には，様々な命題やテクニカルターム（専門用語）があるが，それらは観念的に結び合い，新古典派経済学の内部的な秩序を強固に守っている．こうした体系に対し，ケインズが優れた批判を行うことができたのは，まさに，その経済学の伝統の中で育てられ，その論理を知悉した上で，新たな経済学を創造するという志を掲げたからにほかならない．

現代社会では，このケインズの試みと志が理解されないまま，新古典派経済学は今もって高い権威を手にしている．特に日本社会では，新古典派経済学が高度経済成長期に盛んに導入され，失業問題が国民的課題として大きく提起される時代ではなかったことから，ほとんど無批判的に膨張してしまった．そして，バブル崩壊以降は，OECDの雇用戦略が日本の政策判断や労使交渉に与えた影響も大きい．

しかし，バブル崩壊以降，およそ20年もの間，賃金も物価もともに低下するという現実の前に，賃金を我慢して雇用を守ろうというスローガンは，もはや働く人達の心をとらえられなくなっている．人々は，そこに直感的な誤りを感じ取っていると言ってもよかろう．日本の政策当局者，企業内労使関係の実力者，経営者団体，ナショナルセンターの幹部などに，主流派経済学の影響力は今もって大きいが，デフレ社会の中で雇用不安が払拭できないことから，今の労働運動に疑問を抱く人々はたくさんいる．賃金を我慢すれば，本当に雇用を守れるのか，その声なき声は，なお経済学のドグマによって押し殺されてはいるが，日本においても，ケインズの試みと志が理解されるに従って，第一線の労働運動家が経済学刷新の旗手となることは間違いないと確信される．

5) 『一般理論』が意味したもの

ケインズが，一国の経済規模や雇用量の総量を決定する原理として「有効需要の原理」を提示したことは，今や，経済問題に関わる人々の常識とさえなっている．ただし，その事実は，主流派経済学がケインズの分析装置を解体し，

新古典派経済学の教義に支障がない範囲でケインズの分析を都合良く包摂してしまったことの表れでもある．ケインズの革新性が抜き去られ，新古典派経済学にとって危険性がないものとなったからこそ，「有効需要の原理」という言葉が平然と使われるようになった．

次にみるように，ケインズの意図からすれば，「労働市場論」も成り立ち，同時に「有効需要の原理」も成り立つような研究，学問空間は，断固拒否されるべきものである．

「以下の諸章において展開されるもう一つのいっそう根本的な異議は，実質賃金の一般水準は賃金交渉の性質によって直接に決定されるという想定に対するわれわれの反駁から導かれる．古典派は賃金交渉が実質賃金を決定すると想定する点において，不当な想定に陥っている．なぜなら，労働者全体が貨幣賃金の一般水準を賃金財によって測った値を，現行の雇用量の限界不効用と一致させるいかなる方法もありえないからである．**労働者全体が企業者との貨幣賃金交渉を改定することによって，実質賃金を一定の大きさに切り下げることのできるいかなる手段もありえない．このことがわれわれの論争点となる．われわれは実質賃金の一般水準を決定するものは，根本的には，ある別の力である**ことを示したいと思う．この問題を明らかにする試みがわれわれの主要論題の一つになる．以下では，われわれの生活している経済がこの点に関して現実にどのような動きをするかについて，従来根本的な誤解があったことを論ずるつもりである」．

ケインズは，労働市場において実質賃金と雇用量が決定されるという新古典派の労働市場論を完全に拒否している．その毅然たる態度は，「以下の諸章において展開されるいっそう根本的な異議」という強い言葉によって表現され，この第2章「古典派経済学の公準」を含め，全24章からなる『一般理論』を貫徹して，新古典派経済学の超克を目指していることは明らかだ．

ここに記された新古典派の労働市場論とは異なる「根本的に別の力」こそが，『一般理論』において定式化された「有効需要の原理」であり，それは新古典派が生み出した現代社会に対する「根本的な誤解」を解き明かすものとして提示されたのである．

誤った理論の現実への適用は，誤った政策を導き，ひいては社会を破壊する．

経済学は，社会を認識し，経済運営の方針を定めるために大変，貴重な存在であるが，同時に，社会を破滅に陥れる危険とも背中合わせの関係にある．その緊張感のもとに，ケインズは『雇用・利子および貨幣の一般理論』を書き，その冒頭に第1章「一般理論」として短い章を設け，次のように論じたのである．

「私は本書を，一般という接頭語に力点をおいて，『雇用・利子および貨幣の一般理論』と名づけた．このような題名をつけた目的は，私の議論と結論の性質を，同じ問題に関する古典派理論のそれと対比しようとすることにある．古典派理論は，これまで私が教え込まれてきたものであり，また過去100年間そうであったように，現世代の支配階級や学者階層の実践的および理論的な経済思想を支配している．私は，古典派理論の諸公準が一つの特殊な場合にのみ当てはまり，一般的な場合に当てはまらないということを論じようと思う．なぜなら，古典派理論が想定している状態は，多くの可能な均衡状態の中の一つの極限点にすぎないからである．そればかりでなく，古典派理論が想定する特殊な場合の特徴は，われわれが現実に生活している経済社会の特徴とは異なっており，もしわれわれがその教義を経験の事実に当てはめようとすれば，人を誤り導き，災害をもたらす結果となるのである」[4]．

第2節　ケインズ理論の意義

1)　経済学と歴史認識

経済学教育が広く行き渡った現代日本社会にあって，ケインズ『一般理論』によって鮮烈に打ち出された「乗数理論」，「流動性選好説」などの目新しい分析装置は，広く経済学の教科書に取り上げられ，多くの経済学徒の共有財産となった．ところが，現代の主流派によって構築された経済学とその教育体系の中で，新古典派の労働市場論は脈々と継承され，堂々と教え込まれている．この経済学の共通理解のもとで，OECDの雇用戦略は当然の基本政策ととらえられ，構造改革も着々と推進されてきた．ここにケインズの精神が生かされていないことは言うまでもない．

---

4) J. M. ケインズ『雇用・利子および貨幣の一般理論』，第1章「一般理論」より．

この簡単な事実から分かるように，大切なことは知識ではなく，認識である．ケインズが提示した分析は，1930年代という時代において，どのような意義を持って打ち出されたのか．また，それは，長くイギリス経済思想を支配してきた，A.スミス以来の古典派経済学の歴史に対し，どのような意味を持ったのか．これらの歴史認識をもってはじめて，ケインズの知識を現代に活かすことができる．イギリス古典派経済学の認識の中に足踏みしたまま，ケインズの分析装置を用いたとしても，ケインズを理解したことにはならないし，ましてや，現代社会に対する総合的な認識を形成することなどできるはずがない．

　ケインズ理論の意義をつかみ，現代雇用政策の実践へとつなげていくために，スミスからケインズに至る経済学の展開について歴史的な認識を深め，そのことによって，経済分析の知識を真に有効に活用していくことが求められている．

　古典派経済学の原点に位置するスミスは，その後，経済学に長く継承される市場経済についての，ある一つの認識を生み出した．それは「神の見えざる手」と呼ばれる市場の自動調節機能についての記述に込められている．

　「どの社会でも，その年々の収入は，つねにその社会の勤労の年々の生産物全体の交換価値と正確に等しい．あるいはむしろ，その交換価値と正確に同一物なのである．したがって，どの個人もできるだけ，自分の資本を国内の勤労を支えることとともに，そうすることでその生産物が最大の価値をもつようにこの勤労を方向づけることにも，つとめるのであるから，どの個人も必然的に，その社会の年々の収入をできるだけ大きくしようと，骨を折ることになるのである．たしかに彼は，一般に公共の利益を推進しようと意図してもいないし，どれほど推進するかを知っているわけでもない．国外の勤労よりは国内の勤労を支えることを選ぶことによって，**彼はただ彼自身の安全だけを意図している**のであり，また，その生産物が最大の価値を持つようなしかたで方向づけることによって，**彼はただ彼自身の儲けだけを意図している**のである．そして彼はこのばあいにも，他の多くのばあいと同様に，見えない手に導かれて，彼の意図のなかにまったくなかった目的を推進するようになるのである．またそれが彼の意図のなかにまったくなかったということは，かならずしもつねに社会にとってはそれだけ悪いわけではない．**自分自身の利益を追求することによって，彼はしばしば，実際に社会の利益を推進しようとするばあいよりも効果的に，**

それを推進する．公共の利益のために仕事をするなどと気どっている人びとによって，あまり大きな利益が実現された例を私はまったく知らない」[5]．

『国富論』は，市場調整メカニズムに強い信認を置いており，この一節からも分かるように，自由な競争の結果，社会の構成員の福利が増進していくという社会認識が示されている．このような社会観は一般に予定調和観と呼ばれている．相互に独立している各構成要素がそれぞれ独自に自由に振る舞ったとしても構成体全体として秩序が保たれるのは，神の意志のもとに予め調和すべく定められていると考えるのが「予定調和」である．『国富論』が，この予定調和を描き出しているという認識に立てば，「見えない手に導かれて(led by an invisible hand)」をより強く「神の見えざる手」として訳出することができよう．

一人ひとりの私人が「彼自身の儲けだけを意図して」，その結果として「公共の利益」に到達するというのは，市場での自由な競争を媒介するというだけでは，決して論理的に完結はしていない．したがって，この一節は，スミスの確信を表明した一節と読まねばならないだろう．スミスは啓蒙主義時代の理神論[6]の影響のもとにあると考えられるが，一人ひとりの合理的な行為と社会全体の調和を結びつける力が必ずあると確信している．「神の見えざる手」とは，その確信を力強く表現した，まさに『国富論』の精神を体現した表現なのである．

スミスに始まる古典派経済学は，この市場調整メカニズムの解明を主題として展開され，新古典派経済学に至り，ついに，効用価値説や限界分析などの方法を用いることで，科学的に市場調整メカニズムを機能させる要件の解説に成功した．現代の経済学が，この科学的業績に基礎を置いていることは言うまでもないが，しかし，「神の見えざる手」というスミスの確信を，科学の力を借りて普遍化することが，現代において好ましいのか，好ましくないのか，現代に生きる者としての認識は問われざるをえない．ここに現代の高度技術社会を

---

5) A.スミス『国富論』，第4編第2章「国内で生産できる品物の外国からの輸入にたいする制限について」より抜粋(太字は引用者による強調で，以下同様とする)．

6) ヨーロッパの啓蒙主義時代に見られた合理主義的な宗教観で，人々の持っている理性の働きに重きを置き，世界の創造者として合理性を与える神の存在を認める考え方．神が賞罰を与えたり，啓示，奇跡をなすことなどは信じない．

生きる専門研究者の職業倫理の問題が存在する．

2） A. スミスとその時代

　古典派経済学の意味を現代において問い直す場合に，まず，スミスの確信が，どのような歴史的現実に根拠を置いていたのかを知る必要があろう．

　スミス自身も述べているように，スミスの時代には，「どの個人も年々の収入をできるだけ大きくする」という強い誘因に駆られていた．それは，植民地貿易を通じて市場経済規模が著しく拡大していたことや，人口の増加が市場経済規模をさらに内発的に拡張させたことなどによっている．このような拡張的な雰囲気の中で，一人ひとりの個人には，多少の失敗を伴っても経済的富の拡大のために全ての可能性を試してみようとするような，現代では考えられないような強い誘因が働いていたと想像することができる．

　スミスは植民地貿易については，次のように記している．

　「一つの大国と考えられたヨーロッパが，アメリカの発見と植民地化から得た一般的利益は，第1にその欲望充足の増加であり，第2にその産業の拡大である．

　アメリカの余剰生産物は，ヨーロッパに輸入されると，この大きな大陸の住民に，さもなければ所有できなかったはずのさまざまな商品を供給し，そのあるものは利便と実用に，あるものは快楽に，またあるものは装飾に供され，それによって彼らの欲望充足の増大に寄与する．

　アメリカの発見と植民地化は，だれもが容易に認めるだろうように，まず第1に，それと直接に貿易するすべての国ぐに，たとえば，スペイン，ポルトガル，フランス，イングランドのような国ぐにの産業の増大に寄与したし，第2に，それと直接には貿易しないが，他の国ぐにを媒介として，自国で生産される品物をアメリカへ送っているすべての国ぐに，たとえばオーストリア領フランドル，ドイツのいくつかの州のように，上述の国ぐにを媒介としてアメリカへ多量の麻織物やその他の品物を送っている国ぐにの産業の増大に寄与した．そうした国ぐにはすべて明らかに，自国の余剰生産物のための，より広大な市場を手に入れたのであり，したがってまたその量をさらに増大させるように刺激されたにちがいないのである」[7]．

『国富論』が公刊された1776年という年は，アメリカ合衆国がイギリスの植民地から独立した年でもあった．18世紀のイギリスは，植民地貿易を通じて市場経済規模を大きく拡大させていたのである．貿易を通して所得と消費は増大し，経済活動はさらに刺激され，新たに生産活動を拡張させることができる豊富な投資機会にあふれ，資本の蓄積はますます促されることとなった．

貿易を通じた市場経済の拡張は，アメリカの経済規模の拡大からもさらに促されることとなった．アメリカに入植した人々は，ありあまる耕作地を手に入れ，自らの生産物をほとんど自分のものとできるような，自由な市場経済の中に生きていた．こうした経済に生きる人々は，あらん限りの力を生産に注ぎ，そこから得られる利得を最大限に拡張しようとする誘因に駆られていた．労働力の需要は旺盛であり，年々生活は改善していくことから，結婚や出産が促され人口は増加していくが，人口の増加自体が需要の拡大と市場の拡大となり，自由な市場経済の拡張はとどまるところを知らないように思われた．

「荒蕪の地方，あるいは人口稀薄なために原住民が簡単に新来の定住者を受けいれる地方を，文明国民が領有した植民地は，他のどのような人間社会よりも急速に富強に向かうものである．植民者たちは，未開野蛮の諸民族のあいだで何世紀もかかって自然に育成されうるよりもすぐれた，農業その他の有用な技術の知識をたずさえて行く」．

「どの植民者も，自分ではとうてい耕作しきれないほどの土地を手に入れる．彼は地代を払う必要はないし，税を払う必要もほとんどない．生産物を分けあうべき地主はいないし，主権者の分け前も通常ごく僅少でしかない．**生産物はこうしてほとんどすべて自分のものになるのであるから，彼にはそれをできるかぎり大きくするすべての動機がある**．しかし彼の土地は通常きわめて広大であるから，彼自身がどれほど勤勉に働いても，また彼が雇用しうる他の人びとがどれほど勤勉に働いても，その土地が生産しうるものの10分の1も，めったにそれに生産させることはできない．そこで**彼はあらゆる方面から労働者を集めようとし，またもっとも気前のいい賃金で彼らに報いようとする**．しかし

---

7) A.スミス『国富論』，第4編第7章第3節「アメリカの発見と，喜望峰経由の東インド航路の発見から，ヨーロッパが引き出した利益について」より抜粋．

そうした高い賃金と，土地が豊富で安価であることが結びついて，それらの労働者はまもなく彼のもとを去り，みずから地主になる．そして同じ気前のよさで他の労働者に報いようとする」．

「豊かな労働の報酬は結婚を奨励する．子どもたちは，幼いころには食物も豊富で世話もゆきとどく．彼らが成長すれば，彼らの労働の価値は，生活費を償ってあまりある．成人に達すると，労働の高価格と土地の低価格とが，彼らの父親が彼らのまえにしたのと同じようにして，自立することを可能にする」[8]．

スミスが先の「神の見えざる手」の一節で述べたように，資本を持つ者は，その資本を投下すべき先を自分の力で見つけ出すことができるのであって，政府や公的な権力を担う者へ，資本投下の先を尋ねる必要など何もない．スミスの「神の見えざる手」は市場の自由競争のもとで公権力の後退を求める力強い宣言であり，それは，18世紀の市場経済の拡張のもとで，人々が自由放任の市場経済に楽観的な見通しをたてることができた，その時代の現実に根ざしている．このような時代に，資本を公的な権力に委ねることは，資本蓄積それ自体にとって著しい浪費であったことは間違いなく，資本の私的所有者が様々な可能性を自由に試みてみることで，急速に資本蓄積が進展していった現実は，スミスの「神の見えざる手」の確信をますます強固なものとしたに違いない．

3) ケインズの社会認識と現代の国家運営

A. スミスの『国富論』に対し，J. M. ケインズが『雇用・利子および貨幣の一般理論』で記した政府活動の記述は全く逆のものであり，これは市場経済に対する認識の違いから生じている．

スミスの時代は，市場経済の旺盛な発展の時代であり，政府支出を削減すれば，それを補って余りあるほどの民間需要の拡張が期待できた．政府支出が削減されればされるほど資本蓄積は増進し，経済成長率は高まり，そして，人々の所得は拡大する．このような時代に政府の財政活動を極力抑制し，自由な市場取引を通じた資源配分が志向されたことは当然のことであったと言えるだろ

---

8) A. スミス『国富論』，第4編第7章第2節「新植民地の繁栄の諸原因」より抜粋．

う．政府は国民の安全を守るべき最低限の事業を行い，経済活動は基本的に市場を通じた資源配分によって行われるべきものとされた．「神の見えざる手」という社会認識は，このような時代背景のもとで理解される必要があるだろう．

ところが，投資機会が飽和し，成長の源泉が失われていく時代に，資本蓄積の判断を自由な市場経済に任せることは大変危険である．ケインズの時代は，人口の伸びは頭打ちとなり，列強諸国の植民地割拠は限界まで行き尽くし，さらなる市場経済の拡張に期待をかけることは，人類と平和にとって著しく危険な行為であることは明らかだった．こうした成長の見込み難い社会にあって，投資のための意思決定を企業の自由意思に委ねれば，投資意欲はますます冷え込み，経済の停滞はさらなる悲観を生み出して，失業問題はとめどもなく深刻化する危険がある．そうなれば市場経済は完全な機能不全に陥ることになるだろう．

ケインズは，このような社会認識のもとに次のように記している．

「国家は，一部は租税機構により，一部は利子率の決定により，そして一部はおそらく他のいろいろな方法によって，消費性向に対してそれを誘導するような影響を及ぼさなければならないであろう．さらに，利子率に対する銀行政策の影響は，それ自身では最適投資量を決定するのに十分でないように思われる．したがって，私は，投資のやや広範な社会化が完全雇用に近い状態を確保する唯一の方法になるだろうと考える．

消費性向と投資誘因とを相互に調整する仕事にともなう政府機能の拡張は，19世紀の評論家や現代アメリカの銀行家にとっては個人主義に対するおそるべき侵害のように見えるかもしれないが，私は逆に，それを現在の経済様式の全面的な崩壊を回避する唯一の実効可能な手段であると同時に，個人の創意を効果的に機能させる条件であるとして擁護したい」[9]．

ケインズは，現代社会は有効需要の不足に陥っており，消費性向（所得から消費される割合）の上昇によって消費支出を拡大する他，金利の抑制，さらには，より直接的な方法によって投資支出を拡大させない限りは，完全雇用を達成す

---

9) J. M. ケインズ『雇用・利子および貨幣の一般理論』，第24章「一般理論の導く社会哲学に関する結論的覚書」より抜粋．

ることができないと考えている．厳しい失業問題は，現代的な経済社会を崩壊に導くものと危惧され，自由な市場経済に対し，政府による一定の修正を加えることは避けられないと見定められているのである．

『一般理論』では，現代の市場経済は，完全雇用を実現することができず，失業問題を引き起こす「欠陥」があると記された．

スミスの時代，拡張する市場経済においては，投資機会はありあまるほど存在し，常に完全雇用が実現されていた．所得のうち貯蓄に回す分を増やせば，その分，有効需要は減少するが，それを補って余りある投資機会がいくらでも存在し，投資の増加は資本蓄積の増強を通じて，さらなる経済成長を生み出した．まさに貯蓄は美徳だったのである．

所得水準の高い人は消費性向が低く，所得水準の低い人に比べ，より大きな貯蓄をつくり出す．お金持ちにさらにお金が集まることは，より多くの貯蓄をつくり出し，経済発展の原動力となるという観念が生じる．市場での自由競争とは，投資機会を貪欲に探し根気よく試してみる戦いであり，その戦いに勝利した者により大きな所得が集まることは，自由競争を遂行する強い誘因となる．さらに，その結果としての所得格差も，より大きな貯蓄を生み出すことで，資本蓄積の原資とみなされる．自由な市場競争は経済活動の大前提であり，その結果生じる格差は社会的に受け入れられるべきだというのが，スミスの時代の社会通念だったと言えるだろう．

ところが，現代社会において状況は逆転する．投資機会が飽和するケインズの時代には，スミスの時代の社会通念が決定的な誤りとなり，人々に厄災をもたらすことになるのである．この論証を試みたのが，ケインズ『一般理論』の歴史的意義と言えるだろう．

「われわれの生活している経済社会の顕著な欠陥は，完全雇用を提供することができないことと，富および所得の恣意的で不公平な分配である．

19世紀以来，とくにイギリスにおいては，直接課税—所得税，付加税，および相続税—の方法によって富および所得のきわめて大きな格差を除去する方向に向かって，著しい前進がなしとげられた．多くの人々はこの過程がさらに一段と推し進められることをおそらく希望しているであろう．しかし，彼らは次のことを考えて思いとどまっている．すなわち，資本の成長は個人の貯蓄動

機の強さに依存し，われわれはこの成長の大部分を富者の余剰からの貯蓄に仰いでいるという信念である．しかし，低い消費性向が資本の成長の助けとなるのは完全雇用の状態に限られる．現存の状況においては諸機関による貯蓄や減債基金の形における貯蓄は妥当な大きさを超えており，消費性向を高めるような形での所得再分配政策は資本の成長にとって積極的に有利となるであろう」[10]．

　ケインズは，成熟した経済は完全雇用を達成するだけの有効需要を確保することができず，社会通念として残存する高蓄積志向や格差容認の傾向が，新しい現実のもとで社会の混乱を増幅させていると主張した．ケインズ『一般理論』は，スミスの時代の「夜警国家」[11]から，新たな「福祉国家」[12]建設へと向かう歴史の流れの中で，その歴史を推し進めるべく提出された経済理論であったと言えるだろう．

　しかし，『一般理論』をこのような政治経済学的展開において解釈する試みは，経済学研究において必ずしも一般化してはいない．確かに，失業問題に関する『一般理論』の論証は，1930年代の長期経済停滞を有効需要の不足から説き起こし，成功を収めることができたと言える．ただし，『国富論』においては一瞥だにされなかった有効需要の不足という課題が，現代社会において不可避的な課題として登場するその論理は，必ずしも有効に提示できてはいないのである．この『一般理論』の経済理論上の不備は，その後，新古典派経済学による反革命を許し，福祉国家解体という歴史の逆流を引き起こす芽を残したものと言わざるをえない．

　この点に関する，ケインズ自身の取組としては，第II部第1章第2節で触れた1937年の講演「人口減退の若干の経済的結果」があり，成熟期に入った

---

10) J. M. ケインズ『雇用，利子および貨幣の一般理論』，第24章「一般理論の導く社会哲学に関する結論的覚書」より抜粋．
11) 国家の機能を外敵からの防御，国内の治安維持など必要最小限の公共事業に限定的にとらえる国家観のこと．自由主義的な国家が私有財産を夜警する程度の任務しか果たしていないと批判されたことに由来する．
12) 国民生活の安定と福祉の確保を目的に，完全雇用の達成，社会保障，社会サービスの整備，充実を主要目標とする国家観のこと．政治的には民主主義，経済的には混合経済体制をとるものと理解される．

経済が人口減少を迎えると，慢性的な需要不足に悩むことになる姿が明確に語られている．この講演では「マルサスの悪魔 P が鎖につながれたいま，マルサスの悪魔 U が締めの縄を断って逃れ出ようとしている」と表現された．マルサスの悪魔 P(population)とは，マルサスが『人口論』で論じた過剰人口の弊害のことであり，マルサスの悪魔 U(unemployment)とは，マルサスが『経済学原理』で指摘した有効需要の不足による失業をさしている．当時のイギリスにおいて，人口成長の鈍化が現実のものとなるにもかかわらず，人々の態度が人口急増時代の惰性を引きずっていることに，ケインズは強い警鐘を鳴らしたのである．この講演を踏まえる限り，ケインズは『一般理論』の不備を十分に認識しており，その弱点を克服する課題を自らに課していたことは間違いない．

残念ながら，有効需要の長期停滞傾向と福祉国家の行うべき政策体系の検討については，ケインズ自身によって取りまとめられることはなかったが，その問題意識を継いだ R. ハロッドによって『動態経済学序説』の中に結実した．その内容と検討は第 III 部終章において行う．

4) 国際経済と世界認識

国家運営に関し，ケインズがスミスの認識を塗り替える新たな試みを志したように，世界経済の認識に関しても，スミスの認識の超克が目指されている．

『国富論』では，自由貿易の利益が強調され，国家間の不均等発展や貿易収支の不均衡は全く気にとめられていない．自由貿易は国際分業による利益を生み出すのであって，自由貿易の拡大による相互の経済発展に疑いが差し挟まれることはない．スミスの時代，植民地の拡大を通じて市場経済は大いに拡張しており，そのもとで貿易の拡大が多くの国々に利益をもたらした現実があった．この歴史的な事実のもとに，自由貿易に絶対的な価値が与えられているのである．この点について『国富論』は次のように述べている．

「隣国が富んでいることは，戦争や政治の上では危険であるとしても，貿易においては確かに有利である．敵対状態にあっては，それは，われわれの敵がわれわれにまさる陸海軍を保持することを可能にするかもしれないが，平和と商業の状態にあっては，それは，彼らがより大きな価値をわれわれと交換し，わが国の産業の直接の生産物やそれで購入されるすべてのものに，よりよい市

場を提供することを，同様に可能にするにちがいない．富者はたいてい，近隣の勤勉な人びとにとって貧者よりもいい顧客であるが，富裕な国民も同様である．たしかに自分自身が製造業者である富者は，同じ仕事にたずさわるすべての人びとにとって，きわめて危険な隣人である．しかし圧倒的な最大多数の，彼以外のすべての隣人たちは，彼の支出が提供してくれるいい市場によって利益を受ける．彼らは，富者が同業のより貧しい職人たちを売りたいてくれるために，利益を受けさえもする．同様にして，富国の製造業者は，隣国の製造業者にとって，疑いもなく，きわめて危険な競争者だろう．しかしまさにこの競争が，国民大多数にとって利益となるのであり，また彼らはそうした富裕国民の大きな支出が他のあらゆるしかたで提供してくれるいい市場によっても，多くの利益を受けるのである」．

「ヨーロッパの商業国で，貿易差額の逆調から破滅が近づきつつあると，この体系の自称博士たちからしばしば予言されなかった国はない．しかし彼らがこの点について不安を煽りたてたにもかかわらず，またほとんどすべての貿易国が貿易差額を自国に有利に，隣国に不利にしようと無駄につとめたにもかかわらず，この原因のためになにかについて貧しくなった国が，ヨーロッパに一国でもあったとは思われない．これに反して，どの町もどの国も，自分たちの港をすべての国に開放する度合に応じて，商業主義の諸原理がわれわれに予想させようとしたように破滅するどころか，それによって富裕になったのである」[13]．

16世紀のヨーロッパの絶対王政以来，国富の増大を目指して統制的な経済運営を行う重商主義は，保護貿易の立場に立ち，輸出産業を育成し貿易差額を拡大することを目指していた．これに対し，スミスは『国富論』によって自由貿易主義を対峙させ，市場経済の拡張力を頼りに，重商主義を改め，自由貿易主義によってを経済運営を律すべきことを論じたのである．

しかし，市場経済の拡張力が衰えてくれば，いつまでも『国富論』の主張が正しいとは言えない．ケインズは『一般理論』において，重商主義と自由貿易

---

13) A. スミス『国富論』，第4編第3章「貿易差額が不利と想定される諸国からの，ほとんどすべての種類の品物の輸入にたいする特別の制限について」より抜粋．

主義を対比的に取り上げ,重商主義が国内の有効需要を補う手段として輸出を重視していたことに経験的な正しさがあったと評価した.第1次世界大戦を経たケインズの時代は,市場経済システムが世界を覆い尽くし,しかも,その内的拡張力の低下から列強諸国は海外市場を奪い合い,世界的な緊張は極度に高まりつつあった.市場経済の拡張力を頼りにしたスミスの自由貿易主義は,もはや現実的な秩序とはなりえず,国際社会に無用の混乱をもたらしていた.

こうしたもとで,ケインズは,あえて重商主義を取り上げることで自由貿易主義を相対化させ,その上で,国際社会における重商主義の真の問題は,国内の経済停滞を輸出の促進によって解決しようとしたことにあると論じたのである.輸出の拡大という方法に頼った有効需要の創出策は,一国の経済利益にかなっても,世界全体の利益とはならない.市場経済の拡張力が落ちた世界にあって,ある一国が輸出の拡大を図ることは,他の国へ失業を輸出することだと述べている.

『国富論』の認識に立って市場経済に高い信認を置く人々は,失業問題の解消に向けて賃金の切り下げを提案する.市場経済学の労働市場論では,賃金の切り下げによって企業の労働力需要は増大し,失業を解消することができると教えている.こうした賃金の切り下げは,自由貿易主義のもとでは,輸出競争力を相対的に高め,その国の輸出の増大と新たな有効需要の獲得につながる.しかし,それは,ソーシャルダンピングによる世界市場の奪い合いにほかならない.労働者の低賃金,長時間労働など社会政策的な施策の欠落は,世界の労働者を大きな不安に陥れ,2度の世界大戦の遠因になったと言っても過言ではない.

ケインズは次に記すように,労働問題の解決に世界的に取り組むよう,各国が歩調をあわせて経済運営を行う国際協調主義に人類の未来を託したのである.

「自国の貿易収支の黒字から得る利益は,他のある国に対して同等の不利益をもたらす可能性がある.また,賃金の引き下げによって不況に対処しようとする伸縮的賃金政策は,同じ理由によって隣国の犠牲において自国の利益を図る手段になる.

しかし,本当は反対のことが妥当する.必要な第1歩は,国際的な関心事によって妨げられない自律的な利子率政策,および国内雇用の最適水準を目標と

した国家投資計画の策定であって,これは,われわれ自身とわれわれの隣人とを同時に助けるという意味で二重に幸せなものである.そして,経済の健康と活力を国際的に取り戻すことのできる道は,すべての国々があい携えて,これらの政策を同時に実行することである.

最初アルベール・トーマのもとにあり,次に H. B. バトラーのもとにあった ILO(国際労働機関)が,この真理を一貫して評価してきたことは,第1次世界大戦後における数多くの国際機関が発表する意見の中で著しく傑出していた」[14].

5) 国際労働機関の使命

現代社会に存在している制度や機関,さらには,それを支える経済思想には第1次世界大戦,第2次世界大戦の経験を下敷きにしているものが少なくない.人類が破局の淵から学び取った経験は,これからも人類の共有する財産として語り継ぎ,引き継いでいかねばならない.

ケインズが高く評価した国際労働機関(ILO)は,ヴェルサイユ条約によって産声をあげた.

第1次世界大戦の講和条約(1919年)は,パリ南西部にあるヴェルサイユ宮殿で調印されたことからヴェルサイユ条約と呼ばれている.この条約は,フランス国民の対ドイツ感情から,ドイツに過酷な賠償金をかけるなどの誤りもおかしたが,国際協調によって戦争を回避する努力は正当に評価され,国際平和の維持と国際協力を行う史上最初の常設的国家連合組織として国際連盟の創設が規定された.ILO はこの国際連盟の機関として設置された.

第1次世界大戦そのものは世界割拠の軍事的衝突であったが,その背景には,厳しい国際経済競争の中で労働条件の下方崩落的な圧力にさらされ続けた,多くの国々の不幸な人々の存在があった.働く人達が安心して生活できる環境を創造することなしに,世界の平和を実現することはできないという考え方が,ヴェルサイユ条約に盛り込まれ,ILO を誕生させたのである.

ILO は,その後,第2次世界大戦後の国際連合の専門機関となり,今日に

---

14) J. M. ケインズ『雇用・利子および貨幣の一般理論』,第23章「重商主義,高利禁止法,スタンプ付き貨幣および過少消費説に関する覚書」より一部要約.

至っている．ILO の歴史は，各国の労働立法を相互に連携，協調させながら，労働条件の改善，雇用の確保，生活水準の向上など，国際労働立法の活動を強化，充実させてきた歴史であった．

ILO の初代事務局長を務めたアルベール・トマは，自著『労働史講話』において，勤労大衆に向けて労働問題を平易に語り，今後の取り組むべき課題を訴えた．ILO 創設にあたっての社会思想もここに語られており，それは，1923 年 10 月 23 日，ILO の定礎記念式典に向かう時計技師が，その息子"ジャン"に国際労働立法とその実現における ILO の意義を語るという物語の形をとって記された．

「「ジャン，お前にそれを説明するのはやさしいことじゃないが，まあ出来るだけやってみよう．お前も，本で読んだことと思うが，大工業が発達してから，労働者はしばしば酷使されて，長い時間，不衛生な条件で働きながら，一家を養うにも足りない賃金しか受け取れないようになった．のみならず，必要に迫られて，女や小さい子どもたちが，もっと安い賃金で工場へ働きに出るようになった．博愛的な資本家の，イギリスでロバト・オウエン，フランスでダニエル・ルグランというような人達は，こういう忌むべき労働条件を非難して，もっと人道的な組織にしたら，もっと労働の効果を増大させることができるだろうと教えたが，多くの資本家は，競争というものがある以上，労働者には安い賃金しかやれないという意見だった．だから，どこの国でも工業化の進んだところでは，国家の干渉にまたねばならなくなった．そして，女や子どもを夜働かせちゃならないとか，14 歳以下の子どもを使っちゃいけないとかいう規則が出来て，大人の労働時間も 11 時間になり，10 時間になり，今じゃ 8 時間になった．

ただそこに難しいことがある．ある国で今言ったような法律を作るとする．そうすると，その国で出来るものは他の国で出来るものよりも高く売らなきゃならないわけになる．そりゃ分かるだろう．つまり，仮に外の国では女や子どもを使ったり，あるいは同じ賃金でもっと長い時間働いているとすればだ．

そこで，国と国とが集まって，同じように労働者を優遇する法律をこしらえなくなくちゃいかんということになった．つまり労働者保護の立法は国際的でなくちゃいかんというのさ．違った国と国とが同じ法律を制定することを促進

すること．それが，この今日定礎式のある国際労働局のする仕事さ．国際労働局のする仕事は，各国の間に意思を疎通して，各国が一定基準の労働者のために法律を尊重し実行するよう図ることだ．分かったかい？」

ジャンは父親と一緒に群衆に交じっていたが，儀式が始まって荘厳な喜びの合唱が起こると彼の幼い心は感動に震えた．歌が終わると，せきの声一つしない中に，国際労働局長が口を切った……．

ジャンは学校で使うノートを取り出して，この一日を忘れないように，1923年10月23日という日付の側らへ，国際労働局の銘を書いた．

「なんじ平和を欲すれば，正義を培え」[15]．

なんじ平和を欲すれば，正義を培えの銘は，今もスイスのレマン湖のほとりに立つILOの礎石に刻み込まれている．

第3節　完全雇用と社会権の確立

1）ケインズ理論の骨格

一国の経済活動では，貨幣の仲立ちのもと財・サービスが商品として売買され，経済の再生産活動が続いていく．このような経済循環は，生産，分配，支出の三側面から表される．まず，働く人達や企業の活動によって，財やサービスが生産される．次に，この生産活動への貢献に応じて，賃金，配当，利子などの所得が社会各層へと分配される．そして，これらの分配所得をもとに貨幣が支出され，財やサービスの需要が生み出される．

生産，分配，支出は，一国の経済を経済循環の三側面に応じて表したものであり，一つの経済事象の三通りの表現であるとみることができる．今日，一国の経済規模を把握するために，国民経済計算の体系を用いることができるが，そこで示される国内総生産(GDP)，国内総所得(GDI)，国内総支出(GDE)は，一国の経済規模を，生産，分配，支出の三側面に応じて計測したものであるから，その大きさは必ず一致するものとして推計されている．これを三面等価の

---

15)　アルベール・トマ『労働史講話』，第38章「国際労働局」より抜粋．なお，ここでは国際労働機関は国際労働局と訳されている．

第II-3-5表　総支出による総生産の決定

$$Y = C + I + G + (X - M)$$

Y　　　：国内総生産(GDP)
C　　　：消費支出
I　　　：投資支出
G　　　：政府支出
X－M　：純輸出(輸出－輸入)

原則という．

ケインズの時代には，国民経済計算体系は存在しなかったが，ケインズの『雇用・利子および貨幣の一般理論』が提示した一国の経済規模の決定原理という問題意識によって，国民経済計算体系が生み出され，現代経済においては，この体系を用いることでケインズの「有効需要の原理」を簡単に表現することができるようになった．

第II-3-5表は左辺に国内総生産(GDP)を右辺に国内総支出(GDE)を示し，国内総支出の構成要素として，消費支出，投資支出，政府支出，純輸出が示されている．三面等価の原則により，左辺の国内総生産と右辺の国内総支出は必ず一致するが，ケインズの述べた有効需要の原理とは，この恒等式を右辺から左辺に向かって読むことにほかならない．すなわち，総支出が総生産を決定するという因果関係が，有効需要の原理なのである．消費支出，投資支出，政府支出，純輸出という貨幣の裏付けをもった支出の総額(国内総支出)が一国の総需要であり，この総需要の大きさが総生産(国内総生産)の大きさを決定する．

2) 失業認識の転換

ケインズ理論の革新性は，新古典派経済学の失業認識と対比させることによって，より明確になる．新古典派は，1930年代の大量失業の時代にあっても，その理論上の制約から，第1節で見たように2つの失業類型しか認めることができなかった．それは一つには「摩擦的失業」(経済・社会構造の中で離職者に一定の求職期間が発生することによる失業)であり，もう一つには「自発的失業」(求職者が高すぎる賃金を要求するなど求職者側の要因により発生する失業)の2つであった．市場メカニズムに信認を置く新古典派経済学は，失業の発生という社会的な問題を，このような労働市場の機能不全としてしか理解できなかったのであ

る．このため，新古典派の失業対策では，労働市場の需給調整メカニズムを高め摩擦的失業を減らす方法と，人々に賃金低下を認めさせることで「自発的失業」を解消する方法が，政策論の骨格とされた．この思考の道筋は，1930年代の大量失業の時代における新古典派がそうであったし，福祉国家が切り崩され，OECDの「雇用戦略」のもとに労働市場研究がなされた現代においても同様であった．

　誤った経済理論は誤った経済政策を導き，人々にとてつもない不幸をもたらすことになる．

　市場経済学の基本認識を生み出したA.スミスは，総需要が力強く拡張する18世紀のイギリスに生き，労働力需要の拡大に疑いを差し挟むことはなかった．古典派経済学から新古典派経済学へと継承される主流の経済理論の中で，失業問題は，「摩擦的失業」と「自発的失業」を抑制さえすれば，その分，雇用を拡大させるものとして処理された．新古典派経済学は，一国の経済規模や雇用量を論ずる体系を持たず，その理論上の制約に無自覚なまま，現代的な政策課題にぶしつけな提言を繰り返してきたのである．

　これに対しケインズは，1930年代の停滞するイギリス経済を直視し，有効需要の減退から労働力需要が不足し，失業が発生するという理論を創り出した．有効需要の不足ゆえに，社会は，働くことを希望する人々にふさわしいだけの仕事を創り出すことができず，その結果，仕事に就くことを希望していながら，就職することができない状況が生み出される．この認識は，現代的な失業認識として極めて重要なのである．

　新古典派は，本人が希望していながら就職できないという社会状況を理解できない．つまり，その理論上の制約から，失業問題を正しく認識することができないのである．新古典派の理論と思想からすれば，働きたければ働けばよいのであり，労働条件さえ問わなければ働けないことはないだろうと見えてしまう．ケインズ『一般理論』の登場は，「有効需要の原理」を用い，「非自発的失業」の存在を論証したが，そのことは，経済学の理論的革新であると同時に，人間や社会に関する認識の思想上の革新でもあった．

　働くことを希望する人々の意思を尊重し，人間の創造的な力を引き出すために，一人ひとりの熱意や創意に期待しながら，あわせて，社会全体として人々

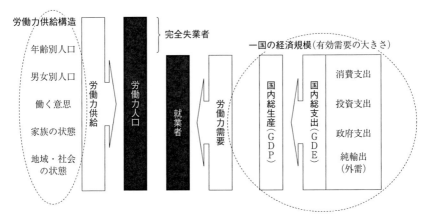

第 II-3-6 図　労働力の需給と失業の発生

の活動を支援していかねばならない．そのようなことを実現する政府とは，まさに福祉国家の政府にほかならない．

　ケインズ雇用理論は，第 II-3-6 図のように模式化することができる．

　まず，一国の経済において，労働力供給は，労働力供給構造に規定される．人は養育期間を経て仕事に就き，働き，一定の年齢に達して引退する．人口規模と人口構造が労働力供給の大枠を決定する．また，子どもを生み育てる夫婦と家族の状態も労働力供給を左右し，また，それぞれの家族を支援し，歳をとり引退する人々を受けいれる地域，社会のあり方も労働力供給に影響を与える．これらの客観的な社会状況に加え，人々の仕事に対する主体的な意思も労働力の供給を規定している．これらの複合的な影響によって決まる労働力供給は，統計上の労働力人口という概念によって把握される．

　一方，労働力需要は，一国の経済規模によって規定される．国内の各需要項目が国内の総需要(国内総支出)を創り出し，総生産の規模(国内総生産)を決定する．労働力需要は，国内の生産活動に必要とされる労働力の量であり，国内総生産の規模に応じて変動し，統計上は，就業者という概念によって把握される．

　この労働力人口と就業者のギャップが完全失業者であり，完全失業者を労働力人口で除した百分率が完全失業率である．現実の失業問題は，この現代的に整備された労働統計によって，労働力供給面，労働力需要面の両面から分析，検討を加えることができる．現代社会においては，こうした分析，検討を通じ

て，働きたいと願う人々にふさわしい雇用状態が生み出されているかを常に確認しながら，労働状態の改善に向けて必要な政策対応を企画，立案していくことが求められる．

3) 労働行政の使命

完全雇用とは，働きたいと願う人々に雇用を行きわたらせる雇用政策の目標的概念である．こうした目標を政策的に構想できるようになったのは，ケインズ雇用理論の登場によって，失業認識や，雇用全般の認識を深めることが可能になったからである．

ケインズ雇用理論の意味するものは，次の3点にまとめることができる．

第1に，社会の生産規模と雇用量は有効需要の原理によって決まるのであり，総需要が不足するもとでは，賃金の自動調節的な機能によって失業解消を図る政策は妥当でないばかりか，社会に生きる人々に著しい負担をかけ，耐え難い社会不安を惹起する．総雇用量は総需要の大きさによって決まることから，働きたいと願う人々が仕事に就くことができるよう，社会全体として雇用機会の拡大に取り組む必要があり，雇用政策は，完全雇用への誘導を政策目標としなくてはならない．

第2に，賃金水準は，その社会での生活状態や生計費の水準などを基底に置きながら，労使関係，労働組合の交渉力，労働関係法制のあり様など社会的な関係のもとに決定されるものであり，決定された賃金は，市場経済における自由競争の前提と考えられるべきである．労働市場において労働力の需要と供給を調整するように賃金が決定されるという見方があるが，そのような調整は現実的なものではなく，むしろ，賃金水準は，その社会の歴史的，文化的な事情によって決定され，市場の外部から外生的に与えられる極めて社会的なものととらえられなければならない．

第3に，その社会の雇用量，賃金水準などの労働条件一般については，市場で成立したから最適だと考えるのではなく，人間が人間らしく生きるという観点から，常に評価を加え，修正し，規制を加えていくものだと考えるべきである．ここに，完全雇用，公正労働基準，労使コミュニケーションの政策を一体的な行政体として運営する労働行政の，社会的，歴史的存在意義がある．

基本的人権は，まず，個人の自由が侵害されない権利，すなわち自由権[16]として確立された．自由権は，18世紀的な権利であり，自由な市場経済を発展させる社会的基盤を提供するものであった．しかし，経済拡張の歴史的経過と社会の成熟化に伴って，自由な市場経済がもたらす不平等や失業などの弊害が意識されるにつれ，経済発展を持続させるためにも，経済活動を支える労働力の量的・質的な維持に政策的に取り組むことが不可欠となった．自由権によって運営された社会が，次第に労働行政による政策的対応を必要とするようになっていったのである．しかも，市場経済を通じた国際的な自由競争が，国家間の無制限な経済競争を引き起こし，世界全体を巻き込んだ世界大戦を引き起こすに至り，国際労働立法に取り組むという課題が，人類共通の課題となった．ここに，20世紀的な権利として，すべての人が人間らしい生活を営む権利，すなわち社会権[17]が確立された歴史的必然性がある．

　政府の積極的な活動によって保障される社会権を，現実に社会の中で活かしていくためには，具体的な立法活動や政策運営を必要とする．現実社会に働きかける政策には経済学による理論的な裏付けが必要となるが，ケインズ雇用理論は，まさに社会権に形を与える政策理論として生み出されたものなのである．

　社会を支配する力として思想の持つ力は決定的であり，経済運営を規定する経済学の存在は，一般に思われているよりもはるかに大きい．現代日本の経済学研究の実状をみれば，パラダイムとして成立している新古典派経済学の力は圧倒的であり，この結果，至るところで市場調整メカニズムに問題解決を委ねる政策提言が蔓延し，今後も，かなりの長期にわたって福祉国家の切り崩しと社会権の後退が発生するものと覚悟しなくてはなるまい．

---

　16) 　自由権とは，個人の自由が国家権力の干渉，介入を受けることのない権利であり，イギリスでは権利章典(1689年)，アメリカではアメリカ独立宣言(1776年)及びアメリカ合衆国憲法(1787年)，フランスではフランス革命の人権宣言(1789年)及びフランス憲法(1795年)などの形をとり，①生命，身体の自由，②集会，結社の自由，③思想，良心の自由などが保障されるべき自由の内容とみなされた．
　17) 　社会権とは，個人の生存，生活の維持・発展に必要な諸条件を確保するために国家に積極的な配慮を求める権利であり，①生存権，②教育権，③勤労権，④勤労者の団結権・団体交渉権・争議権などが主な内容となっている．日本国憲法では，それぞれ第25条，第26条，第27条，第28条に定められている．

こうした傾向に対峙するためには，新古典派のパラダイムから離れ，新たな経済学を創造する学問的取組が決定的に重要であるが，労働行政においても，労使コミュニケーションを基本に，雇用や労働条件に見られる問題を社会的に提起していくことによって，労働問題の解決に向け能動的に取り組んでいく社会的機運を，根気強く醸成していくことが求められるだろう．

第Ⅲ部

雇用政策の構想
～働く人達の政策を創り出すために～

終章　転換期の社会と政策

　日本経済はバブル崩壊以降，長期の経済停滞に苦しんできたが，平成14(2002)年から始まった景気の拡張は6年を超え，高度経済成長期のいざなぎ景気をも上回る戦後最長の景気拡張過程となった．

　この景気拡張が始まった時，経済運営の権力を握る人達は構造改革の成果と結びつけ，「改革なくして成長なし」というメッセージを執拗に繰り返した．大衆社会における世論操作は易々と成功し，経済運営の権力と主流派経済学の権威は強固に結びつけられ，構造改革の時代は，その絶頂期を迎えることとなった．

　しかし，平成20(2008)年に入ると景気は停滞し，さらに同年秋にリーマンショックを契機とした世界金融危機が発生すると，それまで語られてきたメッセージやストーリーの虚妄性は，如何なる権力によっても，また，如何なる権威によっても，覆い隠すことはできなくなった．アメリカに始まった金融危機が瞬く間に世界経済危機へと深刻化した事実は，それまでの経済的繁栄が表層的なものに過ぎなかったことを人々に強烈に印象づけた．アメリカの金融産業と情報通信産業の拡張に牽引された世界景気は，決して持続的なものではなく，市場価値というデジタルな価値尺度を用いたグローバル・マーケットは，人々を止めどもない市場競争へと駆り立てただけのものだった．

　戦後最大の景気拡大と言われた日本経済の内実もお粗末だった．内需の牽引力は弱く，景気の拡張力は世界景気に頼った外需依存に過ぎなかった．働く人達の生活に目を転ずれば，正規雇用の雇用機会はほとんど拡大せず，不安定就業の増加が目立ち，相対的に賃金水準の低い者の増加によって平均賃金は低下し，所得格差も拡大した．

　本来，福祉国家の経済運営では，経済活動の成果は働く人達へと適切に分配され，内需の着実な成長につなげることが基本である．ところが，経済学者達がそのことに触れることはほとんどなかった．それどころか，権力と結託した

経済学の権威は，格差社会の主張は幻想に過ぎないというメッセージをつくり出し，景気拡張過程における労働条件改善の機会は無惨にも打ち砕かれた．主流派経済学は市場で成立する価格や諸条件を追認する言説ばかりを繰り返し，労働分配率の低下に注意が払われることはなかった．こうして，働く人達から取り上げられた所得は企業収益ばかりを拡大させ，企業セクターは，借入により設備投資を担う投資主体から，巨大な貯蓄セクターへと変貌した．実体経済に環流しない貨幣，金融資産の蓄積が，その後の金融危機を着々と準備していったことは言うまでもない．

経済の認識を司り経済政策を生み出す経済学の存在は，とてつもなく大きい．現代社会にふさわしい経済認識を形成し，現実的な経済政策を創造するためにも，経済学の革新が求められている．しかし，今日の主流派経済学は，かつて市場経済の大拡張をもたらした輝かしい実績を持つが故に，容易に主流派の地位を譲る気配はない．現代社会の基礎的条件を改めて冷静に見つめ直し，現代にふさわしい経済学を創設するという地道な取組を，今後も根気強く続ける必要があるだろう．

この終章では，経済分析と経済理論についての本書全体の議論を受けて，今後に向けた政策構想を検討する．まず，第1節「転換期の日本社会」では，主流派経済学に誘われ構造改革を推し進めた日本社会を振り返り，その政策論の誤りを見定めながら，改めて社会の基礎的条件を歴史的に検討し，人口減少への転換と経済学の関係について究明する．次に，第2節「人口減少社会の理論と政策」では，有効需要の原理を人口減少社会にふさわしい経済理論とみる歴史的理解のもとに，ケインズ雇用理論の動学的応用によって，成長が制約される市場経済の不安定性とその超克に向けた政策体系について検討する．そして，第3節「労使関係と雇用政策」では，働く人達の雇用の安定と生活の向上のための政策を労使関係に即して整理し，今後のより広範な政策転換を展望して本書の結びとする．

第1節　転換期の日本社会

1) 生産要素の市場化と労働運動

　平成3(1991)年，バブルは崩壊し，日本社会は長引く経済停滞に焦燥感を強めることとなった．また，時を同じくして冷戦構造が終結し，国際社会におけるアメリカの存在感が著しく高まったことから，日米経済交渉を通じて提出されるアメリカ側の認識に，日本社会も次第に染まっていくこととなった．新古典派経済学の世界的なネットワークに包摂される主流派経済学は，こうした社会文脈の中で構造改革論を吹聴し，日本経済を浮揚させる起死回生策として大衆的な支持が醸成されていった．

　平成7(1995)年12月，政府は「構造改革のための経済社会計画」を閣議決定し，構造改革を経済政策立案にあたっての基本思想とすることを宣言した．この文書は，「市場メカニズムの重視」，「規制緩和の推進」，「自己責任原則の確立」など新古典派経済学の教義を述べ，その阻害要因となる法律，制度，慣行を抜本的に改革するという確固たる姿勢を示した．

　市場メカニズムの活用によって経済活性化をねらう構造改革は，日本型雇用システムの改革を掲げ，雇用流動化論を喧伝した．日本企業にみられる長期雇用の慣行は，労働市場の労働力配分機能を活かしていないという認識のもとに，解雇規制の緩和や人材ビジネスの拡大による外部労働市場の整備が志向された．また，この過程で，労働者派遣法の累次にわたる規制緩和が実施された．さらに，企業内労使関係の中で営々と整備されてきた職能賃金制度にも攻撃が加えられ，業績・成果主義型賃金のもとで一人ひとりの働きがその時々の市場価値で評価され，柔軟に賃金が変動することが理想だとされた．

　ここで改めて歴史を振り返ると，労働運動とは工業化の過程で生じた様々な問題に対処するための，対抗的な社会運動の一つであったと考えることができる．

　産業革命を経て大量生産システムを確立していく工業化過程は，新たな富を体現する諸製品を「商品」として「市場」に大量に流通させ，価格調整メカニズムによって需給調整を行う「市場経済」を押し広げた．価格と市場の機能に

関心を抱く「経済学」という学問が，産業革命をいち早く達成したイギリスに誕生したことは必然的であり，世界的に拡張する市場経済のための知的体系を先行的に提供した．価格によって表現される商品の価値の増大によって「豊かさ」が測られるという観念が広がり，市場価値の増大は，社会の豊かさを測る指標となった．そして，あらゆるものの商品化，市場化の動きを引き起こした．生産物の商品化と市場での流通は，より多くのものの生産を促し，労働者への分配原資も拡大した．市場化は「豊かさ」を増進するのであり，広範な市場化の動きは誰にも止めることができないようにみえた．

ところが，この市場化の動きが，社会の基底と結びついた生産要素の市場化へと突き進んだ時，社会に様々な対抗運動が生じた．労働運動は，歴史の中に生じたこの対抗的社会運動の一環であったと考えられる．それぞれの国の社会は，労働，土地，貨幣，信用などの生産要素を他の商品と同じように扱うことに躊躇し，その国の持つ社会性，歴史性に根ざすものにつなぎ止める努力を払ってきた．ILO(国際労働機関)の「労働は商品ではない」という宣言は，この文脈で理解されるべきであり，日本企業の雇用慣行や日本型雇用システムも，日本の労使関係者の社会的，歴史的取組として育まれてきたものだった．

これに対し，現代の構造改革とは，生産要素を広範に市場化する取組を改めて強力に推進しようとするものである．市場経済の発展期にみられたシナリオを，停滞する日本経済のカンフル剤として広く用いるような発想であったと言っても良かろう．

第2次世界大戦後の労働改革によって，ようやく本格的な活動を可能とした日本の労働組合にとって，戦後の時代は，その養成期間として決して十分な期間とは言えず，その経験も豊富なものとは言えない．経済運営の権力と経済学の権威が，市場価値を重視した改革メニューを大衆的に打ち出した時，社会的，歴史的な分析に基づいて重厚なる対抗軸を打ち出す能力は決定的に欠如していた．

転職の可能性が増え，やりがいのある仕事が見つかると喧伝されたことは，実は，自分が雇用調整の対象になるということと引き換えだった．業績・成果主義によって自分の賃金が上がると思い込んだ人がいたことは，大衆的な無知による甘さだったとしか言いようがない．構造改革の進展に伴い，組織の人間

関係は切り刻まれ，職場は個々の要素へと分解され，労働運動の足場は着々と破壊されていったのである．

2) 人口動態と経済学

構造改革は，市場経済が拡張し発展した時代の成功のシナリオを経済学の論理から抽出し，現代社会に政策的に再現しようとした試みと言えるだろう．経済政策論の本来的な立場から言えば，政策立案に用いられる経済学の基底にある社会的，歴史的性格を正しく理解し，経済の実状に照らし合わせながら主体的に経済運営を検討する態度が大切である．現代において，「神の見えざる手」や新古典派の市場調整メカニズムに頼った経済運営を不用意に喧伝したことは，その妥当性が改めて問い直されねばならない．

歴史に学べば，産業革命に伴って市場経済の拡張が生み出された時代は，人口が急増し，現代とはかなり様相の異なる社会であった．**第 III-1 図**は，人口転換モデルと呼ばれ，人類の歴史的な歩みを人口現象の面から解説している．人類は，産業革命による工業化を達成するまで，伝統的な農業社会に住んでいたが，出生率が高い反面，衛生面の欠如や飢饉，疫病，戦争などにより死亡率も高く，低人口成長の時代が長く続いた．このような状況を大きく転換させたのが産業革命であり，工業生産力を飛躍的に増大させ，農業分野，運輸通信分野の技術革新を伴うことにより，人口扶養力も大きく改善したのである．人々の栄養状態が良くなり公衆衛生も発達して死亡率が急速に低下し，人口は，一気に高成長の時代に突入した．しかし，その後は，出生率がタイムラグを伴って低下し，死亡率が出生率と同水準まで低下したところで人口成長は停止する．人口構造が高齢化していけば，死亡率も緩やかな上昇傾向を示すこととなろう．

この人口転換モデルは，産業革命を先行的に成し遂げた西ヨーロッパ諸国をモデルとしているが，日本においても妥当し，明治維新を契機にステージ I からステージ II へシフトし，人口急増期を迎え，戦後の生活の安定によってステージ III の時代へ移り，現在は，ステージ IV から V にかけての局面にあると理解される．

産業革命による工業化と人口急増によって，新たな市場経済の仕組みが成立したが，その仕組みは，まずイギリスで成立した．そして，その仕組みをいち

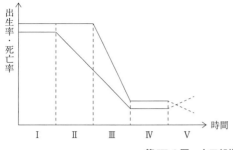

第 III-1 図　人口転換モデル

早く発見し，経済学という学問に体系化したのもイギリスであった．

　工業社会は，人が自然に働きかける伝統的な農業社会を改造して，工業生産力の著しい発展と貨幣所得の増加を実現した社会であった．その仕組みは，エネルギーと機械の力によって，新たな富を体現する諸製品を作り出し，それを「商品」として「市場」に大量に流通させるものであった．見込み生産によって大量に市場に供給される商品は，市場の価格調整メカニズムによって商品の需給が調整される．より高い価格で販売される商品には，利潤を目当てに新規の参入者が続々と現れ製造能力が増強され，価格の低下が導かれるとともに，商品の需要はさらに拡大した．また，大量生産を支える労働力確保のためにも，労働市場の仕組みが用いられ，農村人口は都市工業力へと流し込まれ，工業化，都市化が進行した．伝統的社会においては，自分の親から生活の術を習得していたが，工業化に伴い，住み慣れた土地を離れ，見も知らぬ人に雇われるような「労働力商品の売買市場」を必要とする社会に変化していったのである．そして，貨幣所得によって生活する人々が増えると，商品の流通市場の必要性はますます拡大し，あらゆるものの商品化，市場化を促しながら，貨幣によって仲立ちされる市場経済の仕組みはますます拡大していった．

　人口の増加は，工業生産力の拡大と結びつき，製品の増産と貨幣所得の拡大とともに広範な商品市場を成立させた．価格によって表される商品の価値の増大によって「豊かさ」が測られるという観念が広がり，市場価値の増大は，社会の豊かさを測る指標となり，人々はその観念の中で暮らすことを当たり前のように受け入れるようになっていった．人が自然に働きかけるという関係が変化し，人が商品を流通させ価値を実現するという関係が成立した．自然やそれ

に手を加える人間の姿は,社会の後景へと退き,生み出された製品が,市場を通じて商品として人々に配分されていくことが社会の主要な関心事になっていった.

豊かさの増進という観点から,価格と市場の機能を中心に市場経済の論理を明らかにしたのが,イギリス古典派経済学であり,その性格は,もちろん,新古典派経済学に継承された.それは極めて歴史的な産物であり,イギリス社会の投影でもあった.したがって,市場経済が世界的な広がりを示し始めたとき,歴史的段階が大いに異なるドイツは,イギリス古典派経済学に対する警戒感から,F. リストの経済学や歴史学派経済学を必要とした.また,時代が下り,人口増加時代が過去のものとなると,イギリス経済学の伝統の中から J. M. ケインズのような革新者が生まれることもまた道理にかなったことだったのである.

3) ポスト工業社会論の社会予測

人類の歴史は,伝統的社会から工業社会へ,そしてポスト工業社会へと大きく太い道筋を描いている.このような歴史の見方は,1970年代にアメリカのダニエル・ベル[1]によりもたらされ,多くの人々に影響を与えることとなった.

ベルは工業社会はエネルギーによって,ポスト工業社会は情報によって特徴づけられると述べ,先進的な経済力を持つ国の社会は,物的資源やエネルギーによって生産活動の増大や効率化を目指す「工業社会」から,知識,情報をもとにした人間の関係や協調に焦点を移した「脱工業社会（ポスト）」に向かうと予測した.

工業社会は物的生産力をもとに,多くの製品を人々の生活に送り込みはするが,人々の豊かさが物的な富の量に応じてきまると考えることは,人間と社会の長い歴史に照らせば必ずしも妥当な見方とは言えない.モノがあふれる生活も,それを通じて生活環境を後退させるようでは豊かなものとは言えないし,私的生活の拡張は社会の公共性を損ない,また,所得格差を拡大させるなどの弊害ももたらした.さらに,現代では,保健,教育,文化,芸術など市場経済

---

[1] ダニエル・ベル『脱工業社会の到来—社会予測の一つの試み—』(1973年).

システムだけで充足できない分野への志向も強まっている．ベルは，社会的な問題関心への高まりから，将来に向け，都市計画，通勤輸送の合理化，オープン・スペースの維持，レクリエーション地域の拡大，大気汚染の根絶，河川の浄化，教育の費用負担，医療組織の充実などの分野で，専門的な知識や情報が動員され，公共的な計画が策定されるような共同社会が出現するものと予測した．

この社会研究は，市場経済を基本とした国家が，次第に福祉国家へと移行していく歴史的な道筋を解き明かしたものと言えるだろう．

また，ベルは，情報が決定的に重要な社会では，価値をめぐる抗争が先鋭化し，政治学の根本問題が前面に躍り出ると予測している．工業社会では，規格化された製品が大量に供給され，商品として市場に流通し，巨大な市場価値の生成と飛躍的な経済成長が実現される．市場価値をもとに，市場メカニズムが発動され，価格の調整によって諸資源が配分され，財貨の大量生産と生活の向上が達成された．しかし，ポスト工業社会になると，諸資源の配分を市場メカニズムに委ねた時代は過去のものとなる．人々の豊かさは，もはや，物資の量で測ることはできず，製品も一人ひとりの好みに応じることで，市場流通に馴染む規格品ばかりではなくなっていく．また，それ以上に，知識や情報をもとにした人間関係や相互の協調的行動など，社会的な価値が重んじられることになろう．

ポスト工業社会では，商品を人間が購入するという関係に代えて，人間が情報を提供しサービスを行うという，人間と人間の関係が前面に踊り出る．生産された商品の資源配分は，市場調整メカニズムの「神の見えざる手」に任すことができるかもしれないが，人間と人間の関係は，人間同士の可視的で現実的な力によって解決されなくてはならない．ベルは，これからの社会が，人々の利害調整という政治的調整，さらには政治的決定が強く求められる時代を迎えると予測した．製品の量と市場価値の大きさを競う工業社会からポスト工業社会になると，人々は生活の質を重視し，その関心は社会的なものとならざるをえない．そして，人々は，社会的な合意を得るために，様々な意見の違いを乗り越えるべく，自分の意見を言葉にし対話を重ねていかねばならない．このような社会的緊張関係のもとで，社会的対話の機会を適切に設け，対処を重ねて

いく政治の任務はとてつもなく大きい．優れた政策の企画，立案に経済学が果たすべき役割は大きいが，ポスト工業社会の経済学は，新古典派の市場経済学であるはずがなく，人間同士の関係を読み解き，解きほぐし，社会的安定を創造する政治経済学でなくてはならない．これが，ポスト工業社会論の論理的帰結であった．

4) 高度情報化とポスト工業社会論の誤算

　福祉国家の建設が取り組まれていた1970年代のアメリカ社会にあって，ベルの主張は，未来社会を生み出す有力な理論と見なされていたが，周知の通り1980年代はレーガノミクスあるいはサッチャーリズムの時代であり，1990年代に至ると，時代精神は完全に逆転することとなった．ポスト工業社会論の歴史的認識のもとに打ち出された「情報」という概念も，商品の一つとして，広範な市場化の動きの中に包摂され，もはや，新古典派の市場経済学が扱うことのできない人間行動は何一つないとみなされるに至った．生産要素の広範な市場化は，新古典派経済学とともに構造改革という名の政策論を世界中に蔓延させた．

　一人ひとりの発する言葉は，その人の人格と深く結びつき，その持つメッセージ性は，家族の中で，学校の中で，地域の中で，企業の中で，多かれ少なかれ政治的な意味を持ち，受け手に何らかの行動を促してきた．ところが，その言葉の価値が受け手中心に再編成され，必要があれば，情報を購入するという商品性を持つものとみなされるように変化した．このような情報空間の誕生は，間違いなくインターネットの成立に依拠している．インターネットがアメリカの国家的プロジェクト[2]によるものであることは広く知られているが，今や，

---

　2) インターネットの技術的基盤はアメリカ国防総省高等研究計画局（ARPA）のネットワークを原型としている．ARPA 開発以前のコンピュータネットワークは，中央に制御用コンピュータを置き，そこを中心に形成されるものであったが，ARPA は散在するサーバを相互に接続し，ソビエトの核攻撃によって中央制御コンピュータが破壊されても通信網全体の崩壊をさけうる分散型ネットワークを実現した．ARPA ネットワークは，当初，このための研究に参加する大学や研究機関に接続したものだったが，冷戦終結後はパーソナルコンピュータの技術的展開と融合し，大衆化し，全世界的インフラストラクチャーへと拡大した．なお，1946年の ENIAC 以来，アメリカのコンピュータ開発には多額の軍事予算が投入されており，その

国家は，共同社会を形成するために権力を用いるのではなく，社会のすべてを商品化し，市場化するインフラの整備を任務とする傾向を強めている．

　ただし，このような情報技術の応用の方向性に対しては，人のオートポイエーシス性[3]に基づいた有力な反論が情報学の分野から提出されている．情報分野の市場化は，情報通信機器を用いて情報をあたかも小包のように送り，受け取ることを前提としているが，人も生命体の一つとしてオートポイエティック・システムと理解する限り，人が情報を受け取るということは，送り手からある種の信号を受け取り，その刺激によって，過去の記憶にしたがって自己再帰的に，その意味づけや価値づけを行っているに過ぎないと考えなくてはならない．一人ひとりは，経験も違えば，考えていることも違い，置かれている状況も違うことから，それぞれ受け取る意味内容が全く同じであるということはありえない．それにもかかわらず，決定的な誤解を招くことなく，一応のコミュニケーションが成立するということは，意味内容の共有化を図ることのできる何らかの社会的基盤が存在しているからにほかならない．情報通信産業の拡大に応じ，社会の共同性を確保する公共的な取組の強化が求められており，現代の偏った高度情報化の姿は，識者によって人間性の破壊として危惧されている．

　福祉国家を切り崩し，様々な分野で市場化を推し進める動きは，新古典派経済学とともにアメリカの情報通信産業や金融産業によって牽引されてきたが，その動きは，リーマンショック以来，大きく頓挫した．今後は，現代の実相に迫り，アメリカ文明の展開を相対化して考えうる社会研究の登場が期待される．人類の歴史と社会思想史の研究から社会予測を行ったポスト工業社会論は，す

アメリカ的な研究開発の姿勢が今日の技術のあり方そのものを規定していることは広く意識される必要があろう．

3) 西垣通『基礎情報学―生命から社会へ―』(2004 年，NTT 出版)では，オートポイエーシス性は生命体の自己創出性を説明する概念として提示されており，生命システムと機械システムの違いが強調されている．自動車やコンピュータなどの機械は，人が設計し製作するもので「アロポイエティック(allopoietic)・システム」と呼ばれるが，これに対し生命システムは，外部の誰かによって設計製作されるものではなく，変容を繰り返しつつ自己複製する存在であり，過去の歴史に基づいて自己言及的，閉鎖的に自らをつくり続ける存在である．このような再帰的に自己循環していく自律的システムを「オートポイエティック(autopoietic)・システム」と呼ぶ．

でに過去のものとみなされているが，ベルの立論は精緻なもので，その信頼性も高い．現代に生じている様々な問題を直視し，経済学研究のスタートラインを，サッチャーリズム以前，レーガノミクス以前に改めて引き直す必要もあるのではないだろうか．

5) 福祉国家の専門家群像

ダニエル・ベルは，市場経済学から政治経済学への流れを述べた上で，それを担う人々として「プロフェッショナル・クラス」（専門職階級）を掲げた．この人々は，公共的な計画を企画，立案し，また，執行するにあたって主導的な役割を果たすが，単なる技術者集団，専門家集団というのではなく，社会的な問題を感受性をもって受けとめ，利己主義に優先する規範や倫理観をもって行動することができると考えられていた．

しかし，現代という時代は，こうした社会性を備えた人々を育てることを得意としていない．日本社会についてみれば，専門化，細分化にひた走る大学は，およそ，このような教育にはふさわしくない．かつて日本の多くの教育機関は教養教育を疎かにせず，指導者の学問的気風を受け継ぎつつ，人格陶冶の姿勢が尊重されてきた．残念なことに，今日においては，そうした美風は日本の教育機関にあまり残されていないのではないだろうか．人間味の乏しい教育環境には，自らの研究領域を社会の中に，あるいは歴史の中に確信をもって位置づけうる主体性ある研究は育ち得ない．そして，現代では，自らの所属するパラダイムのある一分野を組織的に担っているだけという研究ばかりが増殖している．

一方，福祉国家の第一線機関は，実務の中で人を育て，専門的な知識を現実に活用する教育的，研究的な側面を今なお残してはいるが，そうした評価軸は今日の研究者集団において一般的ではなく，本格的な政策研究を生み出す機運は乏しい．しかも，市場化と行政改革の専横によって，政府の企画部門と実施部門の溝が深まり，日々の業務運営の中に隠された真実は，行政機関の中ですらすくい上げることは難しくなり，既存の科学的研究業績や重厚な仮説によって，はかなくも抹殺されることを日常としている．

ダニエル・ベルが掲げた「プロフェッショナル・クラス」は今日，ほとんど

逼塞しており，結局は，市場に任せるしかないという敗北感を引き込んでいる．経済学研究の分野で新古典派経済学を押しのけるパラダイムシフトを実現しない限り，福祉国家を機能させる歯車が回り始めることはないように思われる．

第2節　人口減少社会の理論と政策

1)　人口減少と市場経済

A. スミスは，『国富論』における「神の見えざる手」の一文に続いて，「公共の利益のために仕事をするなどと気取っている人々によって，あまり大きな利益が実現された例を私はまったく知らない」と書き込んだ．

スミスは何故，こうまでして「公共の利益のために働く人」を揶揄し，「神の見えざる手」に力を与えなくてはならなかったのか．その答は『国富論』が公表された 18 世紀後半という時代の中にある．

スミスの時代は，人口増加と植民地貿易拡大の時代であり，投資機会は無限に存在しているように見えた．フロンティアは無限に押し広げることが可能であり，資本蓄積の障害はほとんどない．このような時代に蓄積原資の少しの部分でも政府部門に回すことは著しい無駄である．できるだけ多くの資源を資本蓄積へと振り向けることができれば，その分，高い経済成長を実現することができる．スミスの論理では，市場競争は絶対的であり，政府の資源配分機能は名誉あるものとはみなされない．

そして，市場競争を絶対的なものとみなす論理は，経済格差を当然視し，資本蓄積の担い手として富者に名誉ある地位を与える論理に帰着せざるをえない．スミスの体系においては，次の道筋が推論される．

すなわち，フロンティアを無限に押し広げることが可能な社会においては，現在の消費をできるだけ削減すれば，その分，大きな蓄積原資を生み出し，資本蓄積を加速させ，経済成長を高めることができる．フロンティアを押し広げるためには，新たな投資機会を果敢に試す動機付けが必要であり，それが，市場競争にほかならない．市場競争を促すため成功者に成果が与えられることは当然であり，貧富の格差は否定すべきものではない．しかも，資本蓄積の原資を獲得する点では，富が富者に集中することは好ましい．貧者にとって，消費

を削り蓄積原資を捻出することは難しいが，富者は，富が増加すればするほど，それを蓄積原資に回すことができる．競争の勝者に富が集まり，それが蓄積原資となって社会はますます発展する．貧者の救済は，政府による直接の所得再分配によるのではなく，経済全体の所得の拡張の中で達成されなくてはならない．

　J. M. ケインズは『雇用・利子および貨幣の一般理論』において「われわれの生活している経済社会の顕著な欠陥は，完全雇用を提供することができないことと，富および所得の恣意的な不公平な分配である」と記した．これは，A. スミスの論理と体系が，現代社会にとってふさわしくないことを宣言したものである．現代の自由主義市場経済は，もはや完全雇用を確保できず，格差を動機づけとして経済運営を行うことは妥当ではない．人々の協調を基調とした経済社会の建設に向け，新たな経済思想を創造することを人々に訴えかけたのである．

　このケインズの論理と体系は，『一般理論』公表の翌年にロンドンで行われた「人口減退の若干の経済的結果」と題する講演によって完成した．人口増加と植民地の拡大というスミスの時代が終わると，その思想は過去のものとなる．過去の思想から脱し，新たな経済運営を生み出さねばならない．

　自由主義市場経済とは，投資の意思決定が企業家の自由意思に任されている市場競争の経済である．企業は将来の成長を目当てに設備投資を行い，投資の拡大は有効需要を拡大させる．しかし，投資の進行にしたがって，社会には巨大な生産能力が蓄積され，供給力の拡大はそれに見合った需要の拡大を要求する．このため，さらなる需要の拡大が求められるが，設備投資のさらなる拡大は過剰資本に転化する危険を持ち，設備投資の継続的な拡張にはもともと大きな無理がある．こうした無理を突き破り，自由主義市場経済に活力を与え続けてきたものは，人口の増加傾向と将来に対する楽観的な見通しにほかならなかった．

　人口増加に伴って，企業の投資機会は拡大するが，投資の拡大自体が将来期待を高めるという相互作用をもたらす．人口の増加は将来に期待する企業家の楽観論を醸成し，多少の間違った過剰資本の蓄積があっても，人口増加に支えられた成長によって一時的な過剰として速やかに解消される．ところが，人口

減少社会に転じると，まったく逆のプロセスが発生し，需要は期待されたところをいつも下回り，ますますの悲観を生み出して投資の減退はとどまるところを知らない．人口減少は，市場経済の安定性と生命力に決定的な障害をもたらすのである．

新古典派経済学は，スミスの時代の残映に囚われているが故に，人口減少に転じた社会では的外れで危険な政策を導く．人口減少社会に求められることは，資本蓄積のペースを落とし低い成長に経済を落ち着かせることなのであって，働く人達の所得と消費の増加が不可欠である．ところが，新古典派は，失業の発生に対し，賃金の切り下げを提案し，市場メカニズムを活かせば経済活性化と失業解消が実現できると主張する．このような政策は，企業家にますます所得を集めることとなるが，設備投資のフロンティアが消滅していく時代に，集まった資金は行き場を失い，金融資産を増殖させるばかりであり，金融の不安定性は増幅され，失業の増加と所得格差の拡大は，将来不安を伴いながらますます有効需要を削減することにつながっていくのである．

2) 人口減少社会の理論的展望

ケインズは「人口減退の若干の経済的結果」の講演の後，深刻な心臓障害を抱え，新たな経済思想の論理と体系を一書にまとめ上げることは不可能だった．ケインズのこの問題意識を継いだのは，『ケインズ伝』などの著書もあるR.ハロッドだった．ハロッドは，ケインズの講演「人口減退の若干の経済的結果」をモデル化し，政策的検討に役立てることを試みた．その研究は「『一般理論』の動学化」と呼ばれ，『動態経済学序説』に結実した．

『動態経済学序説』での検討は，おおむね第III-2表のように示すことができる．まず，(1)式により，有効需要が消費と投資から構成される簡単な経済を仮定し，(2)式により，所得の一定割合が消費される簡単な消費関数を仮定すると，この2つの式の展開から(3)式を導くことができる．(3)式は，投資支出の増加(ΔI)が有効需要の増加(ΔY)をもたらし一国の生産規模を増加させることを表している．

ハロッドが試みたことは，投資の規模が有効需要を決定する短期の経済関係を，投資が資本設備(資本ストック)を形成して，生産力として稼働する長期の

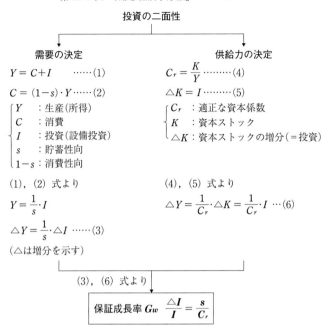

第III-2表 『動態経済学序説』のモデル

経済関係へと拡張することであった．経済学はこれを「動学化」と呼んだ．

　投資には二面性がある．短期では，支出項目の有力な一要素として需要を決定するという側面であり，長期では，資本ストックとして蓄積され一国の供給力を決定するという側面である．「『一般理論』の動学化」とは，この二面性をともに経済モデルに組み込み，長期的な視点から経済変動を研究しようとしたものである．

　(4)式は「適正な資本係数(C_r)」を定義している．設備投資を行う企業は，資本設備の量と生産量との間に，一定の関係を想定しているはずである．すなわち，ある生産規模を実現するのに，多すぎもせず少なすぎもしない適正な量の資本設備の量が技術的に見込まれる．そのような資本設備と生産の割合(資本産出高比率)が適正な資本係数である．

　また，(5)式にあるように，投資は，既存の資本ストックに付け加わる新たな資本の増加分であり，(4)式と(5)式の展開によって，(6)式を導くことがで

きる．(6)式は，適正な資本係数(C_r)のもとで，投資(I)によって実現される供給力の増加分($\triangle Y$)を表している．

　投資の二面性とは，投資によって(3)式に示される需要の増加と(6)式に示される供給力の増加が生み出されるということであり，円滑な企業経営のために両者の一致が期待される．企業経営では，将来の需要を見通して設備投資を行うが，(3)式の需要の増加と(6)式の供給力の増加が一致するということは，設備投資を行う企業の目論見が的中し，順調に事業が拡大していくことにほかならない．このような，資本が過剰でもなく不足でもない，企業経営に満足感を与える経済成長率は「保証成長率」と呼ばれる．

　保証成長率(G_w)は，(3)式と(6)式の展開によって導かれる．企業経営にとっては，設備投資に伴う(3)式の需要の増加と(6)式の供給力の増加が一致することが望まれるが，2つの式の展開によって，投資の増加率が導出される．貯蓄性向(s)を適正な資本係数(C_r)で除した値の大きさで投資が成長していけば，経済の「保証成長率」が確保される．(1)式のような簡単なモデルのもとでは，各需要項目の成長率は経済成長率の値と一致するから，「保証成長率」は，貯蓄性向(s)を適正な資本係数(C_r)で除した値によって示される．

　保証成長率(G_w)は，国民の生活状態によって決まる貯蓄率(貯蓄性向：s)と企業の生産活動における技術的関係(適正な資本係数：C_r)によって一義的に決定される．現実の経済成長率が，この保証成長率と一致している限り，企業経営は円滑に進めることができる．このような意味で保証成長率は均衡成長の経路を示しているが，それでは，この均衡成長経路に安定性は備わっているだろうか．自由競争を基本とする市場経済は，果たして，この均衡成長経路に経済活動を収斂させていく安定化プロセスを備えているのだろうか．

　ハロッドの結論は，一国の経済には一筋の均衡成長の道はあるが，自由主義市場経済がこの道を歩み続けることは難しいというものであった．自由競争を基調とする市場経済は，設備投資の意思決定を企業経営の自由意思に委ねる経済である．このような経済では，**第III-3図**にみられるように，現実の経済成長率(G^*)が保証成長率(G_w)を上回る点 A にある時は，企業は資本ストックの不足感を抱え，設備投資を加速するが，それによってますます保証成長率を離れ資本ストックの不足傾向は激化する．一方，現実の経済成長率が保証成長率

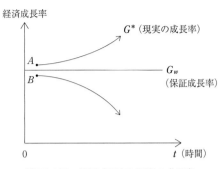

第Ⅲ-3図　保証成長率と現実の成長率

を下回って点 B にあれば，企業は資本ストックの過剰感を持ち，設備投資を削減するが，そのことがさらなる経済停滞をもたらして，資本の過剰傾向はますます悪化する．市場の調整力は不確かなもので，将来に向けた投資の意思決定を完全に企業経営の自由意思に任せてしまうことは危険であり，ケインズが『一般理論』で「投資の社会化」と述べた問題意識がハロッドによってモデルの中に表現された．

　自由主義市場経済は一筋の均衡成長経路を持つが，その道を歩み続けることはナイフの刃を渡るほど難しく，資本不足か資本過剰の世界のいずれかに転落しやすい．この理論は「ナイフエッジ」理論と呼ばれ，**第Ⅲ-4表**によって表される．保証成長率に比べ現実の成長率が大きい場合($G^* > G_w$)には，現実の資本係数(C^*)は適正な資本係数(C_r)より小さい．このため資本ストックの不足感があり，さらに設備投資を積み増すが，その結果，現実の経済成長率はさらに高まり，現実の資本係数は適正な資本係数からさらに離れていく．一方，保証成長率に比べ現実の経済成長率が小さい場合($G^* < G_w$)には，現実の資本係数(C^*)は適正な資本係数(C_r)より大きい．このため資本ストックの過剰感があり，設備投資は削減されるが，そのことが現実の経済成長率を引き下げ，資本の過剰感はとどまるところを知らないのである．

　なお，ここで若干付言すれば，こうした市場経済の安定性に対する懐疑心の提出は，新古典派経済学にとって容認できないものであるに違いない．「ナイフエッジ」理論に対しては，資本と労働が柔軟に代替されることによって，一方的な資本不足や一方的な資本過剰が発生することはないという新古典派経済

終章　転換期の社会と政策 —— 249

第 III-4 表　保証成長率と現実の成長率

$$G_w = \frac{s}{C_r} \quad (C_r：適正な資本係数)$$
$$G^* = \frac{s}{C^*} \quad (C^*：現実の資本係数)$$

現実の成長率が大きい場合　　　現実の成長率が小さい場合

$G^* > G_w$　　　　　　　　　　$G^* < G_w$
$\frac{s}{C^*} > \frac{s}{C_r}$　　　　　　　　　　$\frac{s}{C^*} < \frac{s}{C_r}$
$C^* < C_r$　　　　　　　　　　$C^* > C_r$
（資本の不足）　　　　　　　　（資本の過剰）

第 III-5 表　3 つの成長率の相互関係

現実の成長率　$G^* = \frac{s}{C^*}$　（s：貯蓄性向，C^*：現実の資本係数）

保証成長率　$G_w = \frac{s}{C_r}$　（C_r：適正な資本係数）

自然成長率　$G_n = \dot{L} + \dot{P}$　（$\dot{L}$：労働力人口の増加率，$\dot{P}$：労働生産性の上昇率）

成長理論が開発された．しかし，そのような資本と労働の代替関係は理論上想定されえても実際の調整過程においては現実的なものではなく，しかも，景気の停滞下では，資本が過剰であるばかりでなく，労働力も過剰となっているため，その相対関係を論じることに実践的な価値はほとんどない．ハロッドの意図は，ケインズが自由主義市場経済の未来に与えた警句をモデル的に示すことであったが，動態経済学をめぐる論争が，第 2 次世界大戦後の高度成長過程に関する計量的，技術的検証へと傾斜したことで，ケインズ学派は，論争において極めて不利な立場に追い込まれることになった．

3)　『動態経済学序説』と現代の経済学

保証成長率とナイフエッジ理論を用いて現実の経済運営を検討するためには，一国の経済における成長の上限を導入する必要がある．**第 III-5 表**に示すように，それは自然成長率（G_n）であり，一国の経済運営は，現実の成長率（G^*），保証成長率（G_w），自然成長率（G_n）の 3 つの係数の関係によって検討される．

自然成長率（G_n）は，労働力人口の増加率と労働生産性の上昇率によって規定

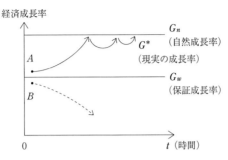

第III-6図　高い自然成長率とブームの継続

され，一国の経済成長率の上限を示している．ケインズ『一般理論』やハロッドの定式化は，自然成長率の低下した社会を前提に，そのもとでの慢性的な有効需要の停滞を想定している．ところが，第2次世界大戦後は，どの先進工業国でも高度な経済成長が実現され，自由な競争に導かれた市場経済が人々に大きな福利をもたらしたことは明らかだった．ケインズやハロッドの問題意識は忘却され，動態経済学は技術的な成長理論の論争へ吸収された．

　もちろん，戦後の高度経済成長は，現実の経済成長率，保証成長率，自然成長率の3つの関係から適切に説明することができる．**第III-6図**に示すように，戦後の高度経済成長期には，保証成長率に比べて，自然成長率は高い水準にあった．第2次世界大戦は，総力戦として戦われたため各国では科学技術の研究にも戦時的な動員がなされ，たとえば，アメリカにおいては，鉄鋼生産，輸送機械・航空機生産，電気・電子技術，原子力技術の飛躍的発展が成し遂げられた．戦後は，これらの技術が一気に民生化し，労働生産性を押し上げるとともに，復員にともなうベビーブームも自然成長率を押し上げた．さらに日本においては，工業都市への空襲によって工業設備はあらかた破壊されていたため，戦後のキャッチアップ過程は，最新鋭の科学的設備を導入する余地が大きかったことから，著しい自然成長率の高さにあったことは間違いない．このような拡張的な恩恵に恵まれた経済では，現実の成長率(G^*)が点Bのように落ち込むケースは一般的ではない．仮に，そのようなケースに陥ったとしても，政府が一回だけ大きな経済対策を打てば，たちまち，保証成長率を超える水準を確保できるであろう．高度経済成長期に一般的なケースとは，**第III-6図の点A**

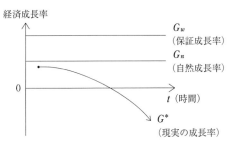

第 III-7 図　自然成長率の低下と長期停滞

であり,保証成長率を上回る現実の経済成長率は,さらに成長を加速させ,自然成長率の天井にぶつかり,賃上げと物価上昇を伴いながら,自然成長率を活かしきった長期の経済成長を実現する.

このような経済においては,政府の政策的財政負担は著しく軽減され,不況対策は一時的な対策にとどまり,高い成長は歳出を賄うだけの十分な歳入をもたらした.投資は投資を呼び,自由な市場経済は人々に多大な恩恵をもたらし,市場メカニズムに信認を置く新古典派経済学は着々とその地位を高めていった.

ハロッドの『動態経済学序説』が翻訳され日本に紹介されたのは昭和28(1953)年のことであり,復興,成長のための政策立案に活用されたが,国民所得倍増計画など高度経済成長政策の成功に伴って,自由な市場経済への信頼が高まり,新古典派経済学が次第に主導的な地位を確立していくこととなった.

ハロッドは『動態経済学序説』の序言に,この作品を世に問う思いをさりげなく書き記しているが,日本の経済学者は,このことをもうほとんど忘れているに違いない.ハロッドは第2次世界大戦後の世界においてもう一度,経済停滞の問題に直面することがこの作品の根底にある思想であると語り,アメリカが慢性的な不況から免れえないと予測している.ハロッドがケインズから継承したものは,長期の経済停滞にあえぐ自由主義市場経済の末路であり,経済拡張の時代はその前史に過ぎない.『動態経済学序説』では,もちろん,自然成長率の高い経済の論考がなされているが,著者の問題意識が自然成長率の低下した社会の究明にあることは言うまでもない.

人口拡大期が終わり,自然成長率が低下する社会は,企業が欲するだけの成長を実現することが難しくなった社会である.このような社会は**第 III-7 図**に

記されるように,自然成長率(G_n)は保証成長率(G_w)より低い.現実の成長率(G^*)は,自然成長率(G_n)を超えることはできず,常に保証成長率(G_w)を下回り,経済は長期的な停滞傾向を示すこととなる.経済成長率は企業にとって満足のいくものではなく,過剰資本を抱えた企業は,もはや積極的な投資活動に出ることはできない.政府による財政拡張は,経済の落ち込みを和らげることはできるが,それだけでは企業の投資環境を抜本的に改善することはできない.財政政策は,自律的な設備投資の拡大を誘導することはできず,累次の経済対策は,国家財政への負担ばかりを増やすこととなる.

この姿は,生産年齢人口が減少に転じ,また今,総人口の減少過程へと突入する現代日本社会の姿を的確に表現している.このように,ケインズやハロッドの理論は,現代経済に多くの示唆を与えるものであるが,今日の経済学は,もはやケインズ学派の原型をとどめえぬほどに新古典派の浸食を受けてしまった.この点に関しては,戦後の経済学研究や経済学教育に何らかのミスがあったことは疑いえない[4].ハロッドに限ってみても,自然成長率の低下と長期停滞の問題を,戦後アメリカ経済の課題として不用意に述べたことは,冷戦構造のもとで自由社会に強い自負心を抱くアメリカ側に著しい不快感を与えたことは間違いなく,また,戦争経済は総力戦によって著しい技術進歩をもたらし,市場経済の拡張力を再び呼び覚ます魔力を持つことも直視しなくてはならなかっただろう.ハロッドの経済学は,残念ながらこのような政治過程への論考に欠け,純粋理論的には正しくとも,緊張に満ちた戦後世界の国際政治関係において,アメリカの新古典派経済学にその主導的な地位を奪われることになった

---

4) ケインズやハロッドから経済学を学んだイギリス・ケインジアンはアメリカの経済学者と認識を共有することができず,アメリカを中心とした新古典派経済成長理論との間で激しい論争を引き起こした.この論争は 1950 年代の J. ロビンソンによる新古典派批判から始まり,1966 年の資本理論をめぐるシンポジウムで頂点に達したが,イギリス・ケンブリッジ大学を代表するロビンソン,カルドア,パシネッティらとアメリカ・ケンブリッジ(MIT)を拠点とするサミュエルソン,ソローらの対決となったことから「ケンブリッジ資本論争」と呼ばれている.論争の本質は,市場経済の安定性に関する社会の認識に関するものであったが,特にアメリカ側の経済学者に問題を技術的なものとして理解する態度が広がり,論争の対象は資本量の計測など計量的,技術的なものに集中し,論争は,経済学の専門的概念を駆使した科学的方法論の優劣を競うものに堕してしまった.この過程で,経済学が社会とどのような関わりを持つべきなのか経済学者間での共通認識が喪失し,経済理論を肉声をもって語れる研究者を生み出すことができなくなっていった.

ものと思われる.

ただし,これらの事情からハロッド理論の本質が忘れ去られたとしても,その価値が損なわれたわけではなく,しかも,人口減少社会に転じた日本社会にとって,その持つ意義はすこぶる大きい.現代のパラダイムからすれば,過去に葬り去った理論のリバイバルは許し難く,そのようなことに取り組む研究者は,パラダイムの威信にかけて抹殺する必要があるが,現代的課題を踏まえた上で過去の理論に改めて光をあてる取組には,正当な社会的地位が与えられるべきではないだろうか.そのような取組への社会的支援なくしてパラダイムシフトなどありえない.

4) 人口減少社会の政策体系

人口減少は市場経済の生命力に重大な打撃を与えるだろう.市場経済はそれが成長局面にある限り,不安定性を伴いながらもダイナミズムを持ち,様々なフロンティアを切り開いていく生命力に満ちあふれている.ところが,人口が減少する時代,状況は完全に逆転する.かつては企業家の果敢な投資行動が,市場経済の成長の源泉であったが,投資機会の飽和は経済停滞を通じてさらなる悲観を生み,市場経済の心臓部である資本蓄積に重大な障害をもたらすのである.

市場経済の崩壊を防ぐため,設備投資を行う企業家の行動を絶対不可侵と考える原理主義的な自由主義に修正を加え,投資の社会化によって市場経済の生命力を維持し,市場価値に対する社会的価値を守り,育てていくことが求められる.

ケインズ学派の政策ビジョンは,ケインズが『一般理論』で投資の社会化と呼んだものの実現であり,ハロッドが『動態経済学序説』で論じた保証成長率の政策的なコントロールにほかならない.人口減少社会の経済停滞は,高すぎる保証成長率と低い自然成長率によって生じているのであり,保証成長率(G_w)の引き下げを政策的な根幹にすえ,自然成長率(G_n)の適正な方法での引き上げも意識しつつ,現実の成長率(G^*)を機動的な経済運営によって安定化させることが目指されなくてはならない.

自然成長率(G_n)が低下した日本社会の政策的対応としても保証成長率(G_w)の

引き下げが最も重要である．これは日本の企業経営が，むやみに高い成長を志向することなく，現実的な経済成長率の大きさに適応し，そのもとで資本蓄積に対する動機を保ち続けることを意味している．**第 III-5 表**(249 頁)から分かるように，保証成長率(G_w)を引き下げるためには，貯蓄性向(s)を引き下げ，適正な資本係数(C_r)を引き上げることが必要である．

　貯蓄性向の引き下げは，高蓄積を志向する社会の体質を変えることを意味するが，これは2つの経路から達成することができる．まず第1に，所得格差の是正である．市場経済が拡張する時代，資本蓄積は，所得の高い人々が自らの所得をもとにあるいは追加的な資金を集めることで担われてきた．しかし，人口減少社会は，投資機会が飽和する社会であり，貯蓄性向を高めても，それにふさわしい投資機会は見つけにくい．貯蓄された資金は投資活動に向かわず，投機を目当てとした金融資産の売買へと向かい，経済の不安定性ばかりを増幅する．貯蓄性向を引き下げることで，所得が消費に向かう割合を高めなくてはならない．所得格差の是正は，貯蓄性向の高い富裕層から貯蓄性向の低い貧困層に所得をシフトさせ，社会全体の貯蓄性向を引き下げ，消費のすそ野の広い増加を実現する．社会的，横断的な賃金形成にあたっては，賃金水準の低い層の賃金引き上げと生活の向上に関心が向けられる必要があり，税制や社会保障などによる所得再分配も，格差是正を通じて貯蓄性向を低下させる観点から措置される必要がある．

　また，第2に，労働分配率の引き上げである．日本社会の現状をみても，雇用者報酬は勤労者家計の消費支出に用いられているのに対し，企業収益は内部留保など企業の金融資産の積み増しに向かい，配当の増加も株式価値の拡大と金融セクターのいたずらな拡張を促している．現代の日本企業は金融資産を積み増し，設備投資を減らすことで貯蓄投資バランスにおける貯蓄超過を急速に拡大させた．企業は設備投資の主体であるとみられているが，現実には日本社会において最大の貯蓄セクターに変貌している．企業側への分配の増加は社会全体でみた有効需要の削減をもたらし，企業セクターの過剰貯蓄を政府部門の支出超過で補うという歪な経済循環に陥っている．このようなもとで大衆課税によって財政再建を目指すことは現実的ではなく，社会的対話によって労働分配率の向上を成し遂げ，企業セクターの貯蓄超過を是正することを先行させな

くてはならない．

なお，新古典派経済学は失業の発生に対し，賃金の引き下げによって雇用機会の拡大を提言するが，かりに，賃金の引き下げによって，さらなる労働分配率の低下が生じるようなことがあれば，企業の高蓄積体質はさらに強まり，より高い経済成長が実現されない限り経済は均衡しない．そのような高成長の歴史的基盤が失われている現実のもとで，投資先を見失った過剰資金は金融資産として保有され，実体的な裏付けのない運用利回りを要求することになる．新古典派の主張は，現代社会の実状に照らし危険な選択であり，このような学派が経済政策に力を振るう状況は速やかに是正されなくてはならない．

さらに，保証成長率の引き下げのためには，適正な資本係数（C_r）の引き上げも求められる．生産のために大量の資本ストックを用いる産業は，投資支出による有効需要の拡大というメリットに比べて，供給力の拡大というデメリットは小さい．そのような産業は，人口減少社会で求められる需要拡大に資するとともに，それほど高い成長を要求しない．しかし，このような巨大な装置産業は長期間かけて資本を償却せねばならず，資本ストックの大きさに対する利益率もそれほど大きくないと見込まれる．こうした産業分野の例としては，高度な交通システム，持続性を持ったエネルギー再生システム，質の高い医療を保証するシステムなどが想定されるが，これらのシステムの形成と産業的発展を，個々の企業家の才覚に委ねることは，現代社会にあって妥当とは思われない．これらの産業分野は社会システムとして社会的な意思決定によって支えられなくてはならず，事業の長期的継続性や低利の資金調達を確保する必要もあろう．

ケインズは『一般理論』において，現代社会における「投資の社会化」を見通しているが，日本社会においても人口減少のもとで投資機会が飽和していく中で，個々の企業家の先見性や血気ばかりに投資の意思決定を委ねることは現実的でなくなっていくと思われる．また，個々の企業家の自由競争によりブームと停滞が交互に繰り返される投資循環は，大きな景気変動をもたらし，働く人達に耐え難い負担を押しつけている．投資の安定した成長を実現するため，労働組合や産業界など集団的労使関係を構成する人々を中心に社会的対話を広げ，将来の産業社会を予測する政府の総合的な経済企画機能を充実させながら，投資の意思決定を公共的，長期的観点から行うことのできる社会的な意思形成

のための体制を早急に整えなくてはならない．

第 3 節　労使関係と雇用政策

1) 労使関係を基盤とした政治経済学の構築

　現代日本社会では，労使が協力して取り組むべき課題は数限りなく，失業の問題，賃金形成の問題，所得格差の問題，所得分配の問題，さらには，それぞれの職場における働きがいの問題など，枚挙すれば暇がない．

　これら数多くの課題を突きつけられ，日本の労使関係は今までにない高い対処能力を求められるようになった．労働組合のリーダーは，成熟化し多様性を増す社会の中で，今まで以上に職場での意見集約に苦しんでいるに違いない．企業経営者も，国際化が急速に進展し，日本政府の経済運営姿勢も定まらない中で，労働側に対し責任ある雇用方針を示すことなど，ほとんど不可能な状態にあるのではないだろうか．

　こうしたもとで，市場経済学が提示した構造改革論の極めて単純で普遍性をもった解答が，労使関係者にとって有力な対処方針として響いたとしても，やむをえなかったかもしれない．市場経済学は，冷戦終結によるグローバル・マーケットの拡張の中で，労働力も様々な資源と同じように地球レベルでの効率性が求められると述べ，世界標準の新古典派経済学を用いて労働市場の機能整備とその活用を訴えた．日本人の働き方，日本社会の強みが，そこでどのように活かされるのか，了解しがたいものも数多く含まれてはいたが，自らの言葉を用いて組合の仲間を説得する力を落とした組合リーダー，あるいは，自らをかけて経営方針を提示する自信を喪失した企業経営者が，その学問的権威に寄りすがり，「グローバル化」だとか「マーケット」だとかの言葉を多用したことは，悲しいながらも事実であった．

　しかし，冷戦終結後，あるいはバブル崩壊後の，およそ 20 年間の学習期間を経て，そのような思考法の危険に，日本の労使関係者は間違いなく気付き始めている．職場の働きがいをもう一度取り戻すために，自分たちの言葉を取り戻さなくてはならない．市場経済学や構造改革論の一般論は，もうたくさんだ．自分たちの組織に，あるいは，この会社に集った仲間とともに，もう一度取り

組むべき使命をつかみ直し，心を一つにして世の中に向き合う．自分たちの価値観を言葉にし，まとめ上げ，それをもとに社会に働きかけていくために求められる知識の体系．それが，働く人達のための政治経済学にほかならない．

今，働く人達は，自分たちの力を結集して社会に働きかけるために，市場経済学に代わる新しい知的体系を必要としている．そして，企業内労使関係において価値観を共有することのできる日本の労使関係者は，価値共有のための政治的能力を駆使して，必ずやその知的体系を生み出すこととなろう．こうした取組が集団的労使関係に活かされる中で，政治経済学として明確な形を整え始め，政労使の社会的対話を生み出し，新たな雇用政策の創造，さらには広範な政策転換へとつながっていくに違いない．

2）日本的雇用慣行の再認識

政治経済学は，現実的な社会認識の形成から始まり，優れた経済分析や経済予測を生み出しながら広範な政策構想へとつながっていくだろう．したがって，まず，現代の労使関係に立ちふさがる非現実的な認識の除去が課題となる．

冷戦終結後，多用された「グローバリゼーション」という言葉は，政治経済学的思考を麻痺させ，市場経済学を勢いづかせたキャッチワードであった．この言葉のもとに，働く人達は，仲間同士の無益な競争に駆り立てられ，低い賃金を受け入れることが雇用を守ることだと言い聞かされてきた．累次にわたる労働法制の規制緩和が実施され，不安定で所得水準の低い就業形態が，労働市場の弾力化という認識のもとに推し進められた．さらに，「グローバリゼーション」は，この結果生じた，経営や経済の責任を言い逃れるための言い訳の言葉にも用いられた．

しかし，本当に大切なことは，それぞれの国と社会が，その歴史を尊重され，それぞれの文化的，社会的な方法によって経済活動を行うことにほかならない．市場経済学と構造改革論によって荒れ果てた日本の職場も，ようやくそのことに気づき，日本的雇用慣行の意義を再評価する認識が息を吹き返している．

"global"という言葉は，不用意に地球の一体性を強調し，それぞれの地域に存在する文明の意義や地域の文化を押しつぶしてきた．また，それぞれの歴史や文化に根ざして，価値を表現しようとする人々の取組をやせ細らせてきた．

世界の人々が共通に理解することのできる価値，それは市場価値しかないだろう．そうしたニヒリズムが市場経済学とグローバリズムの底流に潜んでいることを，日本の労使関係者は鋭く見ぬかなくてはならない．そして，職場の中で，地域の中で，社会の中で，言葉の力によって人々に訴え，価値を創造することのできる政治的能力を少しずつ取り戻さなくてはならない．そのような政治的能力が，国際社会の中で，日本の価値を説得的に提示する基礎的能力でもある．

3) 賃金制度と働きがいある職場づくり

日本の労使関係者が，職場の中で自らの言葉を取り戻し，その政治的能力を鍛え直していくためにも，賃金制度の検討と再構築は特に重視されなくてはならない．日本的雇用慣行は，長期雇用，職能賃金，企業別労働組合などによって構成されているが，長期雇用に関する労使の共通認識に比べ，職能賃金を基礎とした賃金制度への信念は，今，大きく揺らいでいる．市場経済学と構造改革論の結果，職場には不安定な就業が増え，その賃金体系は従来の職能等級資格制度とは区別され，職能等級資格制度のもとにある従業員の賃金体系にも，職務給，業績給，成果給などがつぎはぎされてきた．

このようなもとで，働く人達の生活をどのように改善させていくのか，さらには，賃金の引き上げは，どのような方法によって達成するのが妥当なのかについて，それぞれの企業内労使関係の中ですら，共通の認識形成は難しくなっている．このままでは，賃金の引き上げやデフレの解消に向けて，社会的な対応を結集することなど不可能である．

労使関係者は，日本の賃金制度が働く人そのものに注目した制度であることを，改めて認識しなくてはならない．そのために必要とあらば，それぞれの企業において賃金制度の歴史を調べ直しても良いし，従業員の働きがいと賃金の関係について広くヒアリングしてみるのでも良い．日本企業は，仕事の種類に賃金を対応させることを避け，一人ひとりの労働者の能力を測り，それに賃金を対応させることに心がけてきた．これは，仕事の種類を目当てに外部労働市場から人材を調達する市場経済学の前提とは著しく異なり，企業の中で，様々な職務を経験させ，その企業の人材として人を育てるという日本的雇用慣行の基盤を形成している．仕事に応じて賃金を決めることは，市場を通じて普遍化

できるが，日本的雇用慣行は，そのような方法をとらず，それぞれの企業における価値体系が基本に置かれ，そのもとで，人材育成と組織的使命感の形成が一体的に進められてきたのである．

このような人間主義的な組織風土は，そこで働く人達にとっても，また，それを評価する側の人にとっても，一人ひとりの人間性が問われる厳しいものである．そして，その厳しさの中に，日本に働く人達の働きがいがあり，また，日本の企業経営者が持つ深い哲学性が育まれている．日本で働く人々は，日々，人間そのものの能力を総合的に問われる職場に生きており，その能力を適切に育て，社会的に結集していくことができれば，現代の危機を救う政治経済学の主要な担い手として，人類の文明史に日本文明の偉大な価値を正しく描き込むことができるに違いない．

日本の労使関係者は，日本社会における賃金制度の現状を真っ正面に見すえ，人々の働きがいを実現することができる賃金制度の再構築に果敢に取り組まねばならない．

4) 社会的対話の推進と集団的労使関係の形成

経済政策を企画，立案するためには，経済の現状を分析し，それを正しく表現するための経済理論が不可欠である．現代の職場が抱える様々な課題は，それぞれの企業レベルで取り組まれるだけのものではなく，社会的な政策対応を必要としているものも多く，経済政策を導くための経済学の研究は，労使関係における現代的課題として重要な位置を占めている．

政策検討のための社会的対話は，経済政策の企画，立案にとって不可欠であり，日本の労使関係者は，労使コミュニケーションを基礎とした社会的対話の機会を充実させていくことに，さらなる努力を重ねていかねばならない．個別の労使関係を集団的な労使関係へと高め，経済政策のための対話に高めていくためには，個々の職場で生じている事柄の本質をつかみ，多くの職場の仲間との認識のすり合わせによって，課題を社会的な事象として論理的に描き出すことが求められる．経済の理論研究，優れた経済分析の実施，説得的な経済政策の提示に向け，労使関係者が，主体的に経済学研究に取り組むことのできる機会を増やしていくことが不可欠であろう．

かつて，市場経済学と構造改革論は，市場が与える試練として失業率の上昇は甘受すべきだとまで言い切った．しかし，企業の中に人材を蓄積し，高度な経済発展を遂げた日本社会が，フリーフォールを黙って見過ごすような対応を取れるはずがない．主流派の地位にある市場経済学は，実はもう既に過去の遺物であり，新たな政治経済学が生まれて来ないが故に，ただ，その地位に恋々ととどまっているに過ぎない．このような現実を厳しく見すえ，日本の労使関係者は，政治経済学の担い手としての自覚を高めなくてはならない．

　現代日本社会の景気循環は，バブル崩壊以降，その増幅を拡大させている．景気波動をもたらしているものは，企業の設備投資循環波動であることは言うまでもないが，長期的に見て，もはや緩やかな成長しかみせない投資波動が，あまりにも大きな循環波動を持つことは健全ではない．市場経済学は，産業構造や日本の将来社会の姿を市場の自由に委ねることを提言し続けてきたが，その振る舞いは政治経済学によって抑止されなくてはならない．社会的対話を通じて産業構造を長期的に展望し，国による技術開発の支援も行いながら，企業の投資行動を適切な経済成長と結びつけることが求められる．

　産業構造や経済の将来像を社会的に展望し，そのもとに企業の投資行動が位置づけられ，財政金融政策によって経済変動を緩和させながら，安定した設備投資と経済の成長を実現することは，投資の社会化と呼べるだろう．投資の社会化の基礎には，集団的労使関係や労使の社会的対話の取組が不可欠であり，日本の労使関係者は，経済政策の主要な担い手として，その責務を着実に果さなくてはならない．

　さらに，若年層に広がる失業と不安定就業をみれば，今後の産業構造を展望した社会的な人材ニーズの把握と，その社会的な育成システムの整備が手つかずであることは明らかである．日本の大学進学率は急速に上昇してきたが，その供給する人材は産業社会が要請するものとは著しくずれており，ミスマッチの拡大も甚だしい．投資の社会化のための産業展望は，日本の教育や人材育成とも連携させ，社会的な広がりをもって検討される必要がある．

　人口減少社会に転じた日本社会は，もはや無闇に高い成長を目指すことはできず，現実的な経済成長のもとで，経済循環の安定化に取り組まねばならない．ただし，限られた人的資源を適切に育て，発展する産業の各分野に有効に配置

していくことで，可能な限りの成長力を引き出していくことの重要性は言うまでもない．正しい産業展望のもとに，それを社会全体に押し広げ，総合的なビジョンとして描きあげることが期待されている．

5) 労働問題研究者の社会的責任

現代の労働問題研究者は，市場経済学のパラダイムの中で過酷な研究生活を強いられている．パラダイムは研究者の生活フィールドを用意するが，その恩恵に浴することのできない者は，研究者としての生活は保障されない．このことは特に，若い研究者に大きな障害を与えている．

今まで論じてきたように，労使関係の現場ではパラダイムシフトが真剣に議論されているが，研究者の多くは，主流派を形成するパラダイムの中に住んでいる．労使関係者はパラダイムシフトに向け，先行的に新たなパラダイムが生まれることを期待しているが，そのようなことが期待できる研究環境は，実はほとんど存在しない．したがって，労働問題の優れた若手研究者も，日本の労使関係者が抱える課題を自らの研究課題に重ねることを躊躇せざるをえない．こうして歴史的，社会的に提起される問題から研究者が逃げだし，ある特定の専門的，技術的問題に没頭するという構図が発生している．

このような研究者の退廃的傾向は，何も労働問題に限られることではなく，多くの分野で発生している．平成23(2011)年3月11日に発生した東日本大震災とその後の原子力災害では，想定しえなかった激しい事態の展開の中で，科学が万能でないことばかりか，研究者がそれ自体として決して倫理的な存在でないことも人々の前にさらけだされた．現代の科学者は，与えられた目的に対し諸手段の最適な組み合わせを究明する人々であり，目的そのものの適否やその結果に関する判断を上手に回避する語り口を身につけていた．このような態度は，何も原子力エネルギーの研究に限られるものではなく，およそ専門的研究者に共通のものであり，自らの研究の持つ社会的意味や歴史的意味を語ることはなく，また，その中立的にみえる態度こそが科学的であるという雰囲気を醸し出している．

ここでは，おそらく，政治家，行政官，研究者の職業的な役割分担が仮定され，その社会的意味や倫理上の判断は政治家の役割と思われているようにみえ

る.しかし,「政治主導」という言葉とは裏腹に,現代の政治が何も解決できないことは,日に日に明らかになっている.高度に発展した現代文明は,人類に自ら制御不能な莫大な技術力,経済力を与えており,既存の仕組みや役割分担に応じて意思決定を進めていけば,社会を治めることができると考えるのは,マスコミ中心につくりあげられた幻想に過ぎない.

　こうして包囲された日本の科学者,研究者が,それでもなお目をつぶって,既存のパラダイムに完結する研究にしがみつくとしたら,それは研究活動の社会的責任を放棄した,非倫理的なものと言わざるをえない.科学者,研究者の社会的責任の自覚が,今,切実に求められている.

6) 政策転換に向け求められる広範な社会運動

　近代科学によって確立された大量生産技術は,経済の各分野で幅広く商品化,市場化の動きを推し進め,市場価値の増大が「豊かさ」を示すと考えられるようになった.商品化,市場化の動きは猛威を振るい,その力は社会の基底に結びついた様々な生産要素の市場化へと突き進んだ.歴史を振り返れば,この近代化,市場化の暴走に対し,対抗的な社会運動が出現した.労働運動とは,本来,この歴史の中に生まれた対抗的社会運動の一環だったと考えなくてはならない.労働を,土地を,貨幣を,信用を,他の商品と同じように扱って良いのか.そもそも経済活動とは,健全な社会の存在を前提としているのではないのか.そうした人々の思いが,生産要素の市場化を押し返す強い政治的力を生み出した.

　労働運動の本質とは,生産要素をも市場化しようとする市場経済の暴走を食い止め,働くという人間の行為の社会性を守ることによって,経済活動を社会の中に埋め込み続ける対抗的社会運動であったと言って良いだろう.今,その闘いが,市場経済学の超克へと突き進もうとしている時,労働組合の活動が,賃金闘争の古いフィールドの中にとどまることは妥当ではない.市場経済学から政治経済学へのパラダイムシフトによって,より広範な政策転換を生み出していくために,志ある若い研究者を巻き込んで,社会性を備えた政策研究の新たなフィールドを生み出し,拡張させていくことこそ,歴史の歯車を回す労働運動の名誉ある取組と言えるだろう.

参考文献一覧

【第Ⅰ部第1章】
石水喜夫「転換期の日本社会と雇用政策―求められる世代間問題の視点―」(日本計画行政学会『計画行政』第27巻第2号, 2004年6月)
石水喜夫『ポスト構造改革の経済思想』(2009年, 新評論)
大田弘子『経済財政諮問会議の戦い』(2006年, 東洋経済新報社)
岸宣仁『経済白書物語』(1999年, 文藝春秋)
経済企画庁『戦後日本経済の軌跡―経済企画庁50年史―』(1997年, 大蔵省印刷局)
内閣府『平成13年版経済財政白書―改革なくして成長なし―』(2001年)
内閣府『平成14年版経済財政白書―改革なくして成長なしⅡ―』(2002年)
内閣府『平成15年版経済財政白書―改革なくして成長なしⅢ―』(2003年)
内閣府『平成16年版経済財政白書―改革なくして成長なしⅣ―』(2004年)
内閣府『平成17年版経済財政白書―改革なくして成長なしⅤ―』(2005年)
内閣府『平成18年版経済財政白書―成長条件が復元し, 新たな成長を目指す日本経済―』(2006年)
内閣府『平成19年版経済財政白書―生産性上昇に向けた挑戦―』(2007年)
内閣府『平成20年版経済財政白書―リスクに立ち向かう日本経済―』(2008年)
内閣府『平成21年版経済財政白書―危機の克服と持続的回復への展望―』(2009年)
内閣府『平成22年版経済財政白書―需要の創造に成長力の強化―』(2010年)
内閣府『平成23年版経済財政白書―日本経済の本質的な力を高める―』(2011年)
日経産業新聞編『ぼくと会社と"にっぽん再生"―変質する企業社会戸惑う現場―』(2005年, 日本経済新聞社)
農商務省商工局工務課工場調査掛『職工事情』(1903年, (犬丸義一校訂, 1998年, 岩波文庫))

【第Ⅰ部第2章】
石水喜夫「平成19年労働経済の展望と課題―人口減少と日本経済―」(『厚生労働』第62巻1号, 2007年1月)
石水喜夫「賃金と所得分配」(電機連合総合研究企画室『電機連合navi』通巻34号, 2010年11・12月号)
石水喜夫「新しい時代を迎えるために―バブル崩壊そして構造改革, 2010年代はどうあるべきか」(労働法令協会『旬刊賃金・労務通信』vol. 63 No. 1, 2010年1月5・15日号)
伊東光晴『日本経済を問う―誤った理論は誤った政策を導く―』(2006年, 岩波書店)
伊東光晴・石水喜夫「平成18年版労働経済白書をめぐって」(『厚生労働』第61巻9号, 2006年9月)
毛塚勝利・石水喜夫・中野麻美「どうなる？ どうする！ 日本の雇用―非正規雇用拡大への処方箋を考える―」(旬報社『労働法律旬報』No. 1735+36, 2011年1月合併号)
厚生労働省『平成18年版労働経済白書―就業形態の多様化と勤労者生活―』(2006年)
厚生労働省『平成19年版労働経済白書―ワークライフバランスと雇用システム―』(2007年)
厚生労働省『平成20年版労働経済白書―働く人の意識と雇用管理の動向―』(2008年)
斎藤修『賃金と労働と生活水準―日本経済史における18-20世紀―』(1998年, 岩波書店)
斎藤修・石水喜夫「平成19年版労働経済白書をめぐって」(『厚生労働』第62巻9号, 2007年9月)

東海林智『貧困の現場』(2008年, 毎日新聞社)
西垣通・石水喜夫「平成20年版労働経済白書をめぐって」(『厚生労働』第63巻9号, 2008年9月)
橋本寿朗『デフレの進行をどう読むか―見落された利潤圧縮メカニズム―』(2002年, 岩波書店)

【第Ⅰ部第3章】
石水喜夫「どうなる日本の雇用 日本的雇用の底力発揮を」(日本経済研究センター『日本経済研究センター会報』976号, 2009年2月)
石田光男・石水喜夫「「平成22年版労働経済白書」をめぐって―日本型雇用システムと産業民主主義の可能性―」(産労総合研究所『賃金事情』No. 2597, 2010年11月20日号)
石田光男・樋口純平『人事制度の日米比較―成果主義とアメリカの現実―』(2009年, ミネルヴァ書房)
楠田丘『賃金とは何か―戦後日本の人事・賃金制度史―』(2004年, 中央経済社)
楠田丘編『人材社会学―輝かしき明日をめざす―』(2011年, 産労総合研究所出版部経営書院)
厚生労働省『平成21年版労働経済白書―賃金, 物価, 雇用の動向と勤労者生活―』(2009年)
厚生労働省『平成22年版労働経済白書―産業社会の変化と雇用・賃金の動向―』(2010年)
厚生労働省『平成23年版労働経済白書―世代ごとにみた働き方と雇用管理の動向―』(2011年)
斎藤修『比較史の遠近法』(1997年, NTT出版)
斎藤修『江戸と大阪―近代日本の都市起源―』(2002年, NTT出版)
斎藤修『比較経済発展論―歴史的アプローチ―』(2008年, 岩波書店)
佐伯啓思『倫理としてのナショナリズム―グローバリズムの虚無を超えて―』(2005年, NTT出版)
佐伯啓思『日本という「価値」』(2010年, NTT出版)
佐伯啓思・石水喜夫「平成21年版労働経済白書をめぐって」(『厚生労働』第64巻9号, 2009年9月)
高橋弘行・草野忠義・石水喜夫「平成22年版労働経済白書をめぐって」(『厚生労働』第65巻10号, 2010年10月)
原洋之介『「農」をどう捉えるか―市場原理主義と農業経済原論―』(2006年, 書籍工房早山)
原洋之介・石水喜夫「平成23年版労働経済白書をめぐって」(『厚生労働』第66巻9号, 2011年9月)

【第Ⅱ部第1章】
石水喜夫『市場中心主義への挑戦―人口減少の衝撃と日本経済―』(2002年, 新評論)
石水喜夫「転換期の日本社会と政策研究―人口減少問題をめぐって―」(連合総合生活開発研究所『連合総研レポートDIO』No. 197, 2005年9月)
石水喜夫「労働経済白書の60年―その原点と果たすべき使命―」(『厚生労働』第63巻9号, 2008年9月)
石水喜夫「平成経済論壇と私たちの学問再生」(日本郵政グループ労働組合JP総合研究所『JP総研research』vol. 12, 2010年12月)
伊藤元重編『リーディングス格差を考える』(2008年, 日本経済新聞社)
大竹文雄「90年代の所得格差」(日本労働研究機構『日本労働研究雑誌』No. 480, 2000年7月号)
大竹文雄『日本の不平等―格差社会の幻想と未来―』(2005年, 日本経済新聞社)

楠田丘・石水喜夫「対談 労働経済白書と賃金研究60年」(産労総合研究所『賃金事情』No. 2578, 2010年1月5・20日号)
経済審議会建議「6分野の経済構造改革」(1996年12月)
佐藤俊樹『不平等社会日本―さよなら総中流―』(2000年, 中公新書)
盛山和夫「階層再生産の神話」(樋口美雄＋財務省財務総合研究所編『日本の所得格差と社会階層』(2003年, 日本評論社)に収録)
橘木俊詔『日本の経済格差―所得と資産から考える―』(1998年, 岩波新書)
原田泰『人口減少の経済学―少子高齢化がニッポンを救う―』(2001年, PHP研究所)
増田米二『戦後労働経済の分析』(1949年, 労働文化社)
増田米二「安定計画下労働経済への一考察」(『労働統計調査月報』1950年第4号)
松谷明彦『「人口減少経済」の新しい公式―「縮む世界」の発想とシステム―』(2004年, 日本経済新聞社)
山田昌弘『希望格差社会―「負け組」の絶望感が日本を引き裂く―』(2004年, 筑摩書房)
吉田あつし「書評・『市場中心主義への挑戦―人口減少の衝撃と日本経済―』」(日本労働研究機構『日本労働研究雑誌』No. 504, 2002年7月)
依光正哲「2つの政府白書―昔と今―」(『埼玉工業大学人間社会学部紀要』第8号, 2010年3月)
Daniel Yergin and Joseph Stanislaw, *The Commanding Heights: The Battle between Government and the Marketplace That Is Remaking the Modern World*, 1998. (『市場対国家―世界を作り変える歴史的攻防―(上・下)』, 山岡洋一訳, 1998年, 日本経済新聞社)
Robert B. Reich, *The Future of Success*, 2000. (『勝者の代償―ニューエコノミーの深淵と未来―』, 清家篤訳, 2002年, 東洋経済新報社)
Thomas S. Kuhn, *The Structure of Scientific Revolutions*, 1962. (『科学革命の構造』, 中山茂訳, 1971年, みすず書房)

【第II部第2章】
石水喜夫「OECDとILO―「雇用戦略」をめぐって―」(『労働統計調査月報』Vol. 53 No. 9, 2001年9月)
石水喜夫「市場競争と雇用」(岡村宗二編『信頼と安心の日本経済』(2008年, 勁草書房)に収録(第6章))
氏原正治郎・高梨昌『日本労働市場分析(上・下)』(1971年, 東京大学出版会)
経済審議会「グローバリゼーション部会報告書」(1999年6月)
隅谷三喜男「賃労働の理論について―労働経済学の構想―」(東京大学経済学会『経済学論集』第23巻第1号, 1954年11月)
隅谷三喜男『労働経済論』(1965年, 日本評論社)
髙木剛「冷戦構造の崩壊がもたらしたもの―「労働市場」の意味を考えさせられて―(書評『ポスト構造改革の経済思想』)」(旬報社『労働法律旬報』No. 1713, 2010年2月上旬号)
高梨昌「戦後労働市場研究小論―労働市場研究前史―」(『信州大学経済学論集』第7号, 1973年2月)
高梨昌「私の労働問題研究45年の歩み―社会との関わりのなかで―」(『信州大学経済学論集』第30号, 1993年3月)
高梨昌『雇用政策見直しの視点―安易な規制の緩和・撤廃論を排す―』(1999年, 労務行政研究所)
高梨昌「今日の経済・社会政策の潮流批判―わが国の「構造改革」の問題点と帰結―」(現代経済研究会編『日本産業再構築の戦略―市場原理主義批判―』(2003年, エイデル研究所)に

収録(総論))
高梨昌「今日の「常識」に問題はないか？―歴史的遺産に学べ―」(エイデル研究所『季刊教育法』第168号，2011年3月)
高梨昌・大脇雅子・熊沢誠・山路憲夫『働くものの権利が危ない―今なぜ，労働法制の規制緩和か―』(1998年，かもがわ出版)
高梨昌・石水喜夫「平成17年版労働経済白書をめぐって」(『厚生労働』第60巻10号，2005年10月)
高梨昌・石水喜夫「対談 労働経済分析に期待されるもの」(旬報社『労働法律旬報』No.1759+60，2012年1月合併号)
日本経営者団体連盟「新時代の「日本的経営」―挑戦すべき方向とその具体策―」(「新・日本的経営システム等研究プロジェクト報告」)(1995年5月)
日本労働組合総連合会「新時代の「日本的経営」論に関する連合の考え方」(1995年10月)
原洋之介『グローバリズムの終宴―アジア危機と再生を読み解く三つの時間軸―』(1999年，NTT出版)
村田良平『OECD(経済協力開発機構)―世界最大のシンクタンク―』(2000年，中公新書)
Friedrich List, *Das Natinale Sysytem der Politischen Oekonomie*, 1841. (『政治経済学の国民的体系』，正木一夫訳，1949年，春秋社)
Max Weber, *Die Protestantische Ethik und der 〉Geist〈 des Kapitalismus*, 1904/05. (『プロテスタンティズムの倫理と資本主義の精神(上・下)』，梶山力・大塚久夫訳，1955/62年，岩波文庫)
OECD, *The OECD Jobs Stusy: Facts, Analysis, Strategies*, 1994. Paris: OECD.
OECD, *Economic Survey Japan 1995-96*, 1996. Paris: OECD.(『OECDによる日本経済への提言〔対日経済審査報告書〕』，経済企画庁調整局訳，1997年，大蔵省印刷局)
OECD(TUAC), "Trade Union Statement to the 1997 OECD Council Meeting at Ministerial Level and to the Denver G7 Economic Summit", 1997.
Ruth Benedict, *The Chrysanthemum and the Sword*, 1946. (『菊と刀』，2003年，講談社学術文庫)
Tony Judt, *Ill Fares the Land*, 2010.(『荒廃する世界のなかで―これからの「社会民主主義」を語ろう―』，森本醇訳，2010年，みすず書房)

【第II部第3章】

伊東光晴『ケインズ―"新しい経済学"の誕生―』(1962年，岩波新書)
伊東光晴『現代に生きるケインズ―モラル・サイエンスとしての経済理論―』(2006年，岩波新書)
大塚勇一郎編著『現代経済学への誘い』(1998年，八千代出版)
川口弘『新版ケインズ一般理論の基礎』(1977年，有斐閣)
小林昇『経済学の形成時代』(1961年，未来社)
小林昇『国富論体系の成立―アダム・スミスとジェイムズ・スチュアート―』(1977年，未来社)
塩野谷九十九『経済発展と資本蓄積』(1951年，東洋経済新報社)
宮崎義一・伊東光晴『コンメンタール ケインズ一般理論』(1964年，日本評論社)
ILO東京支局「ディーセントワーク：働く価値ある仕事の実現を目指して」(第87回ILO総会(1999年)事務局長報告)
Adam Smith, *An Inquiry into the Nature and Causes of the Wealth of Nations*, 1776. (『アダム・スミス国富論』，大河内一男監訳，1988年，中央公論社，『国富論(1～4)』，水田洋監

訳・杉山忠平訳,2000/01年,岩波文庫)
Albert Thomas, *Histoire Anecdotique du Travail: Lectures Historiques*. 2e Edition, 1925.(『労働史講話』,松本重治訳,1974年,日本労働協会)
Alvin H. Hansen, "Economic Progress and Declining Population Growth", The American Economic Review, Vol. XXIX, 1938, No. 1, Part I.
Alvin H. Hansen, *Fiscal Policy and Business Cycles*, 1941.(『財政政策と景気循環』,都留重人訳,1950年,日本評論社)
Alvin H. Hansen, *A Guide to Keynes*, 1953.(『ケインズ経済学入門』,大石泰彦訳,1956年,東京創元社)
J. M. Keynes, *The General Theory of Employment, Interest and Money*, 1936.(『雇用・利子および貨幣の一般理論』,塩野谷祐一訳,1983年,東洋経済新報社)
J. M. Keynes, "Some Economic Consequences of a Declining Population", Eugenics Review, April, 1937.
Joan Robinson, *Introduction to the Theory of Employment*, 1937.(『ケインズ雇用理論入門』,川口弘訳,1958年,厳松堂出版)

【第III部終章】
石水喜夫「人口減少社会の労働市場」(依光正哲編著『国際化する日本の労働市場』(2003年,東洋経済新報社)に収録(第10章))
石水喜夫「"ポスト構造改革"の労働運動」(日本郵政グループ労働組合JP総合研究所『JP総研research』vol. 6, 2009年6月)
石水喜夫「自己責任論」(情報産業労働組合連合会『情報労連リポート』通巻347号〜350号(4回連載), 2011年10月〜2012年1月)
石水喜夫「3.11が投げかけたもの」(日本郵政グループ労働組合JP総合研究所『JP総研research』vol. 17, 2012年3月)
佐伯啓思『成長経済の終焉―資本主義の限界と「豊かさ」の再定義―』(2003年,ダイヤモンド社)
佐伯啓思『大転換―脱成長社会へ―』(2009年,NTT出版)
西垣通『マルチメディア』(1994年,岩波新書)
西垣通『IT革命―ネット社会のゆくえ―』(2001年,岩波新書)
西垣通『基礎情報学―生命から社会へ―』(2004年,NTT出版)
西垣通『情報学的転回―IT社会のゆくえ―』(2005年,春秋社)
西垣通『ウェブ社会をどう生きるか』(2007年,岩波新書)
西垣通『続基礎情報学―「生命的組織」のために―』(2008年,NTT出版)
Daniel Bell, *The Coming of Post-Industrial Society*, 1973.(『脱工業社会の到来―社会予測の一つの試み―(上・下)』,内田忠夫・嘉治元郎・城塚登・馬場修・村上泰亮・谷嶋喬四郎訳,1975年,ダイヤモンド社)
Karl Polanyi, *The Great Transformation: The Political and Economic Origins of Our Time*, 1957.(『大転換―市場社会の形成と崩壊―』,吉沢英成・野口建彦・長尾史郎・杉村芳美訳,1975年,東洋経済新報社)
R. F. Harrod, *Towards a Dynamic Economics: Some Recent Developments of Economic Theory and their Application to Policy*, 1948.(『動態経済学序説』,高橋長太郎・鈴木諒一訳,1953年,有斐閣)
R. M. Solow, *Growth Theory*, 1970.(『成長理論』,福岡正夫訳,1971年,岩波書店)

【本書全体】
辻井喬『茜色の空』(2010 年，文藝春秋)
日本労働研究機構「「21 世紀と職業」に関する懇話会とりまとめ」(2002 年 5 月)
福永文夫『大平正芳―「戦後保守」とは何か―』(2008 年，中公新書)
山本七平『「空気」の研究』(1983 年，文春文庫)
吉田茂『日本を決定した百年』(1967 年，日本経済新聞社)
依光正哲・石水喜夫『現代雇用政策の論理』(1999 年，新評論)

あとがき

「私は，さきに，国会において内閣の首班に選ばれ，組閣早々，来年度予算の編成を了し，ここに第87回国会を迎えました．この機会に，施政全般にわたっての所信を申し上げ，国民各位の御批判と御理解を得たいと思います．

まず，私の時代認識と政治姿勢について申し上げます．

戦後30余年，わが国は，経済的豊かさを求めて，わき目も振らず邁進し，顕著な成果をおさめてまいりました．それは，欧米諸国を手本とする明治以降百余年にわたる近代化の昇華でもありました．今日，われわれが享受している自由や平等，進歩や繁栄は，その間における国民のたゆまざる努力の結晶にほかなりません．

しかしながら，われわれは，この過程で，自然と人間の調和，自由と責任の均衡，深く精神の内面に根差した生きがい等に必ずしも十分な配慮を加えてきたとは申せません．いまや，国民の間にこれらに対する反省がとみに高まってまいりました．

この事実は，もとより急速な経済の成長のもたらした都市化や近代合理主義に基づく物質文明自体が限界に来たことを示すものであると思います．いわば，近代化の時代から近代を超える時代に，経済中心の時代から文化重視の時代に至ったものと見るべきであります．

われわれが，いま目指しておる新しい社会は，不信と対立を克服し，理解と信頼を培いつつ，家庭や地域，国家や地球社会のすべてのレベルにわたって，真の生きがいが追求される社会であります．各人の創造力が生かされ，勤労が正当に報われる一方，法秩序が尊重され，みずから守るべき責任と節度，他者に対する理解と思いやりが行き届いた社会であります．

私は，このように文化の重視，人間性の回復をあらゆる施策の基本に据え，家庭基盤の充実，田園都市構想の推進等を通じて，公正で品格のある日本型福

祉社会の建設に力をいたす決意であります．(拍手)」
　　　　　——昭和54(1979)年1月25日，大平正芳首相の所信表明演説冒頭より

　昭和55年6月12日朝，地元の公立中学校に通う私は，教科書や辞書で重たいスポーツバッグを右肩に，ノートや筆箱の入った学生鞄を左手に，小さな家の狭い階段を2階から勢いよく駆け下りていた．私の祖母は目が見えなかったから，我が家のニュース源はラジオであることが多かったが，その時，耳に飛び込んだアナウンサーの声はいつもと全く違うように聞こえた．
　大平正芳首相が亡くなった．
　政治意識が芽生え，少しずつ大人の世界に近づく中学3年生にとって，そのニュースは激しく衝撃的なものだった．
　昭和54年秋，一般消費税の導入を掲げ衆議院総選挙が戦われ，その後，40日抗争と呼ばれた政治抗争が勃発し，衆議院本会議の首班指名には，自由民主党から，大平正芳首相と福田赳夫前首相が立候補するという異常事態が出来した．大平首相は辛くも第2次内閣を発足させたが，昭和55年5月16日に提出された野党の内閣不信任案は，福田赳夫前首相ら自由民主党70人以上の本会議欠席によって成立．大平正芳首相の決断によって衆議院は解散され，史上初の衆参同日選挙が6月22日にセットされた．現職首相が亡くなったのは，この選挙戦の最中である．
　あの首相逝去からすでに30年以上の時が流れた．高校時代に経済学を学ぼうと決めた私は，大学では経済学部に入り，卒業後は政策現場に職を得て，今，その実務経験をもとに大学で経済学を講じている．
　この30年の間に，経済学という学問は静かに，しかし，確実に変化してきた．1979年にイギリスにサッチャー首相，1981年にアメリカにレーガン大統領，そして，昭和57年，中曽根康弘首相が政権の座に就いた．福祉国家の解体が始まり，近代合理主義の申し子である市場経済学は，再び大きな力を獲得し，今日に至っている．
　こうした時代に，私は，幸運にも多くの理解者に恵まれ，労働問題の第一線から経済学の研究を続けることができた．本書はその活動の記録である．依光

正哲先生の学恩に，また，日頃より支援を賜る労使関係の方々に，そして，この度，新たに出版の機会を設けてくださった岩波書店と同学術書編集部の中山永基氏に，厚く御礼申し上げる次第である．

　平成 24 年 6 月

京都大学の研究室にて

石 水 喜 夫

◼岩波オンデマンドブックス◼

現代日本の労働経済──分析・理論・政策

2012年9月27日　第1刷発行
2017年1月13日　オンデマンド版発行

著　者　石水喜夫(いしみずよしお)
発行者　岡本　厚
発行所　株式会社 岩波書店
　　　　〒101-8002 東京都千代田区一ツ橋2-5-5
　　　　電話案内 03-5210-4000
　　　　http://www.iwanami.co.jp/

印刷／製本・法令印刷

© Yoshio Ishimizu 2017
ISBN 978-4-00-730560-3　Printed in Japan